VD

Hans-Dieter Laubinger

Materialien über die Bibliotheksplanung Schwedens

VD 1973
Verlag Dokumentation, Pullach bei München

Der Verfasser ist Mitglied der Projektgruppe E 4, "Informationseinrichtungen an Hochschulen" des Sonderforschungsbereichs 63 – Hochschulbau der Universität Stuttgart. Die vorliegende Arbeit wurde im Rahmen der Projektarbeit erstellt und weitgehend aus Mitteln der Deutschen Forschungsgemeinschaft, Bad Godesberg, finanziert.

Druck: Proff & Co. KG, Bad Honnef
Binder: Weiß & Zimmer AG, Mönchengladbach
Printed in West Germany
ISBN 3-7940-3206-3

INHALT

Vorbemerkung

In den Jahren 1969 - 1971 wurden bei verschiedenen schwedischen Planungsbehörden umfangreiche Unterlagen über das Bibliotheks-, Informations- und Dokumentationswesen erstellt. Der Projektgruppe E 4 des Sonderforschungsbereichs 63 - Hochschulbau, die sich mit der Untersuchung von Informationseinrichtungen an Hochschulen befaßt, erschien es lohnend, dieses Material, soweit zugänglich, als Vergleichsmaterial zum Stand des Informations- und Dokumentationswesens der Bundesrepublik Deutschland heranzuziehen.

Zwei Unterabteilungen des Finanzministeriums (finansdepartement) führten besonders interessante Ermittlungsarbeiten durch:

Kungliga Statskontoret, dessen Aufgabe in der Rationalisierung der schwedischen Staatsverwaltung besteht und das gleichzeitig auch als begutachtende Instanz für Fragen der Rationalisierung und Kosteneinsparung innerhalb der Verwaltung fungiert, und

Kungliga Byggnadsstyrelsen, die zentrale schwedische Bau- und Liegenschaftsverwaltung, deren Aufgabe u.a. darin besteht, Entwicklungs- und Standardisierungsarbeiten für die Rationalisierung und Kostensenkung auf dem Sektor des Staatlichen Bauwesens der Liegenschaftsverwaltung zu leisten.

Der notwendig gewordene Neubau einer Bibliothek für die Frescati-Universität in Stockholm bewog ein Planungsteam der Entwicklungsabteilung von Byggnadsstyrelsen, umfangreiche Planungsgrundlagen, konstruktives, ausbau- und installationstechnisches Material für die Bibliotheksplanung zu sammeln und zu entwickeln. In diese Arbeit flossen auch Ergebnisse aus anderen europäischen Ländern und den USA ein. Für Statskontoret war der seit 1969 festgestellte Bedarf an Lösungsinstrumenten zur langfristigen Planung Anlaß für eine Prioritätensetzung in der Ermittlungsarbeit, in der "das Interesse an neuen Methoden der Umweltprognose als Basis einer langfristigen Planung bei den staatlichen Behörden" 1) die erste Stelle einnahm. Die Überprüfung sollte am Beispiel des Informations- und Dokumentationswesens vorgenommen werden, insbesondere die der inneren Organisation der wissenschaftlichen Bibliotheken. Daneben wurden im Statskontoret Planungen zur zentralisierten Automatisierung der bibliothekstechnischen Routinen durchgeführt.

Die Projektgruppe E 4 verfolgte mit Interesse die Entwicklung auf dem Gebiet der audiovisuell vermittelten Lern- und Studieninformation. Diese Entwicklung bestimmte als didaktisches Konzept wesentlich die organisatorische Ausbildung der Hochschulanlage beim Aufbau der Hochschule Linköping. Sie versprach den Aufgabenbereich der Bibliothek entscheidend zu erweitern.

Besondere Beachtung schenkte die Projektgruppe E 4 der Arbeit des TRU (Komitee für den Einsatz von Fernsehen und Radio in der Ausbildung).

Durch den schwedischen Fachberater des SFB 63 - Hochschulbau, Architekt SAR Daniel Nordström, wurden Kontakte zu den wichtigsten Planungsbehörden in Schweden hergestellt, entsprechendes Material erhoben und teilweise aufbereitet.

Um dieses Material einem größeren Kreis zugänglich machen zu können, wurde es in der hier vorliegenden Form auszugsweise zusammengestellt und erstmals im Juni 1972 als Diskussionsfassung in die Schriftenreihe des Sonderfor-

---

1) Statskontoret, Utredningsavdelning 3, Stockholm, Haushaltsantrag 1969

schungsbereichs 63 "Texte und Daten zur Hochschulplanung" aufgenommen und als Heft 3 herausgegeben.

Kontakte wurden vom SFB 63 vor allem mit folgenden Stellen in Schweden geknüpft:

- Statskontoret, Utredningsavdelning 3, Stockholm, Byrådirektör Börje Holmborn
- TRU-kommittén, Stockholm, Jan Nilsson, försöksledare för programm för Linköpingshögskolan
- Universitetskanslerämbetet, Enheten för pedagogiskt utvecklingsarbete, Stockholm, Avdelningsdirektör Bengt Ahlström, sowie LUP-kommittén, Sthlm, Byråchef Moll
- Kungliga Byggnadsstyrelsen, Stockholm, Arkitekt Mats Lindell sowie Utvecklingsavdelning, Arkitekt Jan Seth
- der Planungsgruppe für die Hochschule Linköping, ai-gruppen AB, Stockholm, Arkitekt Göran Sjölin
- Telefon AB, L.M. Ericsson, Stockholm, H.C. Nordgren und Ingenjör John Wulff.

Arkitekt Daniel Nordström sei an dieser Stelle für seinen Einsatz bei der Beschaffung und Zusammenstellung des schwedischen Materials herzlich gedankt, ebenso der Gruppe Redaktion des SFB 63 für die redaktionelle Überarbeitung und der Gruppe Grafik des SFB 63 für die Hilfe bei der Herstellung der Abbildungen.

Stuttgart, Oktober 1972 Hans-Dieter Laubinger

Das Bibliothekswesen in Schweden

Geschichtliche Entwicklung

Die Bibliotheksgeschichte von Schweden ähnelt sehr der von anderen nordeuropäischen Ländern. Zuerst waren es Kirchen und Klöster, die Bücher sammelten, vor allem liturgische Werke, deren Bestand langsam im Mittelalter anwuchs, jedoch im 16. Jahrhundert, durch die Folgen der Reformation, weitgehend verlorenging. Nur die Bibliothek des bekannten Klosters Vadstena blieb von Plünderungen verschont; ihre Bestände wurden später in säkularen Bibliotheken untergebracht. Unter Königin Christine von Schweden begann sich die Königliche Bibliothek in Stockholm auszuweiten. Durch die Eroberungen des 30jährigen Krieges wurden im 17. Jahrhundert die Bestände der schwedischen Bibliotheken wesentlich aufgestockt.

1661 wurde in Schweden ein Gesetz erlassen, auf Grund dessen die Drucker zwei Kopien von jedem gedruckten Werk an die Königliche Kanzlei zu schicken hatten; ein Exemplar davon wurde in der Königlichen Bibliothek deponiert. Jedoch erst 1885 kam dieses Gesetz voll zur Auswirkung, so daß auch die Universitätsbibliotheken in Uppsala und Lund davon profitierten.

1739 wurde die Bibliothek der Königlichen Akademie der Wissenschaften (Kungliga Vetenskapsakademien) gegründet. Sie ist die älteste schwedische Spezialbibliothek. Im 19. Jahrhundert wuchsen die Bestände der Universitäts- und Forschungsbibliotheken immer mehr an, und auch die Spezialbibliotheken, die vielfach industriellen oder kommerziellen Organisationen gehörten, wurden weiter ausgebaut. Im 19. Jahrhundert begann auch die öffentliche Bücherei sich zu entwickeln, inspiriert durch das englische Vorbild. 1905 erhielt sie erstmals staatliche Unterstützung, die sich im 20. Jahrhundert ständig verstärkte.

1955 entstand ein Gesetz, durch das nur ein Typ der öffentlichen Bibliotheken in jedem Bezirk mit Staatszuschüssen bedacht wurde und das für jede Bibliothek einen Ausschuß einsetzte. Befriedigende Dienstleistungen waren Voraussetzung für Staatszuschüsse; eine systematische Inspektion der Bibliotheken erfolgte durch den Staat.

1966 regelte ein neues Gesetz das Bezuschussungsverfahren in der Weise, daß die Verantwortung für die Bibliotheken auf die kommunalen Verwaltungen übertragen wurde. Dies geschah im zuge einer Verwaltungsreform, die 1952 begann, in den 70er Jahren abgeschlossen werden soll und durch die vermutlich die Verwaltungseinheiten in Schweden von 2 500 auf 180 reduziert werden. Jede Verwaltungseinheit erhält heute einen Staatszuschuß zur Verwendung nach eigenem Ermessen; jedoch können die Bibliotheken vom Erziehungs- und Kultusministerium weitere Staatszuschüsse erhalten. Vor allem werden zusätzliche Geldmittel zur Einrichtung von Sonderdienstleistungen bewilligt, wie z.B. zur Einführung von audiovisueller Ausstattung, oder es werden Entwicklungszuschüsse zur langfristigen Verbesserung der Dienstleistung von Bibliotheken gewährt. Zur Zeit werden zwei Versuche dieser Art finanziert: einmal die Bereitstellung von Bibliotheksmaterial für Studenten, die an Fernseh- und Radiounterricht teilnehmen, zum anderen der, die Gefängnisbibliothek zu aktivieren.

Stand der Bibliotheksressourcen

Wie in den meisten westeuropäischen Ländern weist auch das Bibliothekswesen in Schweden heute zwei Haupttypen auf: die wissenschaftlichen oder Forschungsbibliotheken und öffentliche Büchereien (folkbibliotek).

Bei den wissenschaftlichen Bibliotheken, durch die der Literaturbedarf der Forschung, des tertiären Bildungssektors, der Verwaltung und Wirtschaft befriedigt werden soll, wird unterschieden in

- Allgemeinbibliotheken (National-, Universitäts- und Hochschulbibliotheken)
- Spezialbibliotheken
- Bibliotheken von Wirtschaftsunternehmen.

Die schwedischen Volksbibliotheken sind "allgemeine Bibliotheken, die Literatur, Musikalien, Schallplatten usw. für Bildung, Unterricht und Zerstreuung bereithalten". [1)]

Die Nationalbibliothek

Die Nationalbibliothek Schwedens ist die Königliche Bibliothek (Kungliga Biblioteket) in Stockholm. Sie besitzt die größte Sammlung gedruckter schwedischer Werke und hat speziell die Aufgabe, der auch die Universitätsbibliotheken in Uppsala, Lund und Göteborg nachgehen, die Literatur des Landes zu sammeln und zu bewahren. Daneben besitzt sie wertvolle frühnorwegische und altisländische Manuskripte und eine bemerkenswerte Sammlung ausländischer Journale und Zeitungen aus dem 17. Jahrhundert.

Katalogisiert wird nach den "Katalogregeln für Schwedische Bibliotheken" von 1956.

---

1) G. Ottervik och S. Möhlenbrock, Bibliotek i Sverige, 1964

Kungliga Biblioteket ist eine staatliche Einrichtung und wird fast ausschließlich vom Staat finanziert. Für die geisteswissenschaftlichen, rechts- und sozialwissenschaftlichen Fachbereiche fungiert sie gleichzeitig als Universitätsbibliothek Stockholms. Hier wurde auch 1953 das Bibliographische Institut (Bibliografiska Institutet) eingerichtet.

Universitäts- und Hochschulbibliotheken

Neben den Universitäten in Uppsala (1477), Lund (1660), Stockholm (1881), Göteborg (1891) und Umeå (1948) bestehen seit 1967 vier Neugründungen in Örebro, Växsjö, Linköping und Karlstad. Außerdem besitzen Stockholm und Göteborg je eine Technische Hochschule (Tekniska högskolor) sowie je eine Handelshochschule (Handelshögskolor), die jedoch nicht den Titel Universität führen.

Die Bibliotheken der Universitäten ähneln in Organisation und Funktion der Kungliga Biblioteket. Sie können von jedermann über 18 Jahren benutzt werden; ausleihberechtigt sind jedoch nur Universitätsangehörige. Die Studenten nehmen die Universitätsbibliotheken in Schweden weniger als in anderen europäischen Ländern in Anspruch, da diese im allgemeinen keine Lehrbuchsammlungen vorhalten. Da aber die Studenten nahezu keine Wohnschwierigkeiten kennen, spielen die Leseräume als Aufenthaltszone nur eine unbedeutende Rolle. Der Schwerpunkt der heutigen Universitätsbibliothek liegt somit auf der Dienstleistung für die Forschung.

Finanziert werden die Bibliotheken von den Universitäten, die ihrerseits wiederum fast alle Mittel vom Staat beziehen. Geleitet werden die Universitätsbibliotheken von einem Direktor, der relativ autonom Entscheidungen trifft.

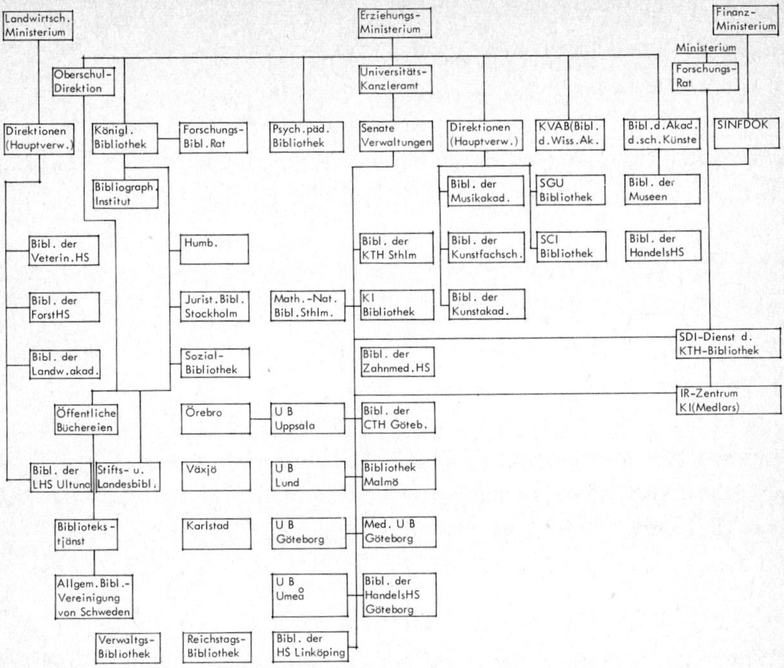

Abb.1 Organisation der wissenschaftlichen Bibliotheken in Schweden [1)]

Die Bibliotheken der Technischen und Handelshochschulen in Stockholm und Göteborg sind nach Größe und Organisation den Universitätsbibliotheken des Landes vergleichbar. Sie arbeiten eng zusammen und stimmen Neuanschaffungen untereinander ab. Die beiden TH-Bibliotheken sind Hauptdokumentationszentren. Hier ist auch das Schwedische Übersetzungszentrum, das dem Europäischen Übersetzungszentrum in Delft angeschlossen ist, untergebracht.

Zwischen den schwedischen Bibliotheken besteht ein Fernleihverkehr, in den auch die öffentlichen Büchereien

---

1) Statskontoret, Utredningsavdelning 3, Stockholm, Arbetsrapport Delfiprojekt, 1970

(folkbibliotek) über die drei interbibliothekarischen Leihzentren einbezogen werden. Dieses System wird von den schwedischen Lesern häufig benutzt.

Öffentliche Büchereien

Die 25 Regierungsbezirke (län), in die Schweden eingeteilt ist, besitzen jeweils eine Stifts- und Landesbibliothek (stifts- och landsbibliotek), die vom Staat finanziert wird, oder eine Regierungsbezirks-Bibliothek (länsbibliotek), die von der Kommunalverwaltung unterhalten wird. Diese Bibliotheken dienen jeweils dem gesamten Regierungsbezirk und sind in das "länssystem" inkorporiert. Sie fungieren als Zentrum, versorgen die lokalen Büchereien mit Material und benutzen im Bedarfsfall den Fernleihverkehr über die drei interbibliothekarischen Leihzentren.

Die durchschnittliche Ausleihquote der öffentlichen Büchereien Schwedens beträgt jährlich 5 Ausleihen pro Kopf der Bevölkerung. Dabei ist zu berücksichtigen, daß jede Schule eine eigene Bücherei besitzt, die während der Schulstunden von Lehrern verwaltet, von den Erziehungsbehörden finanziert und, wenn sie gleichzeitig als Kinderbüchereien fungieren, vom Personal der öffentlichen Büchereien überwacht werden.

Bibliotekstjänst, über den später ausführlicher berichtet wird, hat eine Sonderabteilung für die Belange der Schule. Diese Abteilung bietet u.a. einen speziellen Zeitschriftenindex für die Schule an (skolans tidskriftsregister), der Artikel von ca. 50 Zeitschriften enthält und zweimal jährlich erscheint, und einen Index für Zeitungsartikel für die Schule (skolans artikelservice), der monatlich herausgebracht wird und Artikel von 9 Tageszeitungen indexiert. Ferner erscheint für Kinder und Jugendliche sechsmal jährlich ein Bibliotheksjournal unter dem Namen "Schulbibliothek" (skolbibliotek).

Spezialbibliotheken

Neben den Hochschulbibliotheken existieren ca. 70 Spezialbibliotheken in Schweden, die meist industriellen und kommerziellen Unternehmen, Bildungseinrichtungen oder staatlichen Körperschaften gehören.

Die wichtigsten Spezialbibliotheken sind: die Bibliothek der Königlichen Wissenschaftsakademie (Kungliga Vetenskapsakademien) und die schwedische Parlamentsbibliothek (Riksdagsbiblioteket), die eine Kopie von allen offiziellen, mit öffentlichen Mitteln finanzierten Publikationen erhält.

Auch die Spezialbibliotheken sind dem Fernleihsystem angeschlossen. Viele von ihnen sind Mitglied im "Scandiaplan" und kooperieren auch sonst mit den anderen skandinavischen Spezialbibliotheken.

1960 richtete NORDFORSK, der Nordische Technische Rat für naturwissenschaftliche Forschung, in Washington das skandinavische Dokumentationszentrum SCANDOC ein. Es hat die Aufgabe, den Industriebibliotheken bei der Beschaffung amerikanischer Publikationen zu helfen. Dagegen indexiert der wöchentlich erscheinende "Artikelindex", herausgegeben von der Bibliothek des Industriellen Forschungszentrums in Oslo, ca. 950 Zeitschriften für ganz Skandinavien.

Die Spezialbibliotheken sind hinsichtlich der Automatisierung von Bibliotheksroutinen die fortschrittlichsten Bibliotheken in Schweden. So stellt z.B. die Bibliothek der Atomenergie AG (AB Atomenergi) die Verzeichnisse ihrer und einiger anderer Spezialbibliotheken über wissenschaftliche Auslandsliteratur mit Hilfe der EDV her.

Sonstige Bibliotheken

Von gewisser Bedeutung waren in Schweden die Bibliotheken der sogenannten Studienzirkel, die etwa ein Drittel der 2 000 öffentlichen Bibliothekseinrichtungen ausmachen. 1968 gab es noch 120 000 Studienzirkel mit ca. 1,2 Mill. Mitgliedern.

Klinikbibliotheken sind teils unabhängig und werden vom Klinikpersonal verwaltet und von der Klinik finanziell getragen, teils gehören sie zur öffentlichen Bücherei am Ort.

Seit 1958 werden auch in den Gefängnissen Schwedens Bibliotheken mit zirkulierenden Beständen eingerichtet.

Bibliotekstjänst

Die Bibliotheksbeschaffungsstelle, der "Bibliotekstjänst" (Bibliotheksdienst) wurde 1951 in Lund eingerichtet und hat den Status einer Aktiengesellschaft. Alle Anteile besitzt die schwedische Bibliotheksvereinigung. Der Gewinn wird für die Entwicklung der Organisation verwendet.

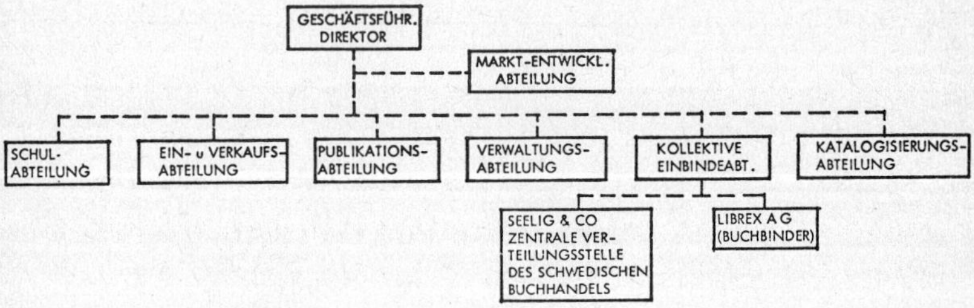

Abb.2 Die Organisation von Bibliotekstjänst [1]

---

1) Nach Dewe, M.: Library supply agencies in Europe, 1968, Seite 66

Erwerb

In den meisten öffentlichen Büchereien Schwedens werden die Bücher nach einer zweimal im Monat von Biblioteks-tjänst versandten Liste über die kollektive Einbinde-Abteilung bestellt, die eine sehr sorgfältige Selektierung aller schwedischen Bücher vornimmt. Die Bibliothekare bekommen die Bücher zwar nicht zur Ansicht vorgelegt, jedoch zum Publikationszeitpunkt in der für die Bibliothek entsprechend gebundenen Form ausgeliefert. Zusammen mit dem Buch wird die gewünschte Anzahl von Katalogkarten zugeschickt, die Bibliotekstjänst im Rahmen seines Katalogkartendienstes für alle von der kollektiven Einbinde-Abteilung erfaßten Bücher anfertigt.

Die Universitäts- und Spezialbibliotheken benutzen diese Einrichtung von Bibliotekstjänst nicht, sondern regeln ihren Erwerb selbst.

Katalogisierung

Die meisten öffentlichen Büchereien und Schulbibliotheken lassen ihre Buchanschaffungen durch die Katalogabteilung von Bibliotekstjänst katalogisieren und klassifizieren. 1967 katalogisierte Bibliotekstjänst etwa 4 000 Titel; 4 Mill. Karten wurden verkauft. [1)]

Als Katalogregeln werden die für schwedische Bibliotheken (Katalogregler för Svenska bibliotek) und als Klassifikationsregeln das Klassifikationssystem für schwedische Bibliotheken (Klassifikationssystem för Svenska bibliotek) verwendet, d.h. die Regeln der schwedischen Bibliotheksvereinigung. Alle öffentlichen Büchereien und Schulbibliotheken verwenden diese Regeln, ebenso, wenn auch in detaillierterer

---

1) Gumpert, G.: Bibliotekstjänst, Scandinavien Public Library Quarterly, 1968, Nr.1, Seite 29

Form, die Forschungsbibliotheken und einige der Spezialbibliotheken, für die die Katalogisierung zentral beim Bibliographischen Institut an der Königlichen Bibliothek durchgeführt wird; die neueren Spezialbibliotheken haben jedoch im allgemeinen UDC übernommen.

Bibliographie

Die Nationalbibliographie Schwedens wird vom Bibliographischen Institut (B.I.) an der Königlichen Bibliothek in Stockholm zusammengestellt, erscheint wöchentlich in der Zeitschrift "Svensk Bokhandel" (schwedischer Buchhandel) und wird mehrmals jährlich zusammengefaßt. Außerdem wird jährlich fünfmal der "Svensk Bokkatalog" (schwedischer Buchkatalog) veröffentlicht, der nach dem nationalen Klassifikationsschema zusammengestellt ist. Ferner publiziert das B.I. den jährlichen "Accessionskatalog över utländsk litteratur i svenska forskningsbibliotek", der alphabetisch alle Akzessionen ausländischer Literatur an den schwedischen Forschungsbibliotheken auflistet.

Die Schulabteilung und die Publikationsabteilung von Bibliotekstjänst publizieren die meisten Bibliographien für die öffentlichen Büchereien und die Schulbibliotheken. Hier sind als Verzeichnisse zu nennen:

- Utländska nyförvärv till större svenska folkbibliotek (Ausländische Neuerwerbungen an den größeren öffentlichen Büchereien Schwedens)
- Svensk Pressregister (Schwedisches Presseregister)
- Kommunal Litteraturtjänst (Kommunaler Literaturdienst)
- Boknyheter (Neuerscheinungen)
- Vandringar med böcker (Wanderungen mit Büchern)
- Utlandsspegel (Auslandsspiegel)
- Böcker för bokrummet (Bücher für die Bücherei)

- Tidskrifter för grundskolan (Zeitschriften für die Grundschule)
- Skolans artikelservice (Artikeldienst der Schule)
- Skolans tidskriftregister (Zeitschriftenregister der Schule).

Dokumentation

Das übergeordnete Organ für die Systematisierung und Planung im Informations- und Dokumentationsbereich Schwedens ist seit 1968 der Staatliche Rat für wissenschaftliche Information und Dokumentation (SINFDOK).

Die nachfolgende Abbildung zeigt die Organisation des Informations- und Dokumentations-Wesen (I.- u.D.).

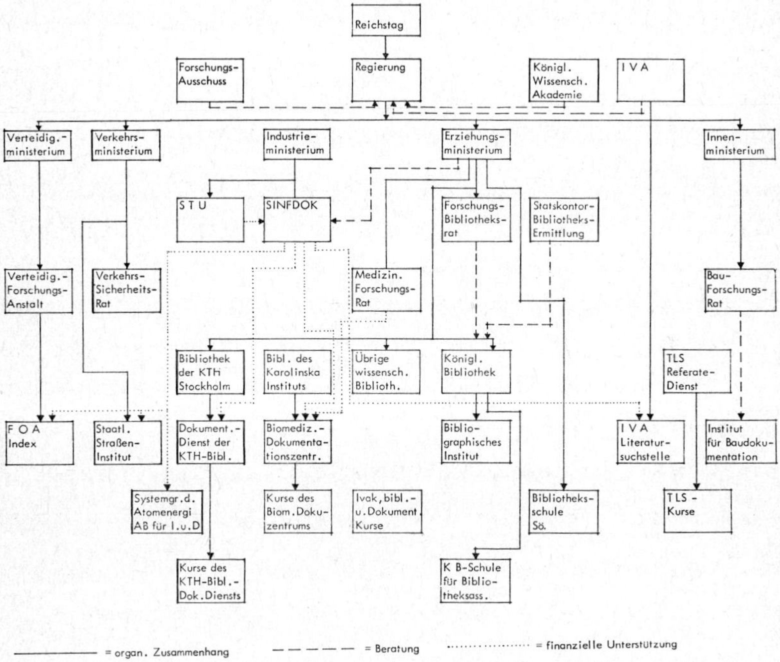

Abb.3 Wissenschaftliche und technische Information und Dokumentation, Schweden [1]

---

1) Statskontoret, Utredningsavdelning 3, Stockholm Arbetsrapport Delfiprojekt, 1970

Die biomedizinische Dokumentationszentrale am Karolinska-Institut in Stockholm verwendet als Basismaterial für die Publikation des Index Medicus das maschinelle Dokumentationssystem MEDLARS.

Die Bibliothek der TH Stockholm arbeitet mit dem System SDI (Selektiv Delgivning av Information), das speziell für technische Information in Frage kommt. Die Daten zu diesem System werden teils aus England und den USA bezogen, teils auch in der TH-Bibliothek Stockholm hergestellt. In der folgenden Übersicht ist der auf Daten basierende Dokumentationsdienst der nordischen Länder zusammengestellt.

Tabelle 1 EDV-Informationssysteme in den nordischen Ländern

Fach	Service-punkt	Name	Produzent	Service-form	Jahres-abonn.-preis
Techn. und allgem. naturwiss. Dienste	SNI	Artikkel indeks	SNI, Norwegen	SDI	400 Nkr
	KTH	Current Index to Conference Papers in Engineering	CGM, USA	SDI	300 Skr
	SNI	Compendex	Engineering Index, USA	SDI	400 Nkr
	TKK	Pandex	CGM, USA	SDI	gratis bis 31.12.1970
	KTH	Science Citation Index Source tape	Inst. for Scientific Inform, USA	SDI	300 Skr
	KTH	US Government Research and Developments Reports	Clearinghouse for Fed.Sci. and Techn. Inf., USA	SDI	300 Skr
Chemie und Metallurgie	KTH	Metals Abstracts Index	American Soc for Metals, USA	SDI	300 Skr
	DtB	Chemical Titles on Tape	CAS, USA	SDI	600 Dkr
	KI	Chemical Titles on Tape	CAS, USA	SDI	300 Skr
	KI	Chemical Abstracts Condensates	CAS, USA	SDI	400 Skr
	DtB	Chemical Abstracts Condensates	CAS, USA	SDI	2500 Dkr
	KCL	Abstracts Bulletin of the Institute of paper chemistry	Institute of paper chemistry, USA	SDI + retrospekt	
	KI	Chemical Biological Activities	CAS, USA	SDI	300 Skr
	KTH	Polymer Science and Technology Journals	CAS, USA	SDI	300 Skr
	KTH	Polymer Science and Technology Patents	CAS, USA	SDI	300 Skr
	KTH	Food Science and Technology Abstracts	international	SDI	300 Skr

Fach	Service-punkt	Name	Produzent	Service-form	Jahres-abonn.-preis
Physik	FOA	Cite: Electrical/ electronics	Engineering Index, USA	SDI + retrospekt	
	AE	Nuclear Science Abstracts - USA	US Atomic Energy Comm, auch finnische Eingaben	SDI	z.Zt. gratis
	KTH	INSPEC-Information service in physics, electro-technology, and control	Inst Electrical Engineers, England	SDI	300 Skr
Medizin und	KI	Medical Literature Analysis and Retrieval System - MEDLARS	NTH, USA	SDI + retrospekt	400 Skr
Biologie	KI	Biological Abstracts Previews	Biosciences Inf Service, USA	SDI	z.Zt. gratis
Maschinen-technik	SNI	Artikkel Indeks for Skepp	SNI, Norwegen (gesamtnordisch)	SDI	400 Nkr
	KTH	International Aerospace Abstracts IAA. Scientific and Aerospace Reports STAR	NASA, USA ESRO	SDI (on-line)	300 Skr
	KTH	Scientific and Technical Aerospace Reports STAR (1968)	NASA, USA	retrospekt	
	KTH	Verkstadsteknik	KTH	SDI	300 Skr
Bau - technik	SNI	Artikkel Indeks for Bygg	SNI, Norwegen	SDI	400 Nkr
Markt-führung	Inter-data	Marketing	Interdata Schweden	SDI	

Abkürzungen der Servicepunkte:

AE AB Atomenergi, Studsvik, Fack 611 01 Nyköping, Sverige

DtB Danmarks tekniske Bibliotek, Øster Voldgate 10, DK 1350 København K, Danmark

FOA Försvarets Forskningsanstalt, FOA-index, Linnégatan 89, S-115 23 Stockholm 80, Sverige

KI Karolinska Institute, S-104 01 Stockholm 60, Sverige

SNI Studieselskapet for Norsk Industri, Forskningsveien 1, Oslo 3, Norge

KTH Kungl. Tekniska högskolans bibliotek, S-100 44 Stockholm 70, Sverige

TKK Teknillisen korkeakoulun kirjasto, Lönnrotinkatu 37, Helsinki, puh. 649411

KCL Keskuslaboratorio, Joulukkatie 2, Tapiola, puh. 460411

Quelle: Zusammenstellung der Bibliothek der TH Helsinki, Finnland

Kooperationen

Die Kooperation zwischen den Bibliotheken in Skandinavien hat eine lange Tradition. Seit 1926 findet alle drei Jahre eine skandinavische Bibliothekskonferenz statt. In vieler Hinsicht wurde eine Kooperation zwischen den Ländern in dieser Zeit eine Notwendigkeit. Der hohe Stand des Bildungswesens erzeugte einen großen Bedarf an aller Art von Literatur, den keines der skandinavischen Länder mit ihrer geringen Bevölkerungszahl ohne Kooperation decken konnte. Speziell für akademische Bibliotheken ist diese Kooperation besonders eng. 1947 wurde der Nordische Wissenschaftliche Bibliotheksverband NVBF (Nordiskt vetenskapligt biblioteksförbund) gegründet. Auf diese Organisation baute 1956 der Scandiaplan auf. Scandiaplan ist ein kooperatives Erwerbungsverfahren zwischen den skandinavischen Universitäts- und Spezialbibliotheken. NVBF ist die höchste administrative Behörde, aber die praktischen Entwicklungen brachten faktisch eine Anzahl von Ausschüssen zustande, die durch NVBF eingesetzt wurden und bestimmte Gebiete bearbeiteten. Die Finanzierung der vielen Konferenzen, die zwischen den beteiligten Bibliotheken notwendig sind, wird von der nordischen Kulturkommission (Nordisk Kulturkommission) übernommen, einer Organisation, in der alle skandinavischen Regierungen vertreten sind. In Schweden wird die gesamte internationale Zusammenarbeit von der Königlichen Bibliothek geleitet.

Benutzerservice

Die Leihfristen der Bibliotheken variieren zwischen zwei Wochen und zwei Monaten; im Sommer sind spezielle Ferienregelungen bis zu drei Monaten möglich.

Da die Zahl der Universitäten in Schweden relativ gering ist und viele Studenten keinen Zugang zu einer dieser Bibliotheken haben, halten die meisten öffentlichen Büchereien Material vor, das normalerweise nur für Universitätsbibliotheken angeschaft wird. Mit Hilfe der Fernleihe steht dieses Material auch in kleineren Bibliotheken zur Verfügung.

Der Service für Kinder ist im allgemeinen von sehr hohem Standard. Die meisten Kinderbibliotheken veranstalten regelmäßig Geschichtsstunden, Ausstellungen und Kinderspiele. Der separate Referateraum für Kinder, der Zeitschriften und Basis-Referatebücher enthält, ist in den Kinderbibliotheken im Kommen. Alle neuen Bibliotheken besitzen bereits spezielle Teenager-Räume mit Studieneinrichtungen, Schallplatten-Abhörvorrichtungen und anderes mehr.

Blinde werden bibliothekarisch in Schweden speziell betreut. Die Blindenbibliothek in Stockholm, schon 1892 eingerichtet, hat viele Filialen in größeren Städten. Bücher werden kostenlos durch die Post an blinde Leser auf dem Land verschickt. Bibliotekstjänst produziert und katalogisiert eine gewisse Zahl von "sprechenden Büchern". Die öffentlichen Büchereien haben im allgemeinen eine gute Sammlung dieser Bücher.

1930 wurde die Seefahrer-Bibliothek eingerichtet. Ihre Zentrale befindet sich in Göteborg; Filialen bestehen in anderen schwedischen Häfen, und in größeren Überseehäfen können Bücher ausgetauscht werden. Dieser Service wird durch Erziehungsbehörden, Schiffseigner und von der Seefahrervereinigung verwaltet und durch staatliche und örtliche Behörden finanziert.

1969, als 66 000 Einwanderer hauptsächlich aus Finnland, aber auch aus Italien, Griechenland und Jugoslawien nach Schweden kamen, wurden - hauptsächlich für die Finnen - spezielle Bücherdienste an den öffentlichen Büchereien eingerichtet. Die großen Zentren für ausländische Arbeitskräfte (Stockholm und Göteborg) und wichtige Industriestädte, wie Västerås, erhielten Material in der Landessprache der Einwanderer. Bibliotekstjänst richtete ein spezielles Verfahren ein, nach dem Sammlungen in Fremdsprachen (griechisch und jugoslawisch) bei den beteiligten Büchereien zirkulieren. Die Immigranten wurden eingeladen und in der Bibliothek über die vorgesehenen Dienstleistungen und über das schwedische Leben allgemein informiert. Die Bibliothekare haben auch Ausstellungen von Material in der Sprache der Einwanderer arrangiert.

Für die großen, dünnbesiedelten Flächen im Norden Schwedens wurden Bücherautos eingerichtet, die versuchen, eine Bücherversorgung zwischen den in großem Abstand liegenden einzelnen Häusern zu ermöglichen. Jedoch bleibt dies eine schwierige Aufgabe.

Stockholms Stadtbibliotheken sehen einen speziellen Schiffsdienst vor, durch den die Bevölkerung auf den großen Inselgruppen mit Büchern versorgt werden kann.

Grundlagen zur Bauplanung von Bibliotheken

Für den Bereich der Bauplanung von wissenschaftlichen Bibliotheken hat die Utvecklingsavdelning von Byggnadsstyrelsen ausführliche Grundlagen erarbeitet (siehe Anhang A, Teile 1-3).

So wurden die Funktionsgruppen der Bibliothek

- Allgemeine Räume
- Benutzerdienst
- Lesezone
- Innerer Dienst
- Technischer Dienst
- Bücherspeicher
- Verwaltung

dargestellt und nach

- Haupttätigkeit der Funktion
- ergänzenden Funktionen
- Abhängigkeiten von anderen Funktionen
- Anforderungen an die Veränderbarkeit
- technischer Umgebung
- Installationsbedarf
- Einrichtung
- Ausstattung

beschrieben.

Ferner wurde eine Standardisierung der Einrichtung von Bibliotheken vorgenommen, z.B. Alternativen der Regalanordnung, der Möblierung von Leseflächen usw., sowie eine Dimensionierung von Möbeln und Ausstattungselementen für die Bibliotheksverwaltung. Diese Möblierungsstandards wurden im Anhang A, Teil 1 nur zum geringsten Teil wiedergegeben, da die Projektgruppe E 4 eine Bearbeitung dieses umfangreichen Materials aus Gründen der personellen Kapazität nicht leisten konnte.

Hingegen sind einige Dimensionierungsangaben für Büchermagazine im Anhang A aufgenommen worden. Byggnadsstyrelsen hat hierbei weitgehend die bewährten Richtwerte von Metcalf [1] übernommen. Auch über Transportsysteme sind im Anhang A einige Untersuchungen angestellt worden, die jedoch keine wesentlichen Neuerungen zur internationalen Bibliothekstechnik beitragen können.

Für die Konstruktion von Bibliotheksgebäuden wurden die KBS-Regeln (Regeln der Königlichen Bauverwaltung Schwedens) und die SIS-Normen zugrunde gelegt. Bis zu einer Spannweite von 7,20 m ist ein Vielfaches des Achsabstandes der Bücherregale als Konstruktionsmodul anzuwenden; bei Spannweiten von mehr als 9,60 m können die Maße der Buchregalaufstellung vom Konstruktionsmodul abweichen.

Als Nutzlast für Bibliotheken werden 250 kp/m^2 pro Meter Raumhöhe, mindestens jedoch 700 kp/m^2 vorgeschrieben.

Als maximale Durchbiegung durch die Nutzlasten sind bei Stahlkonstruktionen maximal 1/400 der Spannweite, bei Betonkonstruktionen maximal 1/500 der Spannweite zulässig.

Durch Zwischenwände soll eine Schallisolierung von Ia = 48 dB und Ii = 68 dB erreicht werden.

Um die Trittschallanforderungen von Il max = 68 dB erfüllen zu können, wird ein Bodenbelag mit Textilteppichen vorgeschlagen. Die von Byggnadsstyrelsen aufgestellte Forderung nach einer flexiblen Bauweise von Bibliotheksgebäuden bringt zwar gewisse Kostenerhöhungen mit sich, aber im Anhang A, Teil 2 werden u.a. Kostenschätzungen angestellt, um nachzuweisen, daß die Investitionen für die Flexibilität durch die erreichten

---

1) Metcalf, L.K.: Planning academic and research library buildings

Funktionsverbesserungen auf lange Sicht gesehen Einsparungen mit sich bringen.

Hinsichtlich der Vorschläge zur sanitären und lüftungstechnischen Installation, der elektrotechnischen Ausstattung, der Entwässerung und der akustischen Behandlung von wissenschaftlichen Bibliotheken, die Byggnadsstyrelsen ausgearbeitet hat, wird auf Teil 3 des Anhangs A "Installations-, Beleuchtungs- und akustische Probleme in Universitätsbibliotheken" hingewiesen.

Planungen zur Automatisierung der bibliothekstechnischen Routinen

Stand des EDV-Einsatzes

Mit Ausnahme der genannten Dokumentationseinrichtungen ist im schwedischen Bibliothekswesen eine Mechanisierung mit Hilfe der EDV sehr begrenzt und oft nur versuchsweise vorgenommen worden.

Die Neuerwerbslisten über ausländische Bücher (AKN) an sechs der größeren schwedischen Forschungsbibliotheken werden von der Königlichen Bibliothek mit EDV hergestellt. Bei der Atomenergie AG (AB Atomenergi) werden ebenfalls ein Verzeichnis über neuerworbene Auslandsliteratur sowie Verzeichnisse über den Zeitschriftenbestand und Berichte der Atomenergie AG mit Hilfe der EDV ausgedruckt. Die UB Uppsala hat mit dem Computer einen Gesamtkatalog über ihre akademische Kursliteratur angefertigt.

Das Bibliographische Institut liefert Daten über die schwedische Literaturproduktion an die skandinavische Sammelzentrale der Library of Congress (LC) in Oslo für deren Shared Cataloguing Program.

Für den Aufbau eines Austauschsystems von maschinenlesbaren Katalogdaten mit der Library of Congress im Rahmen des MARC-Projektes wurden von Statskontoret Untersuchungen zur Organisation eines Verbundsystems gemacht (siehe Abbildung 4).

Voraussetzung für ein solches Verbundsystem ist jedoch die Abstimmung der Katalogisierungsregeln unter den Beteiligten, damit die Datenposten kompatibel oder wenigstens konvertibel sind.

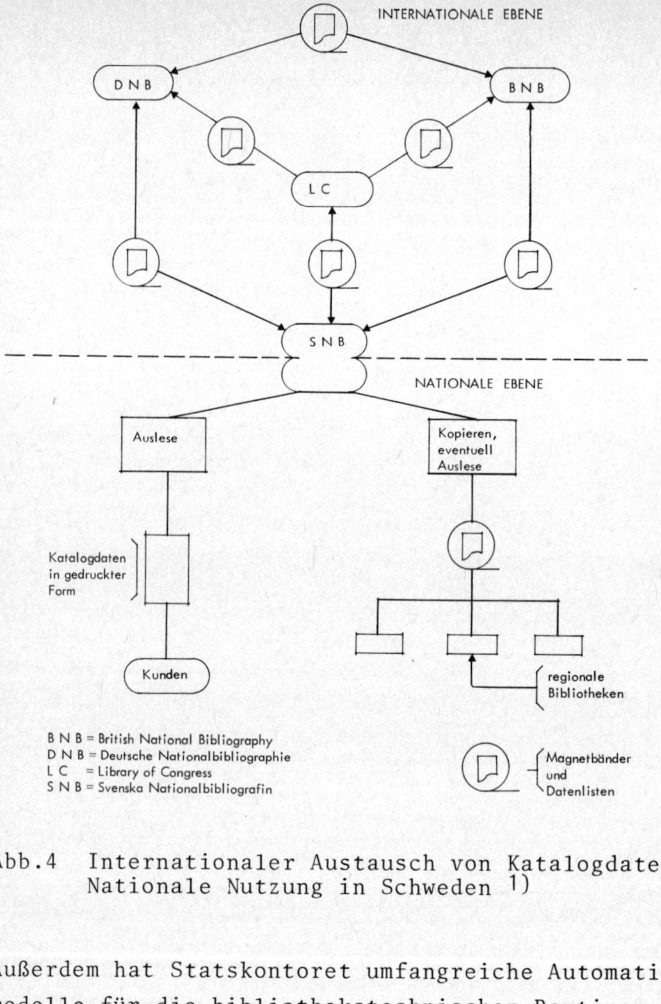

Abb.4 Internationaler Austausch von Katalogdaten - Nationale Nutzung in Schweden 1)

Außerdem hat Statskontoret umfangreiche Automatisierungsmodelle für die bibliothekstechnischen Routinen des Erwerbs, der Zeitschriftenbearbeitung, der Katalogisierung und des Leihverkehrs entwickelt.

---

1) Statskontoret, Utredningsavdelning 3, Stockholm, Arbetsrapport Delfiprojekt, 1970

Voraussetzung für eine Automatisierung ist die Einteilung Schwedens in Bibliotheksregionen mit Zentren an den bestehenden Universitätsbibliotheken.

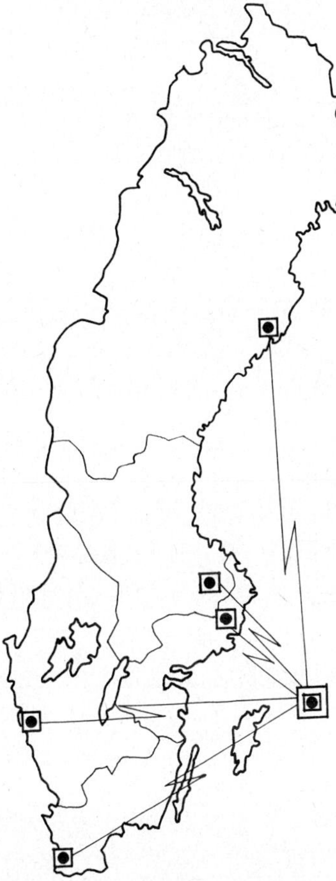

Abb.5 Beispiel für ein Datenkommunikationsnetz für Bibliotheken, Schweden [1)]

Jede Bibliotheksregion verfügt über einen eigenen Computer, an den sämtliche automatisierten Bibliotheken

---

1) Statskontoret, Utredningsavdelning 3, Stockholm, Arbetsrapport Delfiprojekt, 1970

der Region on-line über Terminals angeschlossen sind. Jede Bibliotheksregion ist mit dem zentralen Bibliothekscomputer Schwedens und über diesen mit den anderen Bibliotheksregionen verbunden. Bibliotheken ohne Datenterminal können über Fernschreiber an dem Datensystem partizipieren.

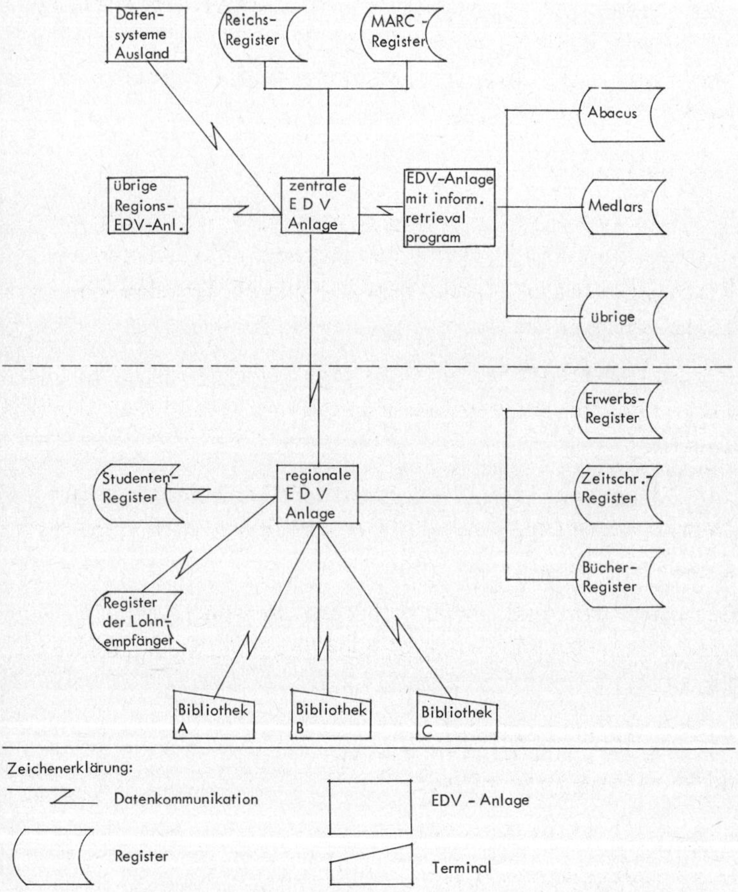

Abb.6 Übersicht des Datenkommunikationsnetzes, Schweden [1)]

---

1) Statskontoret, Utredningsavdelning 3, Stockholm, Arbetsrapport Delfiprojekt, 1970

Dem Datensystem stehen folgende Register zur Verfügung:

Auf Reichsebene

- das Reichsregister, das die vollständigen Katalog- und Standortdaten sämtlicher Bücher von allen schwedischen Forschungsbibliotheken enthält
- das "MARC"-Register, das die vollständigen Katalogdaten der Bücher enthält, die in den ausländischen Bibliographie-Zentralen in maschinenlesbarer Form katalogisiert werden.

Auf Regionalebene

- das Buchregister, das neben der Standardbuchnummer die zur Identifizierung des Buches notwendigen bibliographischen Elemente sowie Daten für das Ausleihsystem enthält
- das Erwerbsregister, das Angaben über bestellte, gelieferte und in der Bearbeitung befindliche Bücher aufweist
- das Absageregister, das Identifizierungsdaten für Bücher aufnimmt, die aus verschiedenen Gründen nicht gekauft wurden
- das Kontrollregister für Zeitschriften, das u.a. Angaben für die Lieferungs- und Einbindekontrolle enthält
- das Entleiherregister
- das Lieferantenregister
- das Bibliotheksregister
- das Studentenregister
- das Register der Lohnempfänger.

Die Register sind on-line mit den Terminals verbunden, die bei der entsprechenden Abteilung aufgestellt sind und über eine Tastatur, eine Schreibeinheit und einen

Bildschirm verfügen, über den die gesuchten Daten mitgeteilt werden.

Ferner ist bei diesem Modell des Statskontoret daran gedacht worden, daß bestimmte Daten ausgedruckt werden können, z.B. Mahnungen an Lieferanten und Entleiher. Dieses Modellsystem wurde im Anhang B detailliert dargestellt.

Im Anhang B wurden als Beispiele Modelle für ein automatisiertes Zeitschriftensystem und für ein automatisiertes Katalogisierungssystem dargestellt. Modelle für ein automatisiertes Erwerbssystem, das etwa dem Zeitschriftensystem entspricht, sowie für ein automatisiertes Ausleihsystem wurden von Statskontoret erarbeitet, sind jedoch in diesen Bericht nicht aufgenommen worden.

Statskontoret hat selbstverständlich Untersuchungen angestellt, wo zur Zeit der EDV-Einsatz aufgrund der Größenordnung der auszuführenden Arbeiten berechtigt sein könnte.

Erwerb

Die Königliche Bibliothek erwirbt jährlich ca. 30 000 Bücher, wovon allerdings 10 000 Pflichtexemplare sind und 10 000 ausländische Bücher im Tausch oder als Geschenk eingehen. Es bleiben also ca. 10 000 Bücher übrig, die gekauft werden - eine Größenordnung, in der sich auch die Universitätsbibliotheken Schwedens bewegen. Die Erwerbsüberwachung allein würde den EDV-Einsatz nicht lohnen; eventuell wäre er in Kombination mit der Katalogisierung vertretbar.

Leihverkehr

Die Königliche Bibliothek leiht ca. 100 000 Einheiten pro Jahr aus, davon allerdings nur 20 000 außer Haus, während der Rest Lesesaal-Ausleihen sind. Demgegenüber hat z.B. die Missouri-Universitätsbibliothek, die ihre Routinen voll automatisiert hat, ca. 450 000 Ausleihen pro Jahr, und auch die Universitätsbibliothek Bochum kommt auf mindestens 150 000 Ausleihen jährlich.

Zeitschriften

Die Kontrolle der Zeitschriften ist die einzige Routine, bei der der Umsatz einer einzelnen schwedischen Bibliothek mit dem automatisierter amerikanischer Bibliotheken verglichen werden kann. Die Königliche Bibliothek hat ca. 15 000 laufende Zeitschriften, davon sind 8 000 schwedische Pflichtexemplare, 3 000 ausländische Tausch- oder Geschenkexemplare und 4 000 ausländische gekaufte Exemplare.

Verwendung audiovisueller Hilfsmittel und Medien im Hochschulunterricht

Länger als in anderen westeuropäischen Ländern standen in Schweden die Bildungspolitiker und -behörden den audiovisuellen Medien und den Möglichkeiten ihres Einsatzes im Hochschulunterricht wenig kritisch gegenüber. Noch 1970 versprach man sich vom Fernsehen, es könne Lehrpersonal vollwertig ersetzen.

So wurde für den Aufbau der Hochschule Linköping, ursprünglich eine Filiale der Universität Stockholm, durch Reichstagsbeschluß ein Konzept gewählt, das den audiovisuellen Medien eine zentrale Lehrrolle einräumte; Fernsehprogramme und anderes vorproduziertes Material sollten für verschiedene Fächer die wesentlichen Lehrinformationen liefern.

TRU-kommittén, das Komitee für den Einsatz von Fernsehen und Radio in der Ausbildung, war 1967 vom Ministerium für Erziehung und Kultus (utbildningsdepartement) als staatlicher Ausschuß eingesetzt worden, um Anwendungsmöglichkeiten audiovisueller Medien im Bildungswesen Schwedens zu untersuchen. Sechs Abteilungen für die verschiedenen Ausbildungsbereiche wurden eingerichtet.

TRU besitzt ein Produktionszentrum für die Herstellung von Fernseh- und Radioprogrammen, Videobändern, gedrucktem Material usw. mit einer Kapazität von 400 Fernseh- und 200 Radioprogrammen.

Die übrigen Programme werden in Zusammenarbeit mit Radio Schweden (Sveriges Radio) hergestellt.

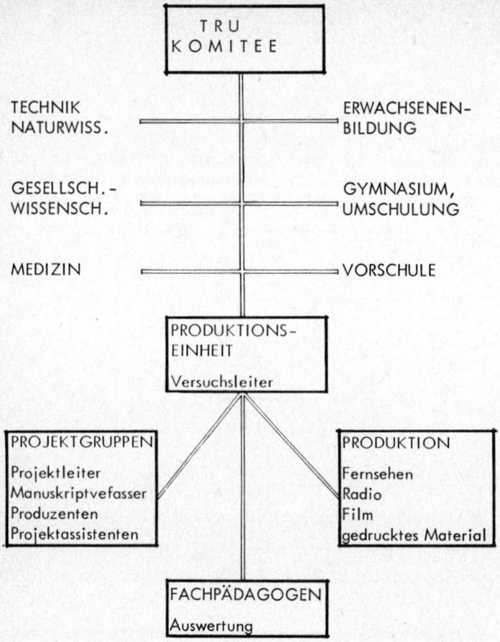

Abb.7 Aufbau der TRU-Organisation 1)

Diese Ressourcen werden seit 1969 vorrangig für die Produktion von Studienkursen für die Hochschule Linköping eingesetzt. Bei der Entwicklung der Kurspakete waren eine Reihe von Universitätslehrern des Landes eingeschaltet worden. Eine bei TRU bestehende pädagogische Auswertungsgruppe hatte den Effekt des Lehrstoffs nach Probeläufen an den Universitäten Stockholm und Göteborg zu beurteilen.

---

1) Quelle: Informationsschrift des TRU-Kommittén, Stocksund: TRU utvecklar läromedelssystem för LiH

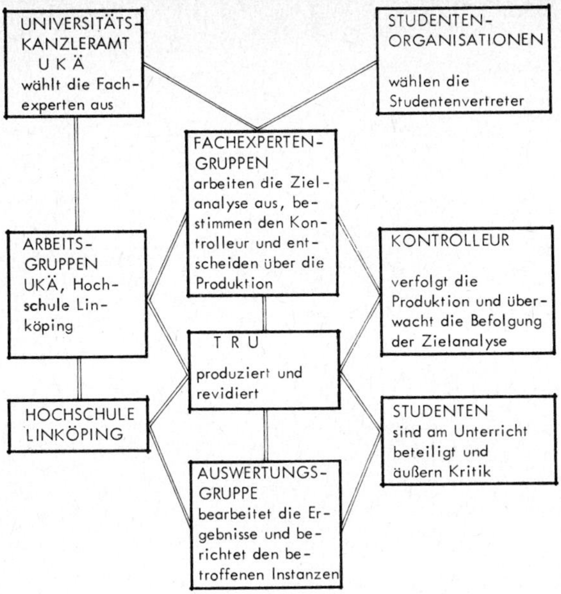

Abb.8 Beteiligte Institutionen und Personen bei der Gestaltung eines Kurses für die Hochschule Linköping [1)]

1970/71 wurde für die Kurse des ersten Studienjahres folgendes Material produziert

- Differential- und Integralrechnen
- Technisches Zeichnen
- Numerische Methoden
- Mathematische Statistik
- Physik.

Für das zweite Studienjahr wurden u.a. Fachkurse entwickelt für

- Festigkeitslehre
- Mechanik
- Allgemeine Ökonomie.

---

1) Quelle: Informationsschrift des TRU-Kommittén, Stocksund: TRU utvecklar läromedelssystem för LiH

Tabelle 2 Arbeitsablauf bei der Herstellung von Lehrmitteln bei TRU

	Stufe I
	Bedarfsanalyse Der Bedarf und die Anforderungen der Gesellschaft, der Arbeits- und der Budgetrahmen werden festgestellt.
Ziel	Zielanalyse Ziele für den Unterricht werden formuliert und von Fachexperten präzisiert.
	Schüleranalyse Kartierung der Schüler, derer Kenntnisse, Erwartungen usw.
	Stufe II
	Stoffanalyse Der Lehrstoff wird aufbereitet. Fachexperten schreiben Grundmanuskripte.
Medien/ Methode	Medien/Methode Wahl der Unterrichtsmethode und der Medien. Lehrmittelspezifische Manuskripte werden zusammengestellt.
	Produktion Produktion der Lehrmittel.
	Stufe III
Auswertung	Auswertung Das produzierte Lehrmittelsystem wird praktisch erprobt. Lehrer und Schüler stellen ihre Gesichtspunkte zur Diskussion. Die Unterrichtsergebnisse werden bewertet.
	Revidierung Revidierung des Lehrmittelsystems ausgehend von den Bewertungsresultaten.
	Stufe IV
Unterricht	Unterricht Das Lehrmittelsystem wird fortlaufend aufgrund der Bewertungsresultate revidiert.

Rückkopplung – Revidierung

Für diese Arbeit wurden TRU 1969/70 14,5 Millionen Kronen zur Verfügung gestellt, 1970/71 war der Betrag etwa ebenso groß.

Schon während der Erarbeitung der vorproduzierten Studienelemente meldeten vor allem die Studenten Kritik am Fernsehkonzept für Linköping an. Die Hochschule insgesamt war nämlich hier, trotz der von TRU erklärten Beteiligung von Studenten und Hochschullehrern, am didaktischen Konzept dieser Lehre kaum beteiligt.

Im Oktober 1970 nahm Schwedens Presse das Problem auf und eine gewisse Verwirrung herrschte hinsichtlich der Bedeutung der Linköping-Programmarbeit für die Größe des Lehrkörpers. Im ersten und zweiten Studienjahr sollten in Linköping ca. 1 200 Unterrichtsstunden mit programmiertem und Fernsehunterricht stattfinden. Eine unterste Grenze von 340 Studenten als Abnehmergruppe für Fernsehunterricht war festgesetzt worden. Diese Größenordnung wurde als sehr unwirtschaftlicher Ausnutzungsgrad kritisiert.

Vorwürfe wurden laut, die Raumprojektierung für den audiovisuellen Unterricht sei ungeplant vonstatten gegangen, d.h. bevor eine Konzeption des audiovisuellen Unterrichts und eine Definition des daraus entstehenden Bedarfs erarbeitet worden waren.

Durch die überstürzte Planung der audiovisuellen Lehreinrichtungen wurde die Chance versäumt, für Linköping eine organisatorische Einheit der Lehrinformationsvermittlung zu entwickeln.

So wurde neben der althergebrachten Universitätsbibliothek das Lehrsaal- und Lehrmittelgebäude für die Wiedergabe und Teilproduktion des programmierten Unterrichts räumlich und funktional völlig getrennt geplant, wie aus den nachfolgenden Grundrissen und dem Lageplan der Hochschule Linköping hervorgeht. Zum Zeitpunkt der Detail-

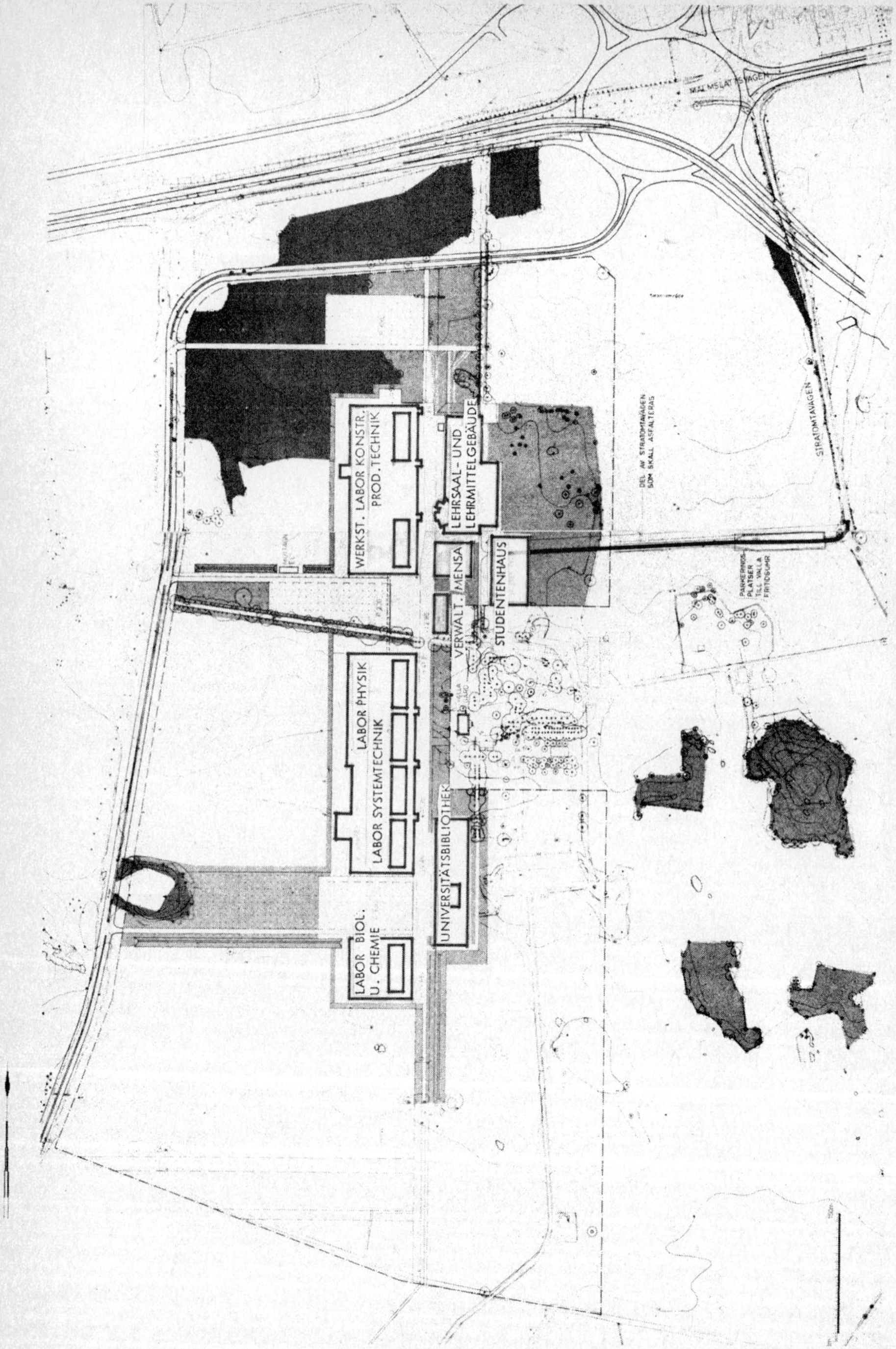

Abb.9 Hochschule Linköping, Lageplan

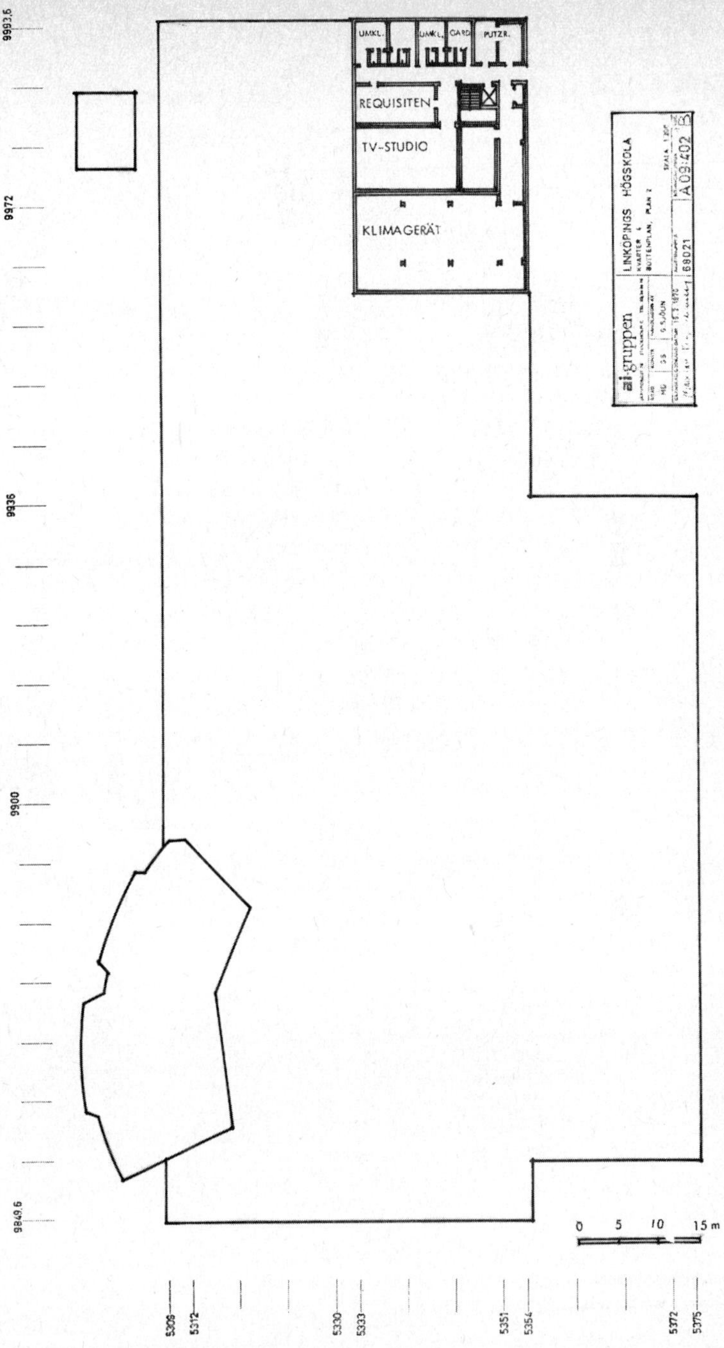

Abb.10 Hochschule Linköping, Lehrsaal- und Lehrmittelgebäude - Untergeschoß

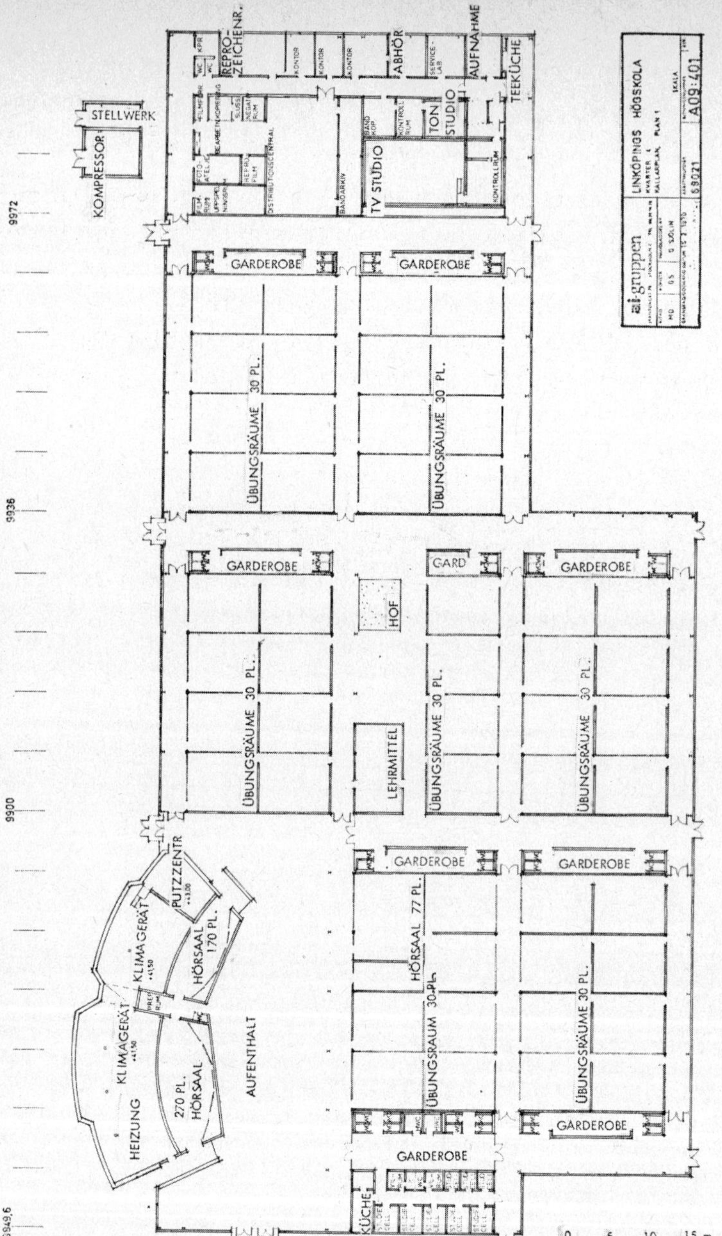

Abb.11 Hochschule Linköping, Lehrsaal- und Lehrmittelgebäude - Erdgeschoß

planung für das Lehrsaal- und Lehrmittelgebäude war für die Bibliothek lediglich ein möglicher Standort bestimmt worden.

Die verantwortlichen schwedischen Planungsbehörden begegneten der Kritik am Linköping-Konzept mit dem Hinweis auf Anlaufschwierigkeiten und mangelnde Vorbereitung des Lehrkörpers und setzten eine sogenannte AV-Gruppe ein mit der Aufgabe, eine Bewertung des Linköping-Unterrichts im Vergleich zum herkömmlichen personalen Unterricht vorzunehmen.

Die Rolle des Mediums Fernsehen als wirksames Instrument zur Lösung didaktischer und quantitativer Probleme im tertiären Ausbildungsbereich scheint jedenfalls in Schweden erst durch die Erfahrungen an der Hochschule Linköping in Frage gestellt worden zu sein.

Prognosen zur Entwicklung des Informations- und Dokumentationswesens von Schweden

Aufbau und Ziel des Delphi-Projektes

1969 wurde im Statskontoret beschlossen, die erste schwedische Zukunftsbeurteilung über die Entwicklung des I.-u. D.-Wesens durchzuführen, um Unterlagen für die langfristige Planung der staatlichen Behörden zu gewinnen. Laut Arbeitsplan vom 1.4.1969 war gleichzeitig das "Hauptziel, das Bibliothekswesen an die Entwicklung der 'Höheren Ausbildung und Forschung' anzupassen". [1]

Statskontoret vermutete, daß in Zukunft so hohe Anforderungen an die Bibliothek gestellt werden würden, daß kurzfristige Veränderungen nur eine erste Stufe einer langen Reihe von Reformen darstellen können. Die Ermittlungsarbeit der staatlichen Behörden hat u.a. das Ziel, "Entwicklungspläne für Organisationsreformen als Voraussetzung für eine weitere Arbeit mit Organisations- und Rationalisierungsfragen auf dem Bibliotheks- und Dokumentationsgebiet auszuarbeiten". [2]

Die durch das Delphi-Projekt erzielten Prognosen sollten in diesem Rahmen Grundlagen zur Planung eines rationellen Bibliotheks- und Dokumentationsdienstes liefern.

---

1) Statskontoret, Utredningsavdelning 3, Stockholm, Arbetsrapport, Delfiprojekt, 1970

2) siehe Fußnote 1

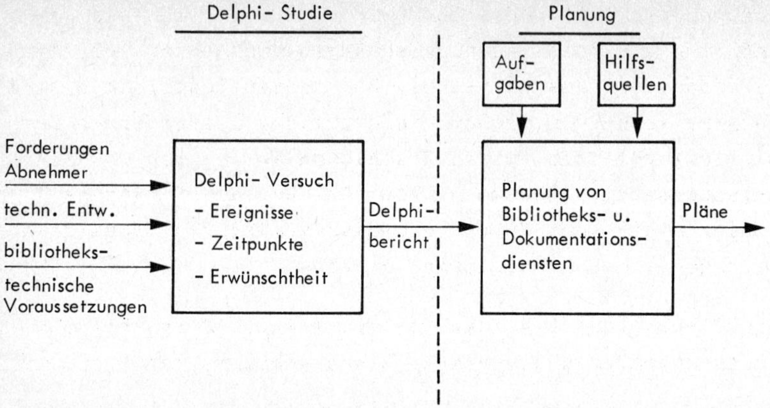

Abb.12 Der Delphi-Versuch als Planungsunterlage [1)]

Es sollen hier auszugsweise einige Überlegungen über strategische und taktische Planung aus den Arbeitsberichten von Statskontoret wiedergegeben werden:

"Wenn der nationale I.-u.D.- und Bibliotheksbetrieb als abgegrenzter Betrieb betrachtet wird, der auf gewisse Ziele hingesteuert werden soll, muß sorgfältig überlegt werden, wie die Planung dieses Betriebs am besten ausgeführt wird.

Die Planung von Betrieben kann je nach der Art der zu fassenden Beschlüsse systematisiert werden. Ein Haupttypus sind strategische Beschlüsse, die eine übersichtliche Planung des ganzen Betriebes bedeuten, einschließlich der Übersicht der Ziele, auf die der Betrieb hingesteuert werden soll. Dieser Typ von Beschlüssen erfordert umfassende Informationen ohne Bedarf an Detailkenntnissen. Beschlüsse dieses Typs werden im allgemeinen von Nicht-Spezialisten auf hoher Ebene, in übergeordneten Organisationen, gefaßt.

---

1) Statskontoret, Utredningsavdelning 3, Stockholm, Arbetsrapport, Delfiprojekt, 1970

Andere Beschlußtypen sind t a k t i s c h e ; sie beinhalten die Detailplanung konkreter Maßnahmen für einen gewissen Teil des Betriebes. Für diesen Beschlußtyp sind Informationen von großer Tiefe auf dem betreffenden Gebiet erforderlich. Diese Beschlüsse werden von lokalen Entscheidern vorgenommen, oftmals Spezialisten eines kleinen Teils des Betriebes. Zwischen diesen Typen sind verschiedene Zwischenformen denkbar.

Die Planung des Bibliotheks- und I.-u.D.-Betriebs kann folgendermaßen überschlägig beschrieben werden:

Der Reichstag und der König haben die weitestgehende Verantwortung für die Informationspolitik, d.h. sie setzen die Richtlinien für den Betrieb der Bibliotheken und der I.-u.D.-Organisationen. Dies kann politische Planung genannt werden.

Auf Behördenebene geschieht die strategische Planung, z.B. die Dimensionierung der Bibliotheksdienste für neue Ausbildungs- und Forschungseinheiten oder die Bearbeitung von Fragen der allgemeinen Serviceeinrichtungen. Hier werden die Ziele übersetzt und weiter ausgeformt, die der Reichstag und der König aufgestellt haben.

Jede Bibliothek und I.-u.D.-Zentrale betreibt eine Planung für den eigenen Betrieb. Hierbei werden die Aufgaben in Form von Teilzielen konkretisiert. Außerdem werden verschiedene Arten angegeben, auf welche Weise das Erreichen dieser Teilziele gemessen werden kann. Bei der Betriebsplanung ist die Programmbudgettechnik ein wichtiges Hilfsmittel für die Leitung.

Ferner geschieht z.B. in jeder Abteilung, Projektgruppe oder dgl. eine Detailplanung für die anstehenden konkreten Arbeitsaufgaben. Die Bezeichnung 'operative Planung' kann hier nahezu mit der direkten Leitung des Betriebs gleichgestellt werden.

Das Planungssystem wird in der folgenden Abbildung zusammengefaßt. In der idealisierten Beschreibung wird eine Aufteilung in verschiedene Planungsebenen vorgenommen, in welche die jetzige Verteilung der Verantwortung mehr oder weniger direkt eingeordnet werden kann.

Die Verantwortung für die Planung von I.-u.D.- und Bibliotheksbetrieben ist zur Zeit auf mehrere, sich voneinander unterscheidende Organe verteilt. Diese Organe haben Aufgaben auf verschiedenen Planungsebenen. Jedoch weicht die reale Verteilung der Verantwortung für den I.-u.D.-Betrieb in vielen Fällen von der idealisierten Beschreibung ab.

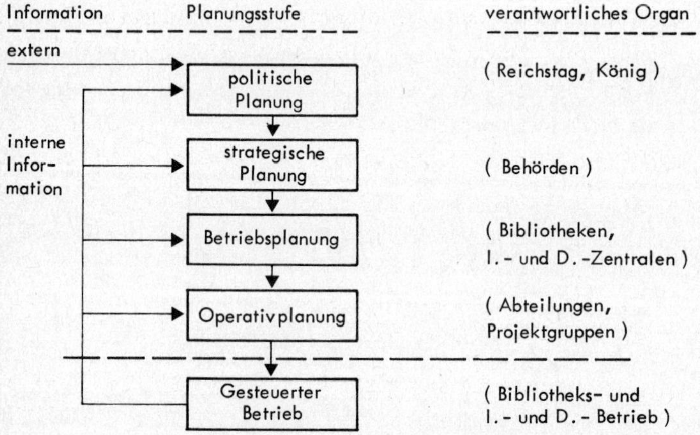

Abb.13 Prinzipskizze für die Planung des Bibliotheks- und I.-u.D.-Betriebs

Strategische Beschlüsse bedeuten im allgemeinen Überlegungen langfristigeren Charakters, während taktische Beschlüsse kürzere Zeitperioden betreffen. Eine Parallele zur Einteilung des Steuerungssystem in drei Ebenen sind daher die verschiedenen Zeithorizonte des Planungssystems. Ein langfristiger Plan, der z.B. 10 bis 15 Jahre umfaßt, hat im allgemeinen mehr strategische Beschlüsse zum Inhalt als ein Einjahresbudget.

Die Information, die die Unterlage für die langfristige Planung bildet, wird umfassender, d.h. breiter, aber weniger reich an Details und weniger zuverlässig. Gewöhnliche Prognosen für die Nachfrage nach gewisser Literatur oder Bibliotheksflächen sind für eine lange Periode schwerer aufzustellen. Die Umwelt kann radikal verändert werden, und die Information über die Entwicklung der Umwelt erhält eine erhöhte Bedeutung. Die Bindungen werden weniger eng und die Möglichkeiten, radikale Veränderungen des Betriebs durchzuführen, nehmen bei Planung auf längere Sicht zu.

Für die langfristige Planung auf anderen Gebieten wurden ganz neue Methoden entwickelt, teils für eine übersichtliche Kartierung der Entwicklungstendenzen in der Umwelt, teils für Analysen, welche Maßnahmen ergriffen werden müssen, um ein gewisses Ziel zu erreichen. Diese Methoden werden unter den Rubriken 'Zukunftsstudien' oder 'Umweltprognosen' zusammengefaßt (siehe Abbildung).

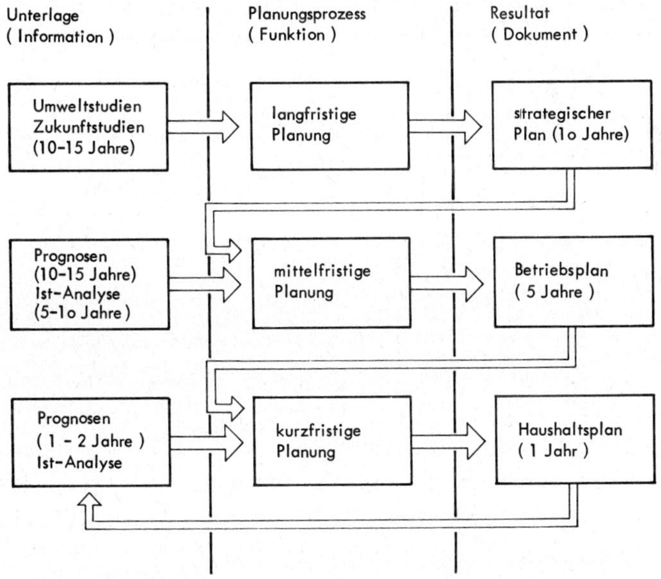

Abb.14 Verschiedene Zeitperspektiven in der Planung

Für den I.-u.D.- und Bibliotheksbetrieb könnte eine Zukunftsstudie eine Kartierung der Anforderungen verschiedener Interessenten an die Information für verschiedene Entscheidungen bedeuten."

Die vom Statskontoret als Methode eingesetzte Delphi-Technik bedeutet, daß die Experten voneinander isoliert und füreinander anonym arbeiten, um ohne direkte Einwirkung aufeinander zu einer Prognose kommen zu können. Auf diese Weise soll das Risiko vermindert werden, daß eine dominierende Person unter den Experten sich gegenüber den übrigen durchsetzt.

Die Untersuchungsgruppe begann nach einem Probelauf im Statskontoret mit der Auswahl der Experten. Von den Repräsentanten verschiedener Gesellschaftsbereiche, z.B. aus Lehre und Forschung, aus Wirtschaft und Verwaltung, aus dem Bibliotheks-, Archiv- und Dokumentationsbetrieb, wurden über 40 Experten subjektiv ausgewählt, wobei Sachkenntnis und Interessenbreite ausschlaggebend waren. Die Auswahl geschah nicht zufällig in statistischem Sinne; eine Zufallauswahl wird normalerweise bei der Delphi-Methode nicht angestrebt.

An diese Experten wurden in drei Durchgängen Frageformulare zur Beantwortung geschickt; nach jedem Durchgang wurde die Antwort von der Statskontoret-Arbeitsgruppe bearbeitet und an die Experten zurückgesandt. Der einzelne Experte konnte seine Antwort ändern, nachdem er die der anderen erhalten hatte. Für stark vom Durchschnitt abweichende Antworten wurde eine Begründung verlangt. Dadurch konnten die Fragestellungen während des Projektablaufs ergänzt und präzisiert werden.

Die drei Durchgänge der Delphi-Studie waren unterschiedlich angelegt. Im Durchgang I wie schon im Probelauf lag das Schwergewicht auf den kreativen Gesichtspunkten, während im Durchgang II die Zeitbestimmungen dominierten. Bewertungs- und Strukturierungsfragen kennzeichneten den III. Durchgang.

Ansatzpunkte der Studie waren bestimmte Faktoren, die es ermöglichen, die Anforderungen an den I.-u.D.-Service zu verändern:

Lehre

- Dezentralisierung des Unterrichts
- Expansion der Erwachsenenbildung
- berufsgerichtete Ausbildung
- stärkere Betonung des selbständigen Schaffens
- Veränderungen des Lehrinhalts (weniger Anwendung von gedrucktem Material)

Forschung

- Expansion der (querwissenschaftlichen) interdisziplinären und der angewandten Forschung
- Verschiebungen zwischen den Anteilen verschiedener Sektoren an den Gesamtausgaben für Forschung und Entwicklung
- Geographische und organisatorische Dezentralisierung der Forschung
- erweiterte internationale Kontakte
- eventuelle staatlich gesteuerte Prioritätensetzung des Forschungseinsatzes

Wirtschaft

- erweiterte Internationalisierung der Wirtschaft
- erhöhte Anforderungen an geänderte Reklame und an Angaben über die Produkteigenschaften

- erweiterte Mitbestimmung
- Entwicklung von Brancheninformationssystemen
- größere gegenseitige Abhängigkeit zwischen Staat und Wissenschaft

Verwaltung
- Dezentralisierung der Verwaltung, geographisch und organisatorisch
- Erweiterung der Verwaltungsdemokratie

Individuen
- erhöhte Freizeit
- höheres allgemeines Ausbildungsniveau mit verstärkten Forderungen an neuen Informationen und steigendem Kulturkonsum
- Bedarf der Konsumentenaufklärung durch neue technisch komplizierte Waren und erhöhtes Warenangebot.

Ergebnisse des Delphi-Projektes

Folgende Zukunftsbeurteilung für die 70er, 80er und 90er Jahre dieses Jahrhunderts wurde von den Experten abgegeben:

Die 70er Jahre

Grundzüge

Kapazität und Effektivität von Bibliotheken mit I.-u. D.-Organen wird erhöht durch verbesserte Verwaltung, Organisation und Produktionstechnik.

Neue Funktionen und Aufgaben kommen in beschränktem Umfang hinzu, z.B. in Medizin, Naturwissenschaft, Technik. Nicht gedrucktes Material zur Übermittlung und Speicherung von Informationen wird verstärkt angewendet, jedoch geschieht keine tiefgreifende Veränderung gegenüber heute.

Medien

Gedrucktes Material dominiert weiter (Publizieren, Speichern). Begrenzte Gebiete liefern Informationen auf Mikrofilm, Bild- und Tonkassetten, EDV-Speichern; z.B. werden öffentliche Drucke auf Mikrofilmen und -fiches gespeichert, während EDV-Speicher für Zusammenfassungen von Dissertationen, technischen und wissenschaftlichen Berichten usw. benützt werden.

Telex, Faksimile, TV- und EDV-Anlagen mit ausgebautem Kommunikationsnetz werden zur Informationsübermittlung benutzt; TV und teilweise auch EDV zur gleichzeitigen Übermittlung; Telex, Faksimile usw. für individuelle Bestellungen. Das Einkoppeln verschiedener Datensysteme in das allgemeine Telefonnetz erleichtert z.B. dem Konsumenten die Benutzung des Konsumentenaufklärungsregisters.

Funktion

Die Aufgaben der Bibliothek bleiben ziemlich unverändert. Sie erstrecken sich hauptsächlich auf Sammeln, Speichern und Vermitteln von Dokumenten. Jedoch werden einzelne Spezialaufgaben eingeführt, die mit den anderen I.-u.D.-Organen abgestimmt werden. Auf gewissen Gebieten werden Referatedienste (operative SDI-Systeme) bzw. besondere Analysen- und Bearbeitungszentralen eingerichtet. Dokumentationsrecherchen in verschiedenen Informationsquellen werden möglich. Wissenschaftliche Aufsätze werden zur leichteren Recherche standardisiert aufgestellt; internationale Abstrahierungsorganisationen liefern Maschinenindex-Material nach gewissem Standard. Dies ist heute schon in der Chemie üblich. In der Medizin und anderen Naturwissenschaften ist es zu erwarten.

Struktur

Der Anteil der Bibliothek an der totalen Informationsmenge nimmt durch eine kräftige Expansion anderer Info-Systeme, z.B. durch besondere Analyse- und Informationszentralen für die angewandte und die interdisziplinäre Forschung, ab. Größere Betriebe bauen isolierte EDV-Info-Systeme auf, in die u.a. Verkaufs- und Produktionsdaten, interne Berichte usw. eingegeben werden.

Die Stellung der Betriebsbibliothek in Großbetrieben wird durch deren EDV-Informationssystem (Speichern von Berichten, Abhandlungen usw.) verändert. Der erhöhte Anteil der Wissenschaft an der totalen Forschung bewirkt, daß große Mengen der Forschungsinformation in Info-Systemen von Großbetrieben gespeichert werden. Die Hintergrundfunktionen der Bibliothek (Planung, Administration, Lagerung und Einkauf) werden teilweise gleichgeschaltet.

Ein besonderer Einkaufspool für Literatur und Zeitschriften wird für wissenschaftliche Bibliotheken geschaffen. Gewisse Informationen werden gebührenpflichtig (Spezialinformation, für wenige Abnehmer produziert), und zwar zuerst für die Wirtschaft; in der Forschung ist dieses Verfahren nur bedingt anwendbar.

Technik

EDV wird für Routinen wie Ausleihe, Erwerb, Katalogisierung, Herstellung von Neuerwerbungsverzeichnissen und Bibliographien an den Bibliotheken eingesetzt. Vorschläge für Datensysteme kooperierender Bibliotheksroutinen liegen vor (Erwerb, Zeitschriftenkontrolle, Katalogisierung und Ausleihe). Die Bibliothek ist nach diesem Vorschlag an ein totales Bibliotheksnetz angeschlossen, das um eine Anzahl regionaler Datenmaschinen aufgebaut werden soll, verknüpft mit Terminals. Das schwedische Bibliothekswesen wird an das internationale System mit maschinenlesbaren Katalogprodukten (à la MARC-Projekt) angeschlossen. Ein gemeinsames Grundvokabular und Standardformen für Inhaltsregister werden geschaffen, wodurch eine Kommunikation zwischen verschiedenen Info-Systemen möglich wird. Datenbanken werden auf teletechnischem Weg verbunden. Die Verantwortung der Steuerung wird einem Zentralorgan übertragen. In die Info-Systeme werden Kontrollfunktionen integriert, um Unbefugten den Zugang zu Informationen zu verwehren (z.B. ein Code, zu dem nur befugte Systembenutzer Zugang haben). Die Möglichkeit, Datensysteme an das allgemeine Telefonnetz zu koppeln, macht eine besondere Gesetzgebung erforderlich.

Die 80er Jahre

Grundzüge

Mehrere neue Funktionen im I.-u.D.-Wesen werden entwickelt und verschiedene I.-u.D.-Systeme in begrenztem Umfang gekoppelt. Die Rolle der Bibliothek verschiebt sich in Richtung aktiver, selektiver Vermittlung von bearbeiteter und abnehmerorientierter Information. Die Kommunikation zwischen getrennten Info-Systemen wird verbessert. Neue Übermittlungs- und Speichertechniken bekommen große Bedeutung für den Aufbau der I.-u.D.-Systeme. Planung und Prioritätensetzung auf dem I.-u.D.-Gebiet geschieht nach festen, langfristigen Plänen.

Medien

Gedrucktes Material dominiert bei der Info-Speicherung, dabei gewinnen neue Speichertechniken an Bedeutung. Wissenschaftliche Zeitschriften werden in der Forschung durch maschinengespeichertes Artikelmaterial ersetzt. Die Verwaltung speichert öffentliche Drucksachen in digitaler Form - Magnetband, digitale optische Speicherung, Hologramme oder, wie in den 70er Jahren, in irgendeiner Mikrofilmform. Kunden bekommen Kopien durch Info-Zentralen oder Terminals.

Unterhaltungs- oder Info-Programme werden auf Videoband (Kassetten) ausgeliehen. Patentschriften werden zusammengefaßt und in Datenbasen gespeichert, die sukzessive zu Beginn der 80er Jahre aufgebaut werden. Akademische Abhandlungen werden auf europäischer Basis in einer internationalen Mikrofilmbank gespeichert. Auch werden zentrale Register mit EDV-Selektion errichtet, die einen schnellen Überblick über zugängliche Information ermöglichen.

Nur noch ein kleiner Teil der Information wird auf traditionelle Art in gedruckter Form übermittelt; an ihre Stelle tritt ein Datenkommunikationsnetz, das die verschiedenen Informationssysteme verknüpft, die in den 70er und 80er Jahren aufgebaut werden.

Geschriebene Information wird den Empfängern (Bibliotheken, Institute, einzelne Personen) über spezielle Einheiten (EDV-Anlagen, Videotape, Bildtelefone usw.) durch Faksimile oder durch andere Kommunikationstechniken übermittelt. Auf gewissen Fachgebieten nimmt die geschriebene Sprache zugunsten von Bildern, Diagrammen usw. ab. Kontinuierlich stattfindende internationale Konferenzen für Kontakte zwischen Forschern und Informationsaustausch werden organisiert. Neue Ideen und Entdeckungen werden direkt im Datensystem gespeichert. Für Konferenzen zwischen Personen an verschiedenen Orten beginnt man mit der Verwendung des Bildtelefons.

Funktion

Bibliotheken erhalten wesentlich erweiterte Arbeitsaufgaben. Bearbeitung, Analyse und aktive Verteilung von Information dominieren. Speicherung und Vermittlung von Dokumenten geschieht immer mehr durch spezielle Organe. Traditionelle Dokumentregistrierung, -vermittlung und -aufbewahrung werden durch neue Übermittlungs- und Speichertechniken verändert. Dieses Gebiet des Bibliotheksbetriebs nimmt nur einen kleinen Teil des gesamten Mittelbestands in Anspruch. Es findet eine selektive Informationsmitteilung statt, die sich nicht nur auf Referate beschränkt, sondern nach Interessenprofil auch in gewissen Sektoren von Wirtschaft, Verwaltung, Forschung und Lehre vorgenommen wird.

Informationsrecherche und Routinebearbeitung von Bestellungen sind gewöhnliche Dienstleistungen. Forschungs- und Ermittlungsarbeiten können daher auf die abschließende Bearbeitung und Beurteilung konzentriert werden.

Die meisten der größeren Betriebe haben Ende der 70er bis Anfang der 80er Jahre EDV-Info-Systeme für beispielsweise Produkteigenschaften und Marktdaten erhalten. Entscheidungssimulierung mit Hilfe von Entscheidungsmodellen für das eigene Unternehmen und die Datenbasis des Unternehmens wird in vielen größeren Betrieben die Regel sein.

Die Informationslage des einzelnen wird verbessert durch erweiterte selektive Informationsmitteilung. Zu Beginn der Periode wird ein soziales Info-System aufgebaut, wodurch dem Individuum automatisch und selektiv Informationen über Rechte und Pflichten im sozialen Bereich mitgeteilt werden. Erklärungen in unterschiedlichem Zusammenhang und Erläuterungen über verschiedene Verhältnisse belasten den einzelnen immer weniger. Frageterminals für übersichtliche legale und soziale Beratung werden eingerichtet. Die maschinellen Info-Systeme erleichtern es den Kuratoren und anderem Sozialpersonal, Angaben über einzelne Personen aufzufinden und ermöglichen es, mehr Zeit für direkte Betreuung aufzuwenden.

Struktur

Die Stellung der Bibliothek im I.-u.D.-System wird sich durch neu hinzukommende Bearbeitungsfunktionen verändern. Eine enge Zusammenarbeit mit den Abnehmern findet statt, um die bestmögliche Anpassungsform der aktiven Bibliotheksdienstleistungen an Abnehmerwünsche zu erreichen. Besonders für die Lehre, die Forschung und für den einzelnen Benutzer als Abnehmer werden spürbare Entwicklungen eintreten.

Eine enge Zusammenarbeit von AV-Zentralen, Analyse- und Info-Zentralen sowie anderer Organe mit der Bibliothek entsteht. Bei der Anpassung des Info-Service an besondere Voraussetzungen verschiedener Sektoren erhalten sie die Stellung von Spezialorganen.

Die öffentlichen Büchereien übernehmen weitere kulturvermittelnde Aufgaben auf wesentlich breiteren Gebieten als heute, und zwar durch Vermittlung von Musik, Theater, Film und Kunst in nicht gedruckter Form.

In der Wirtschaft, und zum Teil auch in der Verwaltung, hat die Schaffung separater Info-Systeme zur Folge, daß Betriebs- und Verwaltungsbibliotheken in den Hintergrund gedrängt oder mitunter ganz aufgelöst werden. Hier beginnen statt dessen Betriebs- und Behörden-Info-Systeme für verschiedene Funktionen zu dominieren.

Auch werden Referatezentralen für Hinweise auf schwedische und ausländische Info-Zentralen und für die Vermittlung von Beratung bei der Informationsrecherche eingerichtet. Ein Überblick über das ganze I.-u.D.-Gebiet wird mit Hilfe sogenannter Master- oder Auskunftsregister gegeben. Der Hauptteil des schwedischen Info- und Bibliothekswesens wird on-line direkt an internationale Informationsrecherche-Systeme vom Typ MEDLARS, INSPEC usw. angeschlossen. Retrospektive EDV-Literaturrecherche geschieht auf nordischer oder europäischer Basis. Die Systeme werden nach Fachgebieten differenziert. Referatesysteme ermöglichen den raschen Zugang zu Informationen aus einzelnen I.-u.D.-Systemen.

Der außengerichtete, abnehmerorientierte Bibliotheks-Service kann als Folge der neuen Speicher- und Übermittlungstechniken dezentralisiert werden. Funktionen, wie Speicherung, Erwerb, Katalogisierung, werden zu einer kleinen Zahl von Hintergrundeinheiten zusammengefaßt. Die Organisation für den Teil der Bibliothek kann u.a. durch neue Speichermethoden und Kommunikationstechniken wesentlich verändert werden. Bedeutend wirksamer werden administrative Info-Systeme. Hier sind Funktionen wie Eingabe, Speicherung, Recherche, Erwerb, Katalogisierung und Ausleihe weitgehend automatisiert.

Technik

Eine weitere Rationalisierung des Bibliothekswesens mit EDV geschieht. Kartenkataloge an wissenschaftlichen und Institutsbibliotheken werden durch Bildterminals ersetzt. Terminals werden an regionale EDV-Anlagen in Spezialorganen angeschlossen, Bibliographische Informationen (Neuheitenverzeichnisse, Zusammenfassungen usw.) werden standardisiert und aus maschinengespeichertem Material hergestellt. Auf Bestellung können Bibliographien entweder individuell nach Rechercheprofil oder systematisch nach Fach oder Institut aufgestellt werden. Referate betreffen nicht nur Bücher und Artikel, sondern auch Informationen in anderer Form.

Direkt für I.-u.D.-Zwecke gebaute Datenmaschinen werden allgemein gebräuchlich. Für diese werden spezielle Programmsprachen für Dokumentation entwickelt.

Informationsbanken und -zentralen für die Lehre werden aufgebaut. Über Bildschirm können Schülergruppen an verschiedenen Lehranstalten diese Zentralen benutzen.

Die Hälfte aller neu produzierten Fachliteratur wird in maschinell lesbarer Form oder auf einem Filmmedium (Mikrofilm) zugänglich. Avancierte Maschinen werden zur Übersetzung einfacher geschriebener Mitteilungen, ohne literarischen Anspruch, verwendet.

Bildtelefone können durch Anruf an Informationsbanken gekoppelt werden; dadurch wird es möglich, in dem gespeicherten Informationsmaterial zu blättern.

Videobandgeräte zur Speicherung von TV-Programmen sind etwa so verbreitet, wie heute das TV-Gerät. Kassetten-TV wird eine Alternative darstellen.

Die 90er Jahre und später

Grundzüge

Es herrscht ein hoher Spezialisierungsgrad in I.-u.D.-Systemen durch weitgehende Koppelung von neugeschaffenen und früher aufgebauten Info-Systemen in und zwischen einzelnen Gesellschaftssektionen. Die Übermittlung und Speicherung von Information geschieht größtenteils durch elektronische Medien; dadurch wird große Geschwindigkeit und Flexibilität erreicht.

Medien

Weiterhin werden 50 % der gesamten Informationsmasse in gedruckter Form gespeichert. Die Digitalspeicherung wird in begrenztem Maß durch ganz neue Techniken ersetzt, die speziell an die Informationswiedergewinnung und an eine "unzerstörbare" Speicherung angepaßt worden sind. Textleser werden zur Übertragung älterer gedruckter und maschinengeschriebener Texte in maschinenlesbare Form verwendet.

Gut ausgebaute Datenkommunikationsnetze sichern eine rasche Übermittlung von Bild- und Textinformation. Die physische Übertragung von Information ist nicht länger nötig. Informationen brauchen daher nur an einer Stelle gespeichert zu werden. Die teuere Mehrfachspeicherung kann vermieden werden. Bildtelefone werden allgemein gebräuchlich; durch sie können Dokumente kopiert werden.

Funktion

Die Bibliotheken spezialisieren sich auf die Bearbeitung und Analyse von Information, die den Abnehmer über Kommunikationsnetze erreicht. Traditionelle Aufbewahrung und Recherche von Information übernehmen spezielle Speicherzentralen.

In Forschung und Verwaltung werden während der 80er Jahre sukzessive große, auf Sektoren basierende Info-Systeme aufgebaut. Diese werden mit den Bibliotheken, die zusammen mit Analyse- und Informationszentralen die Info-Systeme mit Material versorgen, gekoppelt werden. Die Info-Systeme für die Forschung erhalten internationalen Anschluß. In Lehre und Wirtschaft wird es isolierte, regionale, branchentypische oder fachspezifische Info-Systeme geben.

Für die Erforschung neuer Gebiete werden von Innovationszentralen Ideen und Anregungen verfügbar gehalten. Durch Forschungs- und Entwicklungseinsätze seitens der ideenerwerbenden Industrie werden Datenbanken entwickelt. Für den einzelnen bedeutet die Entwicklung eine erweiterte Informationswahlmöglichkeit. Der einzelne erhält ausgewählte Information vom öffentlichen Sektor durch das soziale Informationssystem, das sukzessive in den 70er und 80er Jahren aufgebaut wird. Datenbanken für die Allgemeinheit geben Wareninformationen über das Telefonnetz.

Das Nachrichtenangebot kann nach den Wünschen des einzelnen differenziert werden, was teils schon in den 80er Jahren möglich ist. Das Verhältnis zwischen Mensch und Computer ist so entwickelt, daß die meisten Menschen zu Hause und am Arbeitsplatz mehrmals täglich mit dem Computer kommunizieren.

Struktur

Die große Verbreitung der maschinenangepaßten Speicher- und Übermittlungstechniken bringt es mit sich, daß ein großer Teil der gesamten Informationsmasse schnell und mit geringen Kosten in und zwischen den Systemen transportiert werden kann. Hierdurch werden die Möglichkeiten verbessert, früher isolierte Info-Systeme zu koppeln. Die Integration ist jedoch weiterhin beschränkt: Ein totales Gesellschafts-Info-System wird nicht aufgebaut. Die Integration geschieht statt dessen durch erhöhte Kompatibilität zwischen den Info-Systemen.

Ein wissenschaftlich-technisches Info-System und Info-Systeme für Steuerung und Planung werden auf verschiedenen Sektoren geschaffen. Diese Systeme leisten ihren Service in Fragen der Bearbeitung, Analyse, Recherche, Aussonderung und Dokumentenvermittlung am Arbeitsplatz des Abnehmers, unabhängig von dessen geographischer Lage.

Der abnehmerorientierte Service wird dezentralisiert, während die Hintergrundfunktionen des Systems zentralisiert werden. Hierdurch wird eine weitgehende Spezialisierung der Hintergrundfunktionen erreicht mit dem Resultat, daß die Kosten für die Information sinken.

Die Bibliotheken bleiben Eingabezentralen für wissenschaftlich-technische Info-Systeme. Durch diese Systeme erhalten die Abnehmer auf verschiedenen Sektoren entweder direkt oder durch Vermittlung von anderen Info-Systemen Zugang zu den Informationen der Bibliotheken. Die meisten Bibliotheken wurden in den 80er Jahren in ein Bibliotheks-Informationsnetz einbezogen. Zur Informationsbearbeitung der Bibliotheken gehört die Anpassung des Informationsangebots an die Forderungen der verschiedenen Abnehmergruppen.

Technik

Durch Spezialisierung der Funktionen, wie Erwerb, Katalogisierung, Speichern, Recherche etc., werden solche Arbeitsvolumen erreicht, daß avancierte administrative Info-Systeme im Bibliothekswesen aufgebaut werden können. Diese Funktionen werden größtenteils automatisiert. Die Bearbeitungs- und Analysefunktionen der Bibliotheken enthalten jedoch arbeitsintensive Produktionsmethoden infolge des variierenden Charakters der Arbeitsaufgaben und des hohen Kontaktanspruchs mit den Abnehmern.

Die Koppelung früher isolierter Info-Systeme und das Schaffen neuer Systeme in vielen Gesellschaftssektoren erfordern eine stark erhöhte Kapazität im Tele- und Datenkommunikationsnetz. Dies gilt für die Übermittlung von Bild und von Ton.

Die neuen Info-Systeme treiben die weitgehende Standardisierung von Herstellungskomponenten und Produkten voran.

Automatisierte Maschinen zur Übersetzung menschlicher Rede in digitaler Form sowie avancierte Textleser sind allgemein gebräuchlich. Hierdurch wird die Büroarbeit bedeutend effektiver, z.B. kann ein großer Teil der heute manuell ausgeführten Schreibmaschinenarbeit mechanisiert werden.

Dreidimensionales Farb-TV wird allgemein verbreitet.

Folgerungen aus den Ergebnissen und Kritik am Delphi-Projekt

Eine Entwicklung des I.-u.D.-Wesens, entsprechend der oben wiedergegebenen Beschreibung durch die Experten, bedeutet für die Versuchsleitung: Forschung nach einer bewußten Planung, in der Prioritätsfragen besonders zu beachten sind. Eine Prioritätensetzung kann z.B. zur Vermeidung von Engpässen notwendig werden. Eine Konzentration der Ereignisse auf die 80er Jahre bedeutet einen enormen Mittelbedarf auf dem Informationssektor. Die bestehenden I.-u.D.-Organe müssen sich einem komplizierten organisatorischen Anpassungsprozeß unterziehen. Die zunehmende Spezialisierung wird eine Zentralisierung bestimmter Funktionen, wie Speicherung und Vermittlung, erfordern; für Planungs- und Organisationsaufgaben werden spezielle Organe einzurichten sein.

Bei der Planung des I.-u.D.-Gebiets wird eine Standardisierung der Regeln - oder mindestens eine Kompatibilität - durchzuführen sein.

Für die Produktions- und Abnehmerseite wird ein bedeutender Ausbildungseinsatz erforderlich, insbesondere für solche arbeitsintensiven Funktionen wie Bearbeitung und Analyse.

Eine Revidierung der Gesetzgebung zur Verhütung einer unbefugten Ausnützung des I.-u.D.-Systems wird zum Schutze des Individuums notwendig.

Aus dem Material kann auch eine gewisse Ablehnung des sogenannten "Datenenthusiasmus" herausgedeutet werden. Vor einer Überschätzung des Wertes von Daten und ihrer Anwendbarkeit wird gewarnt. Der Mißbrauch von Daten hat schon zu Protesten geführt. Der Mensch wird mit der Zeit seine Prioritäten wieder anders setzen, d.h. dem

Computer den untergeordneten und dem Menschen selbst den übergeordneten Rang zuweisen.

Nach der Durchführung des Delphi-Versuchs versammelten sich die Experten, um einander zu treffen und den Versuch zu diskutieren.

Universitätskanzler H. Löwbeer stellte fest, daß es sich trotz der Geheimnistuerei wegen der Teilnehmerliste um "die alte gewöhnliche Gruppe" handle, wie es nicht anders zu erwarten war.

Einige Experten bezeichneten die Ergebnisse der Delphi-Untersuchung als "Schönmalerei der Zukunft", die negative Entwicklungen nicht berücksichtigen. Ein Teilnehmer vermißte unter den publizierten Ergebnissen eine lange Reihe nicht wünschenswerter Ereignisse, die er in seine Prognose aufgenommen hatte. Andere Experten fanden zwar die Untersuchung positiv, wenn auch technokratisch.

Kritisiert wurde die Untersuchung auch deshalb, weil dafür die Delphi-Methode verwendet worden war. Bei der Rand-Corporation, die die Methode ausgearbeitet hat, war sie selbst schon als Prognoseinstrument ausgeschlossen worden, weil das Ergebnis in Prognosen besteht, die sich selbst erfüllen; die Prognosen werden von der Planung gesteuert.

ANHANG A

TEIL 1:

UNIVERSITÄTSBIBLIOTHEKEN

FUNKTIONSSTUDIEN UND DIMENSIONEN

aus: UV-INFORMATION Nr. 80
UV-projekt 3040 Universitetsbibliotek
Beckman, Mats, Byggnadsstyrelsen:
Utvecklingsbyrån, 14.5.71

INHALTSÜBERSICHT

Betriebsübersicht

Lage der Bibliothek innerhalb der Universität

Hauptbibliothek

Allgemein kann gesagt werden, daß die Bibliothek zentral in der Universität angeordnet werden muß, im Anschluß an

- die übrigen zentralen Service-Einrichtungen, wie Mensa, Studentenhaus, übrige zentrale Aufenthaltsräume
- das Kommunikations- und Transportsystem des Universitätsgebietes
- die Fahrbereitschaft (tägliche Transporte)
- die Repro-Zentrale für die gesamte Universität
- die gemeinsame Lehrmittelzentrale
- die Universitätsverwaltung.

Institutsbibliotheken

Diese sollten zentral innerhalb des Instituts liegen und gute Verbindung zu

- den Aufenthaltsräumen
- zur Verwaltung des Instituts und
- bequemen Transportkontakt mit der Hauptbibliothek

besitzen.

Funktionsgruppen und Funktionseinteilung

Folgende Einteilung des Bibliotheksbetriebs in Funktionsgruppen und dazu gehörigen Funktionen wird verwendet:

1. Allgemeine Räume
   Eingangshalle (mit Garderobe, Toiletten, evtl. Caféteria und Ausstellungsfläche usw.)
   Diskussions- und Raucherräume

2. Benutzerdienst

Leihstelle

Informationszentrale (Kataloge, Referate, Bibliographien usw.)

Fachgruppenstellen

Dokumentationsstelle

Audiovisueller Dienst

3. Leseräume

Lese- und Arbeitsräume für Forscher und Studenten

Zeitschriftenlesezone

Gemeinsame Gruppen- und Arbeitsräume

4. Innerer Dienst

Abteilung Erwerb

Zeitschriftenabteilung

Abteilung Katalogisierung

Abteilung Buchpflege

Abteilung Institutsdienst

5. Technischer Dienst

Packraum

Hausmeisterei

Repro-Dienst

Schreibzentrale

Leitung

Buchbinderei

6. Buchspeicher

Magazinabfertigung

Geschlossene Magazine

Freihandmagazine

Archivmagazine

7. Verwaltung
   Bibliotheksdirektor
   Planung und Sekretariat
   Besprechungsräume

Zu den hier verzeichneten Funktionen kommen Personalräume, sonstige technische Räume usw. hinzu. Angaben über diese Räume werden in den übrigen Kapiteln sowie in den entsprechenden Bestimmungen und Empfehlungen gemacht.

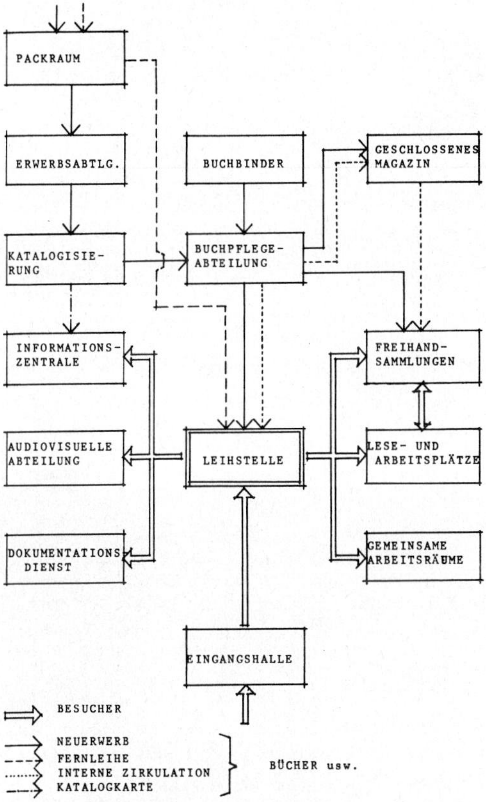

Abb.15 Wege des Besuchers und des Buches

Darstellung der Funktionen

Die zwei fundamentalen Flußlinien in einer Bibliothek sind der "Weg des Buches" und der "Weg des Besuchers". Um diese gruppieren sich praktisch alle Funktionen der Bibliothek in einer bestimmten Ordnung; die beiden Flüsse sollen sich in der Leihstelle der Bibliothek treffen.

Die allgemeinen Räume umfassen die Eingangshalle mit den direkt daran angeschlossenen Funktionen (z.B. Garderobe, Toiletten, Telefone für den Besucher, Caféteria, Ausstellungsflächen usw.) Der "Weg des Besuchers" beginnt hier und der Eindruck des Besuchers, ob er sich auf einfache Art und Weise in der Bibliothek orientieren kann, wird nicht zuletzt durch die Eingangshalle geprägt. Von der Eingangshalle aus soll der Besucher auch die Verwaltung und gewisse gemeinsame Arbeitsflächen, z.B. die Stundenlesesäle, erreichen können.

In kleineren Bibliotheken ist es vorteilhaft, die Rekreationsmöglichkeiten für den Besucher auf einen gemeinsamen Diskussions- und Raucherraum im direkten Anschluß an die Eingangshalle und evtl. eine Caféteria zu beschränken. In größeren Anlagen sollten,neben einem solchen Raum im Anschluß an die Eingangshalle, kleinere Diskussions- und Raucherräume in den Lesezonen zugänglich sein.

Die nächste Stelle auf dem "Weg des Besuchers" ist der Benutzerdienst, die Funktionsgruppe, die neben der Leihstelle die Informationszentrale, Fachgruppenstellen, Dokumentations- und AV-Dienste enthält. Bevor der Besucher hierher gefunden hat, sollte er die Kontrollstelle passiert haben. Diese liegt am besten im Kontakt mit der Leihstelle und soll so diskret wie möglich funktionieren.

Nächster Schritt des Besuchers ist die Beschaffung der notwendigen Informationen darüber,wo er das gewünschte Buch oder die anderen gewünschten Informationsmedien finden kann. Dies geschieht mittels der Kataloge, Register und Referateliteratur der Informationszentrale, die in einem solchen Verhältnis zur Leihstelle liegen soll, daß ein Bibliotheksassistent dem Besucher zur richtigen Information verhelfen kann.
Die Informationszentrale muß außerdem für die Arbeit des Inneren Dienstes am Katalog zugänglich sein.

Im Anschluß an die Leihstelle sollen Kopiermöglichkeiten (Xerox) für die Besucher bereitstehen.

Innerhalb des Benutzerdienstes können ferner Fachgruppenstellen vorkommen, die als dezentralisierte Informationseinheiten in den Freihandbeständen funktionieren und die Aufgabe haben, die Ausleihe in den Lesesälen zu überwachen und innerhalb des Fachgebietes die erforderlichen Informationen zu geben. Einheiten dieses Typs dürften jedoch nur bei größeren Bibliotheken in Frage kommen. Sie sollten zentral innerhalb ihres Teils der Freihandaufstellung liegen und guten Kontakt mit dem geschlossenen Magazin besitzen

Abhängig von dem Ausmaß, in dem die Bibliothek mit verschiedenen Typen von AV-Hilfsmitteln versehen wird, kann ein spezieller AV-Dienst aktuell werden, der in einem solchen Fall in direktem Anschluß an die Leihstelle angeordnet wird. Diese Funktion kann z.B. in einer Aufnahmezentrale bestehen, in Räumen für Leseapparate, Archiven usw. Die Ausleihe von Tonbandgeräten und ähnlichem Material durch die Leihstelle kann ebenfalls aktuell werden.

Der Dokumentationsdienst arbeitet mit einer spezialisierten Literatur- und Informationssuche. Er wird wahrscheinlich einen relativ umfangreichen externen Betrieb mit täglichem

Besuch von außen haben, was bedeutet, daß ein direkter Zugang von der Eingangshalle wünschenswert ist. Die Nähe zur Informationszentrale ist wichtig.

Wenn der Besucher mit Hilfe der Informationszentrale (und evtl. der Leihstelle) geklärt hat, wo das von ihm benötigte Material steht, soll er dies rasch auffinden und einen geeigneten Lese- oder Arbeitsplatz innerhalb der Lesezone finden können.

Zu dieser Funktionsgruppe gehören Lese- und Arbeitsplätze verschiedener Art, gemeinsame Gruppen- und Arbeitsplätze sowie Zeitschriftenleseflächen.

Lese- und Arbeitsplätze, die in den meisten Fällen aus Gruppen von Lesetischen oder Leseboxen bestehen, sollen so integriert wie möglich in den Freihandmagazinen liegen. Ein Teil dieser Plätze ist normalerweise für Forscher reserviert und wird separat im Anschluß an gewisse Teile der Freihandsammlungen angeordnet. Hinzu kommen Forscherzellen, geschlossene Arbeitsräume für eine oder zwei Personen, die für eine längere Benutzung reserviert werden können. Auch die übrigen Plätze für die Forscher funktionieren auf diese Weise.
Für die Studenten gibt es neben den normalen Lese- und Arbeitsplätzen sogenannte Kurs- oder Stundenlesesäle, die normalerweise mit Lesetischen möbliert und getrennt von den übrigen Leseräumen angeordnet werden.

Zu den Leseflächen gehört auch die Zeitschriftenlesezone, die normalerweise in einem abgeschlossenen Raum in direkter Verbindung mit der externen Seite der Leihstelle untergebracht wird, die jedoch ebensogut offen als Teil der übrigen Lesefläche mit einem beibehaltenden Kontakt zur Leihstelle und Informationszentrale angeordnet werden kann.

Die gemeinsamen Gruppen- und Arbeitsräume bestehen aus einer variierten Anordnung von Räumen für Gruppenbetrieb verschiedener Art, für akustisch störende Aktivitäten usw. Diese sollen als Ergänzung zu den verschiedenen Arbeitsplätzen in den Leseräumen dienen und werden daher so nahe wie möglich bei diesen angeordnet. In kleineren Bibliotheken kann ein Teil der Räume so angeordnet werden, daß sie gleichzeitig auch als Besprechungsräume für die Verwaltung dienen können.

In der Lesezone sollen Rekreationsmöglichkeiten in Form von speziellen Sitzgruppen usw. vorhanden sein.

"Hinter" der Ausleihe und mit gutem Anschluß an diese sollte der Innere Dienst arbeiten; hier werden die neuangeschafften Bücher bearbeitet, katalogisiert usw. Die Arbeitsflächen in diesem Teil der Bibliothek sollen bestmögliche Verbindung untereinander besitzen und in gutem Kontakt zum Technischen Dienst und zu den Magazinräumen liegen. Für gewisse Funktionen innerhalb des Inneren Dienstes wird außerdem eine Lage in enger Verbindung mit dem Benutzerdienst gefordert (Kataloge, Bibliographien usw.).

Zum Technischen Dienst gehört es, den Empfang und die Verteilung der angelieferten Bücher zu übernehmen, Güter zu versenden, z.B. in der Fernleihe usw.
Die Anschaffung und die Lagerung der erforderlichen Betriebsmittel, die täglichen Überwachungsroutinen usw. werden ebenfalls in dieser Funktionsgruppe vorgenommen. Hier ist auch die Buchbinderei und der Repro-Dienst zu Hause. Der Umfang des letztgenannten hängt in hohem Maße von der Lage der Bibliothek innerhalb der Universität und zu anderen bestehenden oder geplanten Anlagen des Gebietes ab.
Der Technische Dienst muß gute Verbindung zu den Magazinräumen und zum Inneren Dienst besitzen.

Der Buchspeicher der Funktionsgruppe kann in zwei Hauptteile gegliedert werden, in die Freihand- und die geschlossenen Magazine. In den geschlossenen Magazinen, die oft in entfernter liegenden Teilen der Bibliothek untergebracht werden, wird die weniger frequentierte Literatur gespeichert. Diese sind für den Publikumsverkehr nicht zugänglich. Die Bücher werden von der Leihstelle angefordert, vom Personal hervorgeholt und z.B. über mechanische Transportanlagen zur Leihstelle geschickt, wo der Besteller das Buch abholt. Die Freihandmagazine bestehen aus der mehr frequentierten Literatur und sollten in offenem Zusammenhang mit den Leseflächen angeordnet werden. Hier holt der Benutzer selbst sein Buch und stellt es nach Gebrauch entweder an seinen richtigen Platz oder auf ein spezielles Sammelregal zurück, wo sich anschließend das Bibliothekspersonal weiter darum kümmert. Die Freihandmagazine werden in Fachgruppen eingeteilt; spezielle Stellen (Fachgruppenstellen) können hierzu Informationen geben.

Der praktische Betrieb der Magazine wird von der Magazinabfertigung ausgeführt, die normalerweise in Verbindung zum geschlossenen Magazin angeordnet ist und den Transport-Knotenpunkt des Magazins darstellt.

Zur Buchspeicherung gehört normalerweise auch ein Archivmagazin, welches die Raritäten der Bibliothek sowie andere wertvolle Dokumente enthält. An diese Magazine werden spezielle Klima- und Sicherheitsforderungen gestellt.

Die Verwaltung hat Stabsfunktion und ist nicht in die täglichen Bibliotheksroutinen eingeschaltet. Diese Funktionsgruppe kann deshalb für sich gelegt werden, jedoch mit guten Kontaktmöglichkeiten zum Inneren Dienst und zu den Besuchern.

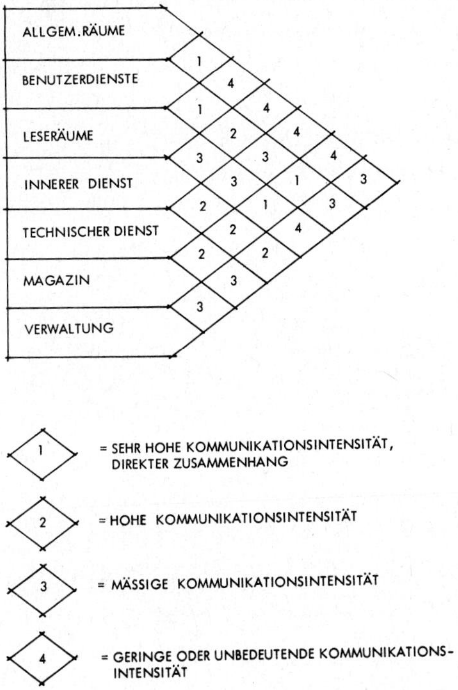

Abb. 16 Schema der Kommunikationsintensität

Beschreibung der Funktionsgruppen

Unter dieser Rubrik werden Lage und Abhängigkeit von den verschiedenen Funktionsgruppen sowie die Eigenschaften bei den verschiedenen Funktionen behandelt, wie z.B.

Tät.:	Hauptsächliche Tätigkeit
Funkt.:	Ergänzende Funktionen
Abh.:	Abhängigkeiten
Ver.:	Veränderbarkeit
Umg.:	Technische Umgebung
Inst.:	Installation
Einr.:	Einrichtung
Ausst.:	Ausstattung

Die Beschreibungen jeder Funktion werden gemäß obenstehender Rubriken gegeben.
Ein Strich nach dem Symbol (z.B. Tät.: -) bedeutet, daß keine spezielle Information über diese Eigenschaft gegeben werden kann.

Maßvoraussetzungen, Einrichtungseinheiten für die verschiedenen Funktionen sowie Planzusammenstellungen davon werden an anderer Stelle behandelt.

Allgemeine Räume

Eingangshalle:

Tät.: Eingang des Besuchers zum Benutzerdienst, Teile der Lesefläche und der Verwaltung. Rekreationsflächen, wie Caféteria, zentrale Diskussions- und Raucherräume, Ausstellungsflächen usw., werden direkt in der Eingangshalle oder direkt im Anschluß an die Eingangshalle angeordnet. Es kann vorkommen, daß die Eingangshalle abends ohne Kontrolle für Besucher von Forscherzellen, gewissen Gruppenräumen usw. geöffnet bleibt.

Allgemein:
Hier beginnt der "Weg des Besuchers" und bestimmt seine Möglichkeiten, sich einfach und selbständig im Gebäude orientieren zu können.

Übrige Eingänge:
Der Personaleingang und der Lasteneingang sind getrennt vom Haupteingang anzuordnen.

Funkt.: Garderobe, Toiletten, Telefone für die Besucher usw. Bei größeren Anlagen eventuell eine besondere Informationstheke, sonst Orientierungstafeln.

Toiletten:
Der Hauptteil der Besuchertoiletten soll im Anschluß an die Eingangshalle angeordnet sein. Gewisse Toilettengruppen können bei größeren Anlagen in Verbindung zu Treppenhäusern, bei der Lesezone und in den Freihandmagazinen liegen. Es gibt keine Empfehlungen über Anzahl der Leseplätze pro Toilette. Es muß jedoch darauf Rücksicht genommen werden, daß die Zahl der Leseplätze in Zukunft z.B. auf Kosten der Magazinfläche erweitert werden kann.

Abh.: Von der Eingangshalle aus direkte Verbindung zum Benutzerdienst und zur Verwaltung. Außerdem kann ein direkter Kontakt zu gewissen Teilen der gemeinsamen Gruppen- und Arbeitsräume notwendig werden.

Ver.:

Umg.:	Licht: --	
	Schall: Eventuelle akustische Störungen gegenüber dem Benutzerdienst und den Leseräumen müssen beachtet werden.	
	Luft: --	
Inst.:	--	
Einr.:	--	
Ausst.:	Beschilderung zur Orientierung	

Diskussions- und Raucherräume:

Tät.:	Diese haben neben der Caféteria die wesentlichste Rekreationsfunktion für die Besucher. Eine Aufteilung der Räume in Raucher und Nichtraucher kann notwendig werden.	
Funkt.:	--	
Abh.:	Denkbar sind zwei Arten der Unterbringung von Diskussions- und Raucherräumen bzw. eine Kombination davon:	
	Alternative a)	als "Inseln" in der Lesezone verteilt
	Alternative b)	in einem Raum im Anschluß an die Eingangshalle zusammengelegt.
Ver.:	--	
Umg.:	Licht: Tageslicht erwünscht	
	Schall: Schallisolierung gegen eventuell angrenzende Arbeitsräume	
	Luft: Siehe Kapitel Belüftung	

Inst.: --

Einr.: Bequeme Sitzgruppen

Ausst.: --

Benutzerdienst

Die Funktionen Leihstelle, Informationszentrale, Fachgruppenstellen, Dokumentations- und AV-Dienst sollen auf eine natürliche Weise, entsprechemd dem Informations- und Dienstleistungsbedarf des Besuchers, seinem Weg und seiner Arbeit in der Lesezone zugeordnet werden.

Der Benutzerdienst muß in einen internen Teil mit direktem Kontakt zum Inneren Dienst und in einen externen Teil, in dem sich der Besucher bewegen kann, aufgeteilt werden.

Die Leihstelle ist das "Herz" der Funktionsgruppe und soll einen zentralen Platz bekommen; gleichzeitig soll ihre Überwachungsfunktion gegenüber der Lesezone beachtet werden.

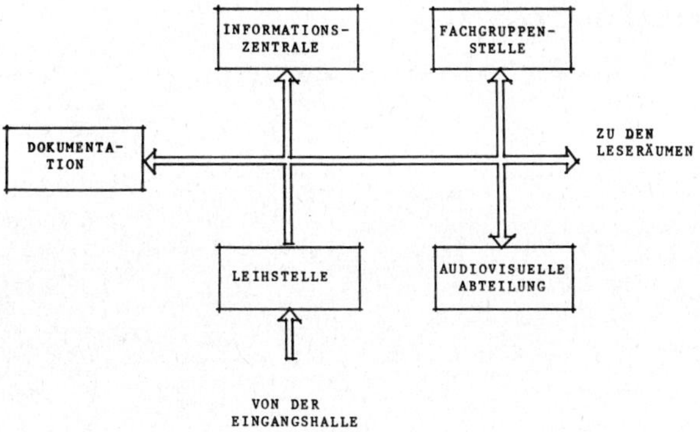

Abb.17 "Weg des Besuchers" im Benutzerdienst

Leihstelle:

Tät.: Ausleihe und Rückgabe von Büchern usw. (Lesesaalausleihe, Ausleihe außer Haus, Institutsausleihe, Fernleihe. Die Lesesaalausleihe kann jedoch durch die Fachgruppenstelle kontrolliert werden, siehe unten). Überwacht den Betrieb in der Lesezone.

Funkt.: Platz für Fernschreiber
Schnellkopie (Selbstbedienung)
Nahmagazin für Kurzzeitaufbewahrung von Büchern usw.
Transportanlage (Station)
Rohrpoststation.

Abh.: Interne Seite der Leihstelle in gutem Kontakt mit dem Inneren Dienst und dem geschlossenen Magazin (Magazinstelle siehe unten).
Externe Seite in offenem Zusammenhang mit der Informationszentrale.

Ver.: Grundinstallation für ergänzende Computerausrüstung ist vorzubereiten.

Umg.: Licht: Siehe besonderes Kapitel
Arbeitsbeleuchtung auf der Theke muß speziell beachtet werden
Schall: Störungen der Lesezone durch die Leihstelle müssen beachtet werden.
Luft: --

Inst.: Transportanlagen
Rohrpoststation
Internes Fernsehen
Fernschreiber
EDV-Terminal

Einr.: --

Ausst.: --

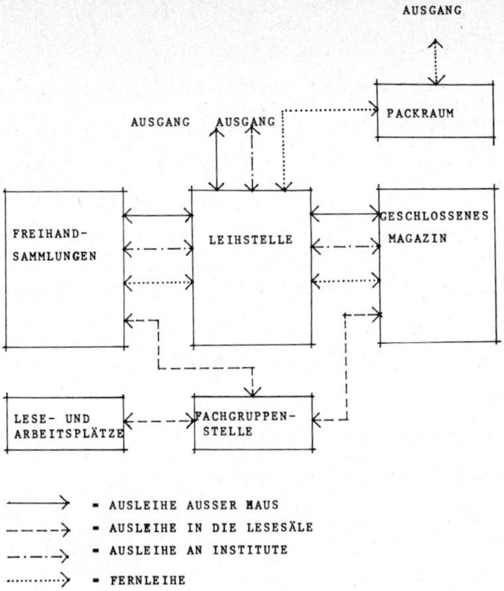

Abb.18 Lauf des Buches von und zur Leihstelle

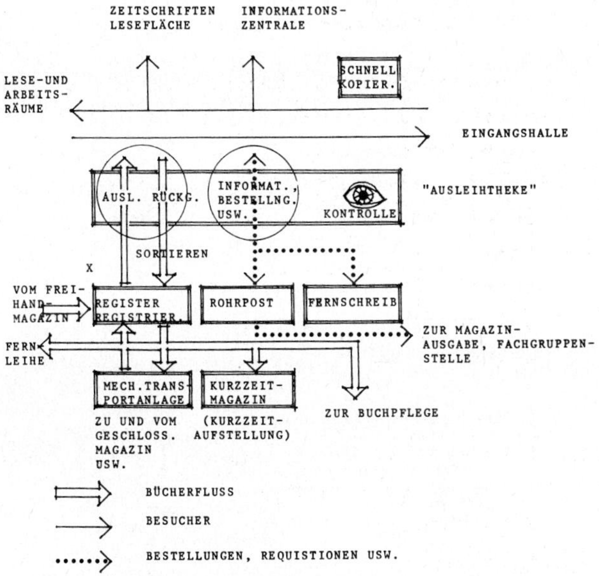

X) KANN DURCH EIN DATENTERMINAL ERSETZT WERDEN, DAS DEM ZENTRALEN REGISTER UND EINEM TERMINAL IN DER MAGAZIN-AUSGABE ANGESCHLOSSEN IST.

Abb.19 Beispiel von Routinen und Ablauf in der Leihabteil

Informationszentrale:

Tät.:	Hier wird dem Besucher durch Kataloge, Register und Referateliteratur die Information gegeben, wo er das gesuchte Buch usw. finden kann.
Funkt.:	Eventuell Arbeitsplatz für einen Bibliotheksassistenten (für gelegentliche Referatearbeit, Information usw.) Eine kleine Anzahl Leseplätze.
Abh.:	Soll eine natürliche Station auf dem Weg des Besuchers zu den Leseräumen bzw. der Freihandsammlungen bilden. Offener Zusammenhang mit der Leihstelle. Guter Kontakt mit der Katalogabteilung und dem Dokumentationsdienst.
Ver.:	--
Umg.:	Licht: Siehe besonderes Kapitel Zu beachten ist das Leselicht bei den Karteien und Registern Schall: Informierende Gespräche können vorkommen. Luft.: --
Inst.:	--
Einr.:	--
Ausst.:	--

Fachgruppenstelle:

Tät.:	Eine Filiale der Leihstelle in Bibliotheken mit großen Freihandaufstellungen. Sie gibt Informationen und Anleitungen für einen be-

stimmten Teil des Freihandmagazines. Sie kann z.B. die sogenannte Lesesaalausleihe vermitteln. Sie überwacht den Betrieb in gewissen Teilen der Lesezone und kann als Abfertigungsstelle für Kursliteratur in sogenannten Kurslesesälen vorkommen.

Funkt.: Eventuell kann bei der Fachgruppenstelle eine Station einer mechanischen Transportanlage angeordnet werden.

Abh.: Soll offen mit zentraler Lage im entsprechenden Teil des Freihandmagazines liegen.

Ver.: Installation für eventuelle Computerausrüstung vorbereiten.

Umg.: Licht: --
Schall: Informierende Gespräche können vorkommen.
Luft: --

Inst.: Rohrpoststationen für Bestellungen an das Buchmagazin und Stationen von mechanischen Transportanlagen können vorkommen.

Einr.: --

Ausst.: --

Dokumentationsdienst:

Tät.: Literatur- und Informationssuche mittels Spezialisten. Teilweise nach außen gerichteter "Verkauf" von Dokumentation.

Funkt.: Besprechungsräume, Aufenthalts- und Warteräume für Besucher.

Abh.: Direkter Zugang von der Eingangshalle aus wünschenswert. Enger Kontakt mit der Informationszentrale und dem Inneren Dienst.

Ver.: Grundinstallation für eine ergänzende Computerausrüstung vorbereiten.

Umg.: Licht: --
Schall: Kundengespräche an Arbeitsplätzen und in Besprechungsräumen. Schall von verschiedenen Maschinen.
Luft: --

Inst.: Datenterminal

Einr.: --

Ausst.: --

AV-Dienst:

Tät.: Räume für die Anwendung und für die Aufbewahrung von AV-Hilfsmitteln, wie z.B. Aufnahmezentrale (für Tonbandgeräte, Video-Bandgeräte, Plattenspieler usw.)
Stelle für die Ausleihe von Hilfsmitteln (kann eventuell von der Leihstelle übernommen werden).
Archiv für Tonbänder, Mikrofilm usw. und Räume für Lesegeräte.
Der Umfang des Betriebes und der Räume hängt zum großen Teil davon ab, ob eine andere Lehrmittelzentrale in der Universität vorhanden ist oder geplant wird.

Funkt.: Die Möglichkeit, mit AV-Hilfsmitteln zu arbeiten, kann an gewissen Lese- und Arbeitsplätzen notwendig werden.

Abh.: AV-Stelle und Aufnahmezentrale müssen in direktem Zusammenhang mit der Besucherzone bei der Leihstelle untergebracht werden. Das Archiv soll von der AV-Stelle und der Aufnahmezentrale leicht zugänglich sein. Räume für Lesegeräte werden in direktem Zusammenhang mit den Leseflächen angeordnet.

Ver.: Grundinstallation für ergänzende AV-Ausstattung ist vorzubereiten.

Umg.: Licht: Eine spezielle gute Arbeitsbeleuchtung kann bei Betrieb und Verwendung verschiedener AV-Hilfsmittel notwendig werden.
Schall: Störender Lärm von Lautsprechern, Fernsehen usw. muß beachtet werden.
Luft: In Räumen für Leseapparate sehr gute Lüftung. In Aufnahmezentralen und Archiven spezielle Anforderungen an Temperatur, Feuchtigkeit und Staubfreiheit der Luft.

Inst.: Reichliche Vorkehrungen für Elektro-Anschlüsse im gesamten AV-Bereich müssen beachtet werden.

Forscherzellen sollen vorbereitet werden für:

a) Empfang von Hörprogrammen (Hörtelefon)
b) Empfang von Fernsehprogrammen
c) Empfang von Dateninformation
d) Ausstattung für die Bestellung von Programmen von zentral angeordneten Programmquellen.

Abgeschirmte Lese- und Arbeitsplätze sollen vorbereitet werden für:

a) bis d) siehe oben

e) Ausstattung für Fernsteuerung zentral angeordneter Bandgeräte

f) Terminal-Ausstattung für programmierten Unterricht über Computer

Elektro-Steckdosen an jedem Arbeitsplatz erforderlich.

Gemeinsame Gruppen-und Arbeitsräume sollen vorbereitet werden für:

a) Film- und Bilddarbietungen (Projektionsleinwand, Dia-Projektor, Arbeits-Projektor und Film-Projektor Super 8)

b) Empfang von TV-Programm

c) Empfang von Hörprogramm (Lautsprecher)

d) Verwendung von Tonbandgerät.

Für die kleineren Räume sind Einrichtungen für Filmvorführungen nicht notwendig.
In diesen Räumen ist eine Vielzahl von Elektro-Steckdosen erforderlich.

Einr.: --

Ausst.: Siehe unter "Inst." oben.

Lesezone

Wenn der Besucher sein Buch im Freihand-Magazin gefunden hat, sollte er, ohne eine größere Strecke gehen zu müssen, auch einen Lese- und Arbeitsplatz finden. Dies kann dadurch gelöst werden, daß z.B. Gruppen von Lese- und Arbeitsplätzen im Wechsel mit Gruppen von Bücherregalen des Freihand-Magazins angeordnet sind. Dies kann Schachbrett-Prinzip genannt werden.

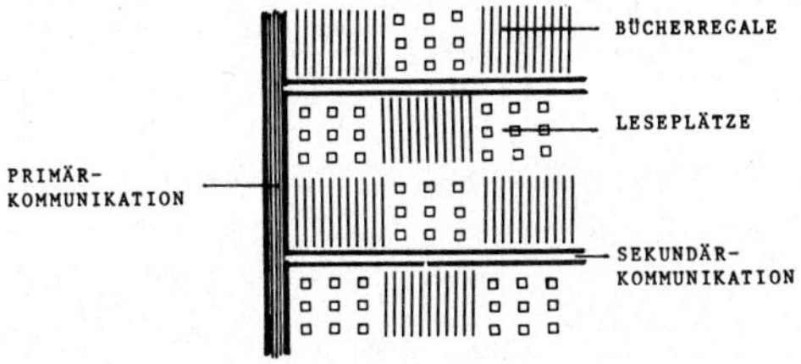

Abb.20 "Schachbrett-Prinzip"

Eine andere Art ist, die Freihand-Sammlungen als "Filter" aufzustellen, die vom Besucher auf dem Weg zu den Lese- und Arbeitsplätzen zu passieren sind.

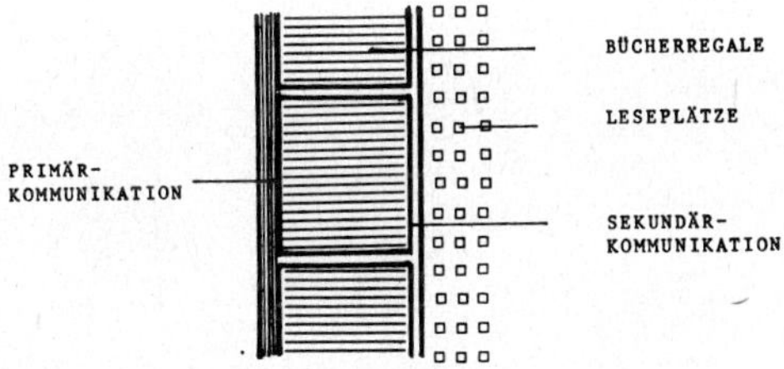

Abb.21 "Filterprinzip"

Bei der Anordnung des Freihand-Magazins muß darauf Rücksicht genommen werden, daß Büchertransporte von und zum geschlossenen Magazin stattfinden.

Durch diese Transporte dürfen die Besucher an ihren Lese- und Arbeitsplätzen nicht gestört werden. Ein gewisser Teil der Lese- und Arbeitsplätze wird als geschlossene Plätze angeordnet, d.h. als sogenannte Forscherzellen, und diese können für sich gruppiert werden mit Zugang zu den übrigen Leseflächen und direkter Verbindung zur Eingangshalle.

Zur Lesezone gehört der Zeitschriften-Lesebereich, der als abgegrenzter Raum in engem Kontakt mit der Leihstelle und der Informationszentrale untergebracht werden kann oder als offene Fläche in der Lesezone.

Die gemeinsamen Gruppen- und Arbeitsräume müssen den einzelnen Lese- und Arbeitsplätzen so zugeordnet werden, daß sie auf einfache Weise als Ergänzung dieser Funktion verwendet werden können.

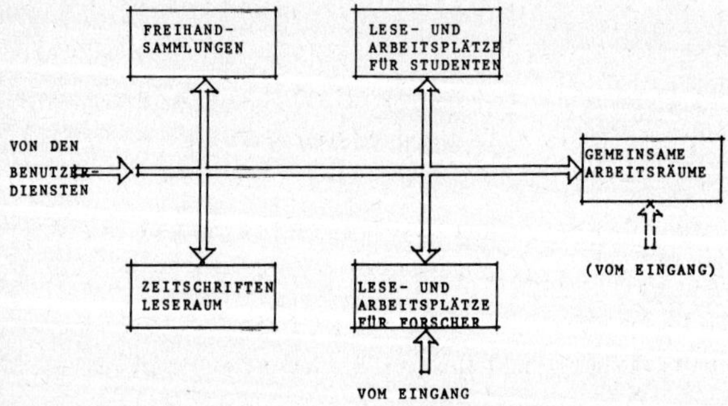

Abb.22 Wege des Besuchers innerhalb der Lesezone - Alternative A

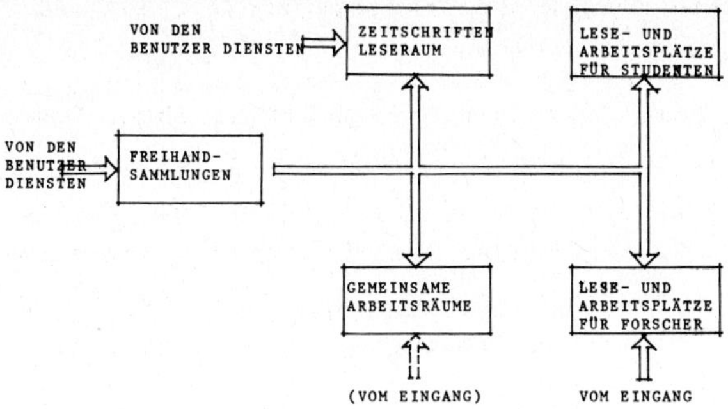

Abb.23 Wege des Besuchers innerhalb der Lesezone - Alternative B

Lese- und Arbeitsplätze für Forscher und Studenten:

Tät.: Forscher usw.:

Die sogenannten Forscherplätze sind vor allem für gewisse Studentengruppen (Aufbaustudium usw.) und Doktoranden vorgesehen. Man arbeitet an Lesetischen und in Leseboxen verschiedenen Typs.

Ferner kommen vollkommen abgeschlossene, sogenannte Forscherzellen vor. Die Arbeitsplätze können normalerweise über einen längeren Zeitraum für bestimmte Benutzer reserviert werden.

In sämtlichen geschlossenen Räumen sind Arbeiten mit der Schreibmaschine, mit der Rechenmaschine usw., sowie in gewissen Fällen mit technischen Hilfsmitteln (AV-Mitteln) möglich.

Studenten:
Die sogenannten Studentenplätze sind hauptsächlich den Studenten der Unterstufe vorbehalten, die im Normalfall die Plätze nur kurzfristig benützen und nicht die Möglichkeit haben, einen persönlichen Platz zu belegen. Die Arbeitsplätze bestehen aus Lesetischen und Leseboxen verschiedenen Typs. Ein Teil der Arbeitsplätze kann in einem speziellen, sogenannten Kurslesesaal untergebracht werden, wo auch ein Teil der Freihandsammlungen aufgestellt ist. Dieser Kurslesesaal muß guten Kontakt zu den übrigen Teilen der Freihandsammlungen und eine eigene Kursbücher-Stelle (siehe Fachgruppenstelle) haben und ohne Überwachung funktionieren können, auch wenn die übrige Bibliothek geschlossen ist.

Ein anderer Teil der Arbeitsplätze kann in einem sogenannten Stundenlesesaal untergebracht sein. Dieser wird von den Studenten für Kurs-Lesearbeiten und dergleichen verwendet und kann als mögliche Ergänzung zum eigenen Arbeits- bzw. Leseplatz außerhalb der Universität betrachtet werden. Er besteht normalerweise aus einfachen Lesetischen, die in einem geschlossenen Raum untergebracht sind und einen Eingang von der Eingangshalle aus besitzen, um auch abends separat verwendet werden zu können.

Gemeinsamkeiten:
Zwischen den Lese- und Arbeitsplätzen sind Rekreationsflächen anzuordnen, am besten in Form von bequemen Sitzgruppen und möglichst mit Tageslicht-Beleuchtung bzw. Aussichtsmög-

lichkeit nach draußen. An diesen Plätzen muß Diskussion und evtl., falls es Lage und Lüftung gestatten, auch Rauchen erlaubt sein.

Funkt.: Fachgruppenstelle (Spezialdienststelle) im Anschluß an den Forscherteil.

Abh.: Allgemein gilt, daß Lese- und Arbeitsflächen einen guten Kontakt zur Leihstelle und zur Informationszentrale haben sollen und mit den Freihandsammlungen so integriert wie möglich angeordnet sein müssen. Die Zeitschriften-Lesezone und die gemeinsamen Gruppen- und Arbeitsräume sollen direkt erreicht werden können.

Ver.: --

Umg.: Licht: Tageslicht an den Lese- und Arbeitsplätzen nicht notwendig. Individuelle regulierbare Arbeitsplatzbeleuchtung wird empfohlen.
Schall: Gespräch ist im Normalfall nicht zugelassen. Störungen durch Schreibmaschinen usw. müssen beachtet werden.
Luft: Siehe besonderes Kapitel.

Inst.: Sämtliche abgeschirmten Arbeitsplätze müssen eine eigene Steckdose besitzen. Die übrigen Lese- und Arbeitsplätze müssen Zugang zu evtl. gemeinsamen Steckdosen besitzen.

Einr.: Entscheidend für die Kapazität ist die Disposition der Leseplätze und der Zuordnung der Freihandsammlungen. Ein ökonomisches

Umgehen mit der Fläche muß jedoch nicht bedeuten, daß die einzelnen Leseplätze effektiv ausgenutzt werden und effektiv funktionieren. Es spricht sehr viel dafür, daß eine modifizierte Gruppierung der Leseplätze wünschenswert ist. Siehe Abbildungen 24 - 31 und 36 - 46.

Ausst.: Lese- und Arbeitsplätze eines bestimmten Typs müssen vorbereitet werden für:

a) Empfang von Hörprogrammen (Hörtelefon)
b) Empfang von Fernsehprogrammen
c) Empfang von Dateninformation
d) Ausstattung für die Bestellung von zentral distribuierten Informationsprogrammen
e) Ausstattung für Fernsteuerung zentral angeordneter Tonbandgeräte
f) Terminal-Ausstattung für programmierten Unterricht über Computer.

Zeitschriften-Lesezone:

Tät.: Flächen für das Lesen von Zeitschriften und für die Aufbewahrung aktueller Jahrgänge der meistgebrauchten Zeitschriften. Möglichkeiten zum Lesen und Speichern von Mikrofilmen (auf Mikrofilm gespeicherte Zeitungen und Zeitschriften usw.)

Funkt.: Eventuell können spezielle Flächen für das Lesen von Tageszeitungen im Anschluß an die Zeitschriften-Lesezone untergebracht werden.

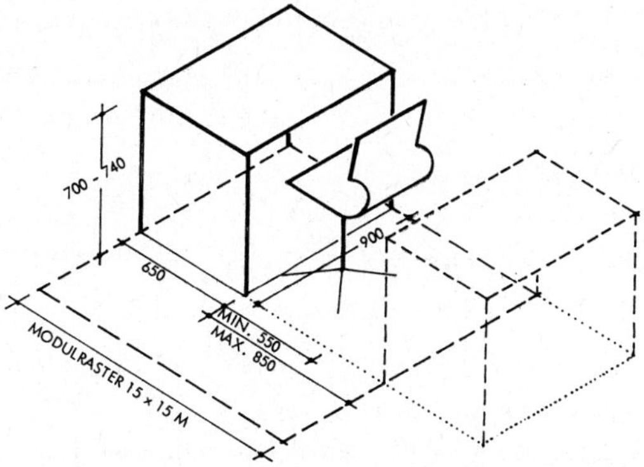

Abb.24 Leseplatz für 1 Person

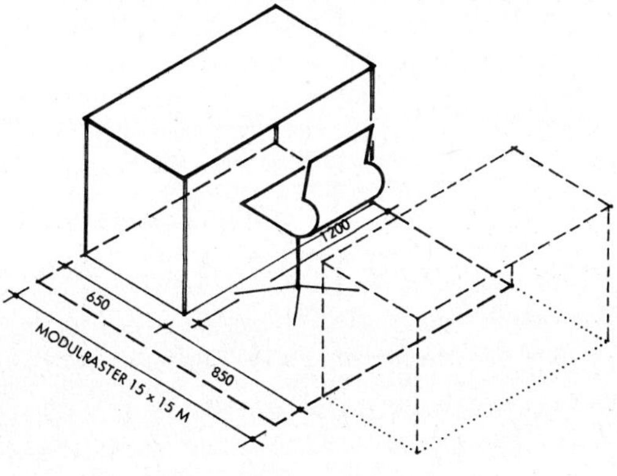

Abb.25 Größerer Leseplatz für 1 Person

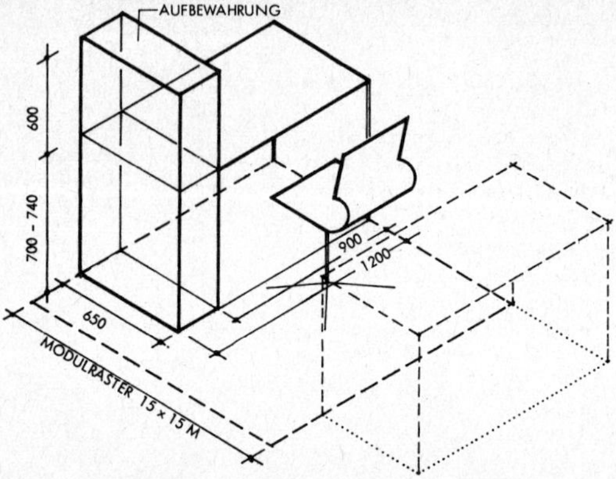

Abb.26 Leseplatz für 1 Person mit Aufbewahrung

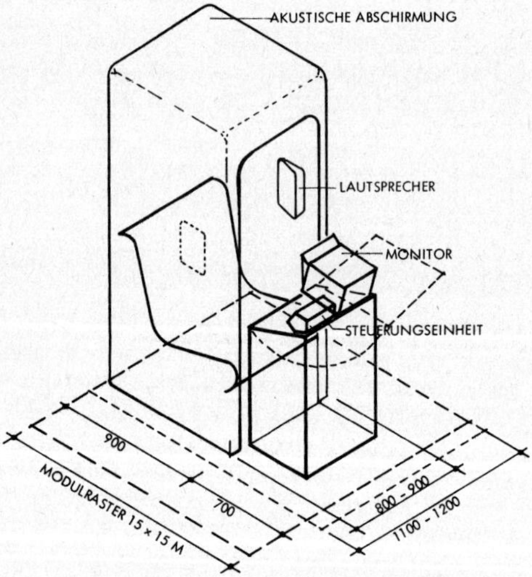

Abb.27 Akustisch abgeschirmte Abhörzelle

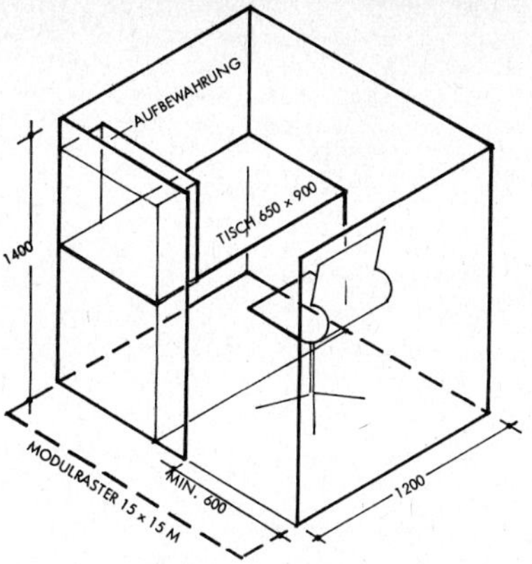

Abb.28 Teilweise abgeschirmter Leseplatz für 1 Person

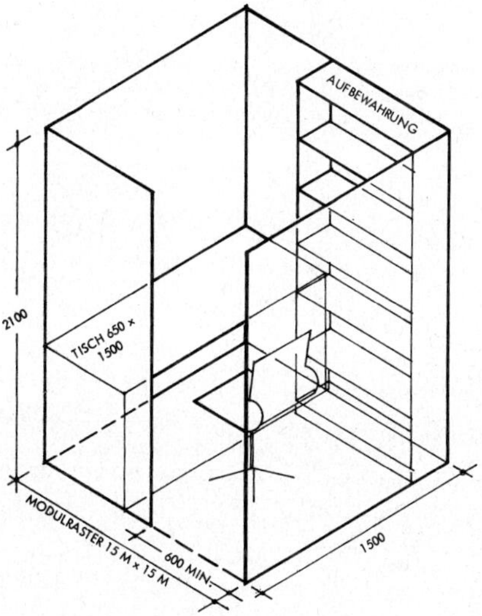

Abb.29 Ganz oder teilweise abgeschirmter Leseplatz für 1 Person

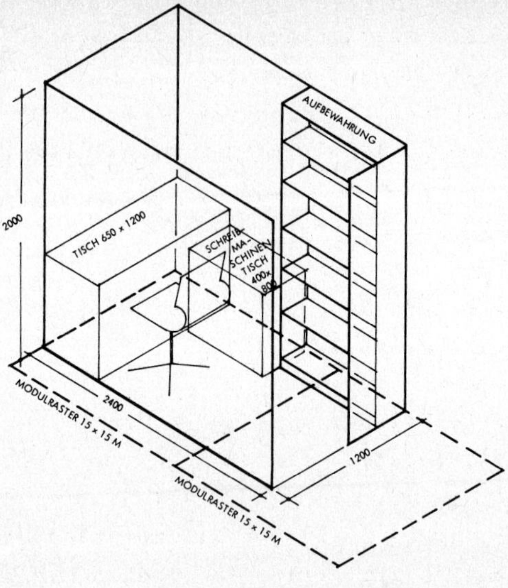

Abb.30 Abgeschirmte Lesebox für 1 Person

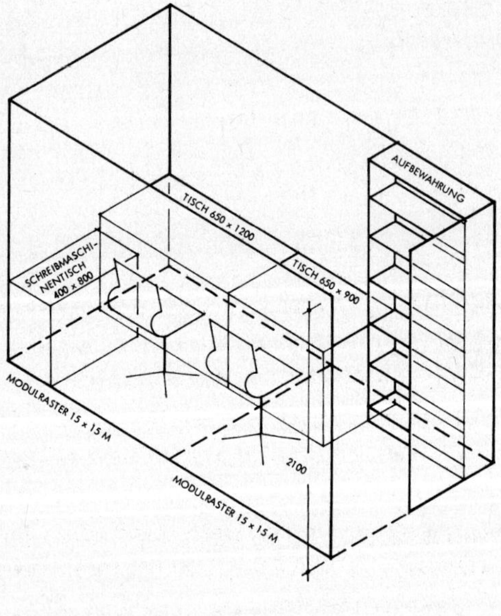

Abb.31 Abgeschirmte Lesebox für 2 Personen

Abh.: Soll im direkten Anschluß an die Leihstelle und die Informationszentrale und in der Nähe der Freihandsammlungen angeordnet sein, jedoch so, daß die Kommunikation die übrigen Lese- und Arbeitsplätze nicht stört.

Ver.: --

Umg.: Entspricht den Lese- und Arbeitsflächen für Forscher und Studenten.

Inst.: Elektro-Anschlüsse für Leseapparate (Mikrofilmlesen).

Einr.: Die Möblierung soll eine Mischung aus gewöhnlichen Leseplätzen mit Tischen und bequemen Gruppen von Lesesesseln sein. Archivschränke für die Unterbringung von Mikrofilmen. Siehe Abbildungen 24, 25, 36, 37, 38, 39.

Ausst.: Lese-Apparate.

Gemeinsame Gruppen- und Arbeitsräume:

Tät.: Flächen von wechselnder Größe für Gruppenarbeiten usw. In diesen Räumen sollen Schreibmaschinenarbeiten und andere akustisch störende Tätigkeiten im Anschluß an die Leseräume untergebracht werden können.
Zu dieser Rubrik können außerdem Vorlesungsräume und andere Lehrräume gehören. An kleineren Bibliotheken kann ein Teil der größeren Gruppen- und Arbeitsräume

	gleichzeitig als Besprechungsräume für den Bedarf der Verwaltung benützt werden.
Funkt.:	--
Abh.:	Die gemeinsamen Gruppen- und Arbeitsräume sollen hauptsächlich im Anschluß an die Lese- und Arbeitsräume liegen. Einige der Räume, z.B. die Vortragsräume, können in einer Gruppe zwischen der Eingangshalle und den Lese- und Arbeitsflächen angeordnet werden, damit sie zugänglich sind, wenn die übrige Bibliothek geschlossen ist.
Ver.:	Einige der größeren Räume können mit Faltwänden oder dgl. ausgestattet sein, um in mehrere kleinere Räume unterteilt werden zu können.
Umg.:	Siehe besonderes Kapitel.
Inst.:	Diese Räume müssen generell reichlich mit Elektrosteckdosen ausgestattet sein. Hinsichtlich der AV-Ausstattung siehe Abschnitt AV-Dienst.
Einr.:	--
Ausst.:	--

Innerer Dienst

Die Gruppierung der Funktionen innerhalb des Inneren Dienstes wird in hohem Maße durch die interne Buchbearbeitung bestimmt.

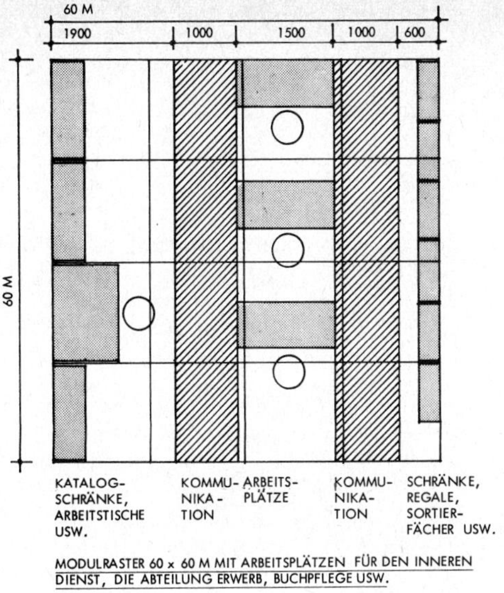

Abb.32 Arbeitsplätze für den Inneren Dienst, die Abteilung Erwerb, Buchpflege usw.

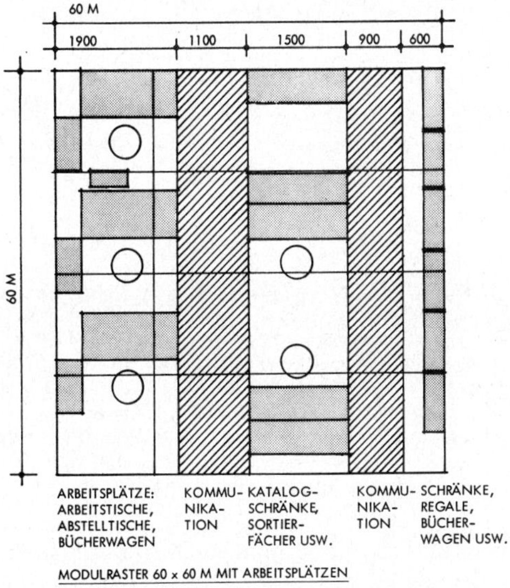

Abb.33 Alternative zu Abbildung 32

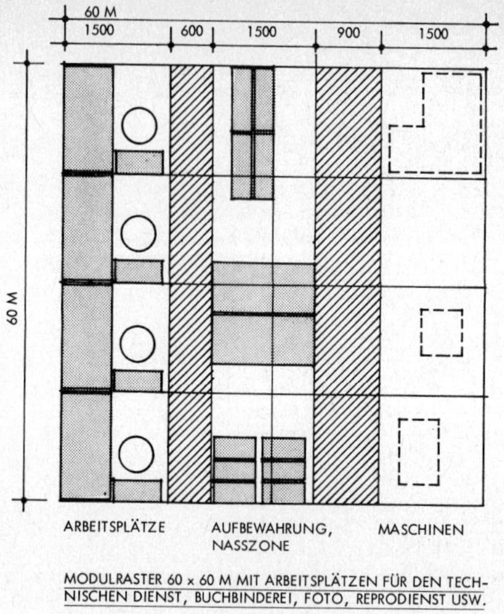

Abb.34 Arbeitsplätze für den Technischen Dienst, die Buchbinderei, Foto- und Reprostelle usw.

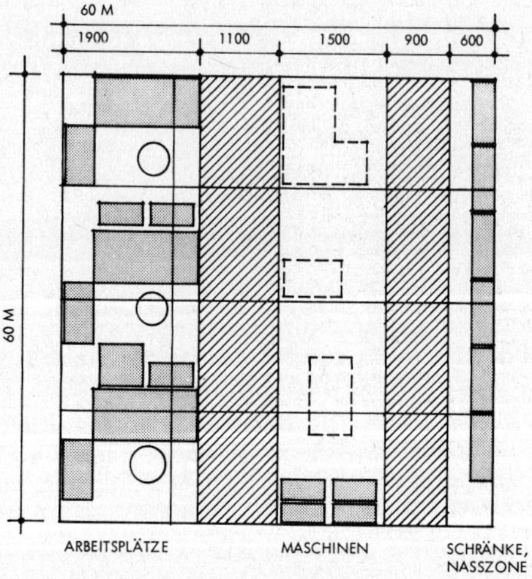

Abb.35 Alternative zu Abbildung 34

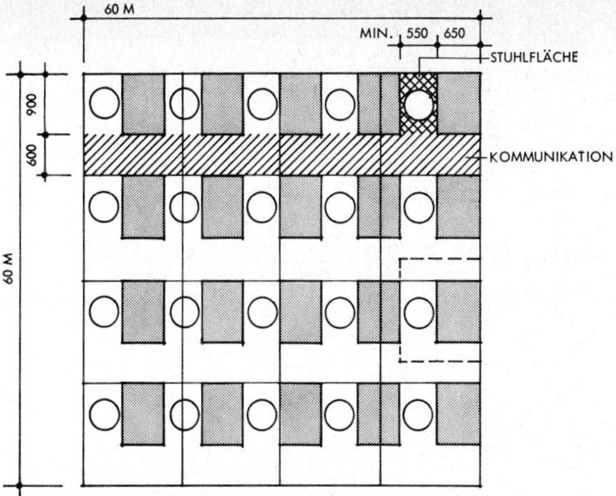

MODULRASTER 60 x 60 M MIT LESETISCHEN

GESAMTFLÄCHE	36,0 qm
SEKUNDÄRKOMMUNIKATIONSFLÄCHE	14,5 qm
STELLFLÄCHE LESETISCHE	11,7 qm
STELLFLÄCHE STÜHLE	9,8 qm
STELLFLÄCHE TISCHE UND STÜHLE	21,4 qm
ZAHL DER LESEPLÄTZE	20 ST.
FLÄCHE PRO LESEPLATZ	1,8 qm

Abb.36 Leseplätze, möbliert entsprechend Abbildung 24

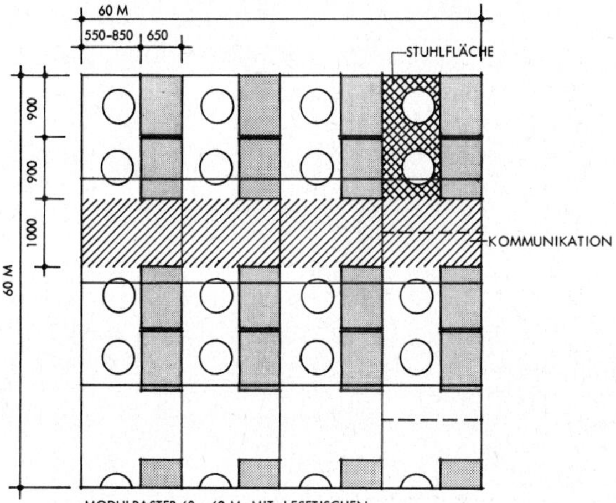

MODULRASTER 60 x 60 M MIT LESETISCHEN

GESAMTFLÄCHE		36,0 qm
SEKUNDÄRKOMMUNIKATIONSFLÄCHE		12,0 qm
STELLFLÄCHE LESETISCHE		10,3 qm
STELLFLÄCHE STÜHLE		13,7 qm
STELLFLÄCHE TISCHE UND STÜHLE		24,0 qm
ZAHL DER LESEPLÄTZE		16 ST.
FLÄCHE PRO 2 LESEPLÄTZE	MIN.	3,36 qm
	MAX.	4,2 qm

Abb.37 Alternative zu Abbildung 36

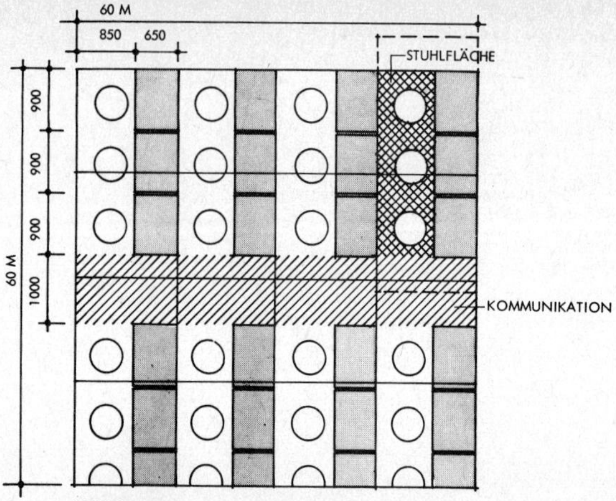

MODULRASTER 60 x 60 M MIT LESETISCHEN	
GESAMTFLÄCHE	36,0 qm
SEKUNDÄRKOMMUNIKATIONSFLÄCHE	6,0 qm
STELLFLÄCHE LESETISCHE	13,0 qm
STELLFLÄCHE STÜHLE	17,0 qm
STELLFLÄCHE TISCHE UND STÜHLE	30,0 qm
ZAHL DER LESEPLÄTZE	20 ST.
FLÄCHE PRO 3 LESEPLÄTZE	5,5 qm

Abb.38 Alternative zu Abbildung 36

MODULRASTER 60 x 60 M MIT LESETISCHEN	
GESAMTFLÄCHE	36,0 qm
SEKUNDÄRKOMMUNIKATIONSFLÄCHE	7,2 qm
STELLFLÄCHE LESETISCHE	12,5 qm
STELLFLÄCHE STÜHLE	16,3 qm
STELLFLÄCHE TISCHE UND STÜHLE	28,8 qm
ZAHL DER LESEPLÄTZE	20 ST.
FLÄCHE PRO 4 LESEPLÄTZE	7,2 qm

Abb.39 Alternative zu Abbildung 36

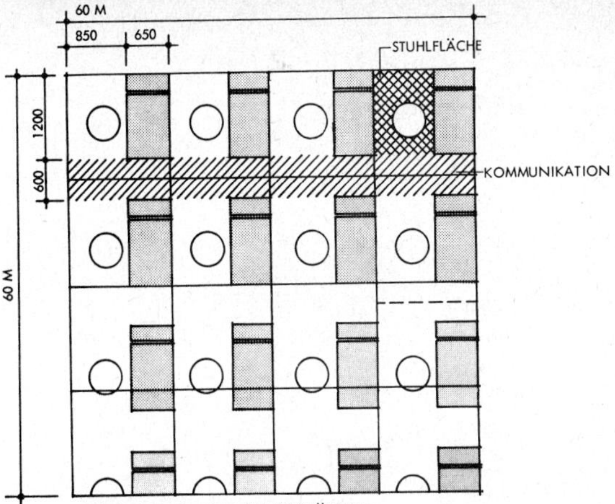

MODULRASTER 60 x 60 M MIT LESEPLÄTZEN	
GESAMTFLÄCHE	36,0 qm
SEKUNDÄRKOMMUNIKATIONSFLÄCHE	10,8 qm
STELLFLÄCHE LESETISCHE	8,9 qm
STELLFLÄCHE STÜHLE	16,3 qm
STELLFLÄCHE TISCHE UND STÜHLE	25,2 qm
ZAHL DER LESEPLÄTZE	12 St.
FLÄCHE PRO LESEPLATZ	2,7 qm

Abb.40 Leseplätze, möbliert entsprechend Abbildungen 25 und 26

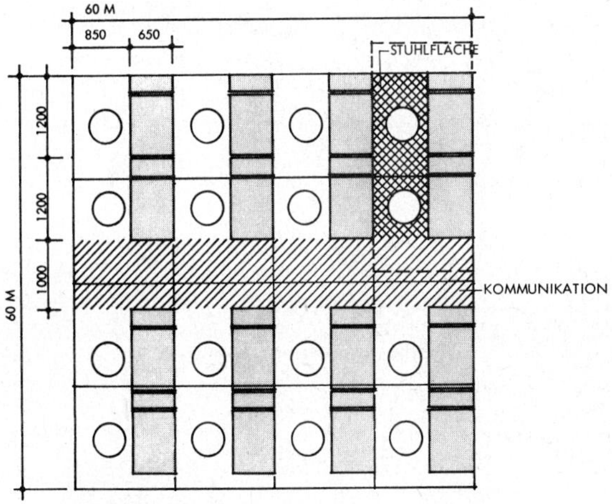

MODULRASTER 60 x 60 M MIT LESETISCHEN	
GESAMTFLÄCHE	36,0 qm
SEKUNDÄRKOMMUNIKATIONSFLÄCHE	6,0 qm
STELLFLÄCHE LESETISCHE	12,4 qm
STELLFLÄCHE STÜHLE	17,6 qm
STELLFLÄCHE TISCHE UND STÜHLE	30,0 qm
ZAHL DER LESEPLÄTZE	16 St.
FLÄCHE PRO 2 LESEPLÄTZE	5,1 qm

Abb.41 Alternative zu Abbildung 40

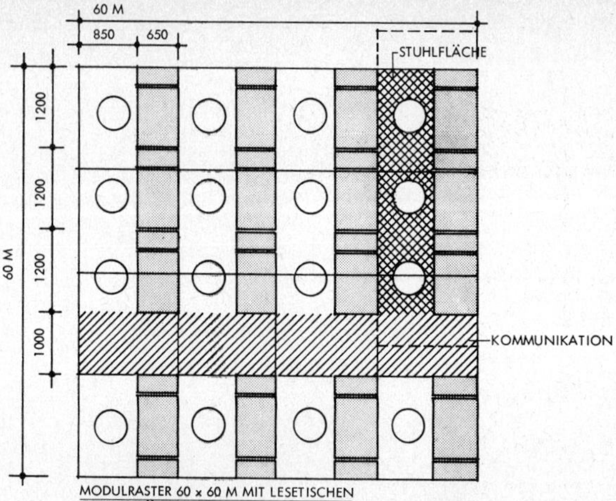

MODULRASTER 60 x 60 M MIT LESETISCHEN	
GESAMTFLÄCHE	36,0 qm
SEKUNDÄRKOMMUNIKATIONSFLÄCHE	6,0 qm
STELLFLÄCHE LESETISCHE	12,4 qm
STELLFLÄCHE STÜHLE	17,6 qm
STELLFLÄCHE TISCHE UND STÜHLE	30,0 qm
ZAHL DER LESEPLÄTZE	16 St.
FLÄCHE PRO 3 LESEPLÄTZE	6,9 qm

Abb.42 Alternative zu Abbildung 40

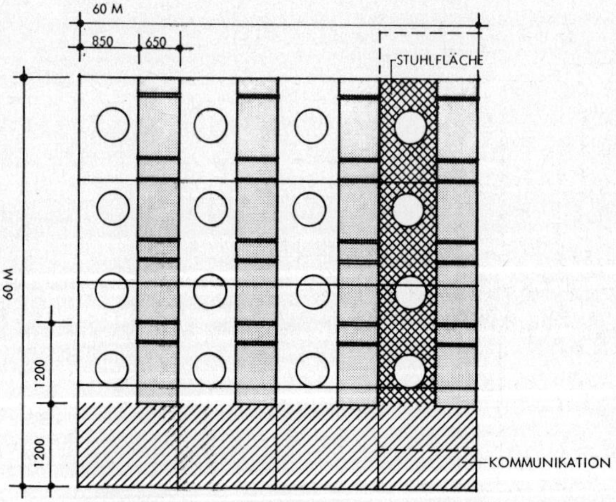

MODULRASTER 60 x 60 M MIT LESETISCHEN	
GESAMTFLÄCHE	36,0 qm
SEKUNDÄRKOMMUNIKATIONSFLÄCHE	7,2 qm
STELLFLÄCHE TISCHE	12,4 qm
STELLFLÄCHE STÜHLE	16,4 qm
STELLFLÄCHE TISCHE UND STÜHLE	28,8 qm
ZAHL DER LESEPLÄTZE	16 St.
FLÄCHE PRO 4 LESEPLÄTZE	9,0 qm

Abb.43 Alternative zu Abbildung 40

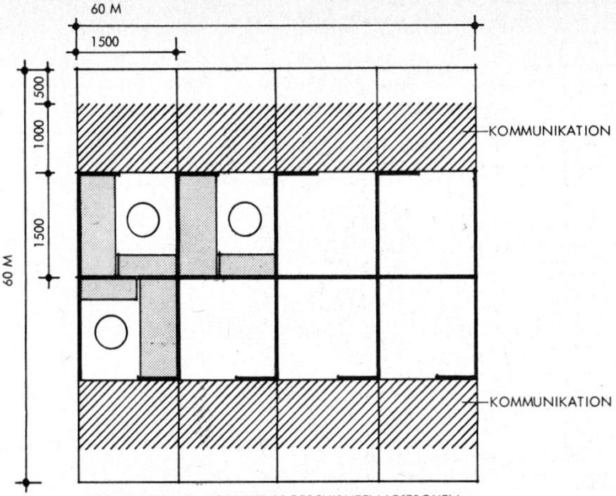

MODULRASTER 60 x 60 M MIT ABGESCHIRMTEN LESEBOXEN	
GESAMTFLÄCHE	30 qm
SEKUNDÄRKOMMUNIKATIONSFLÄCHE	12 qm
STELLFLÄCHE LESEPLÄTZE	12 qm
ZAHL DER LESEPLÄTZE	8 St.
FLÄCHE PRO LESEPLATZ	3,7 qm

Abb.44 Abgeschirmte Leseplätze, möbliert entsprechend Abbildung 28 oder 29

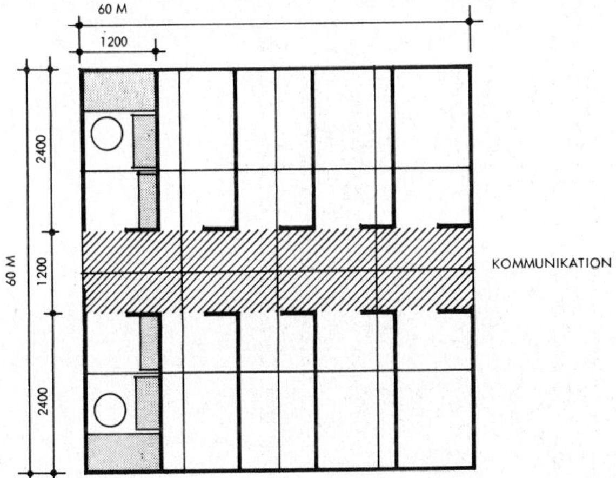

MODULRASTER 60 x 60 M MIT ABGESCHIRMTEN LESEPLÄTZEN	
GESAMTFLÄCHE	36,0 qm
SEKUNDÄRKOMMUNIKATIONSFLÄCHE	10,8 qm
STELLFLÄCHE LESEPLÄTZE	25,2 qm
ZAHL DER LESEPLÄTZE	7 St.
FLÄCHE PRO LESEPLATZ	4,8 qm

Abb.45 Abgeschirmte Leseplätze, möbliert entsprechend Abbildung 30

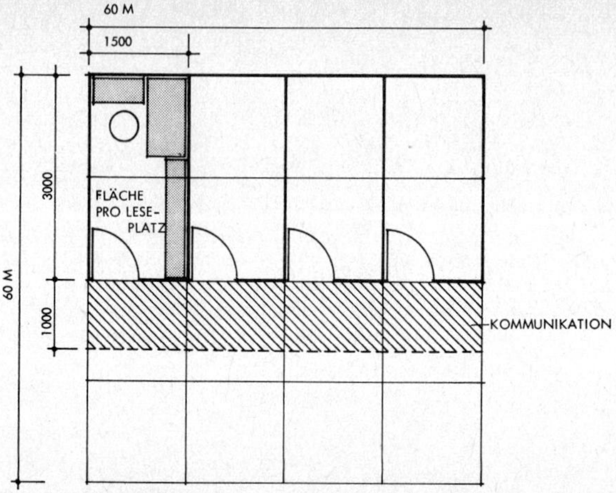

MODULRASTER 60 x 60 M MIT ABGESCHLOSSENEN LESEPLÄTZEN	
GESAMTFLÄCHE	36 qm
SEKUNDÄRKOMMUNIKATION	9 qm
STELLFLÄCHE LESEPLATZ	27 qm
ZAHL DER LESEPLÄTZE	6 St.
FLÄCHE PRO LESEPLATZ	6 qm

Abb.46 Abgeschirmte Leseplätze, möbliert entsprechend Abbildung 31

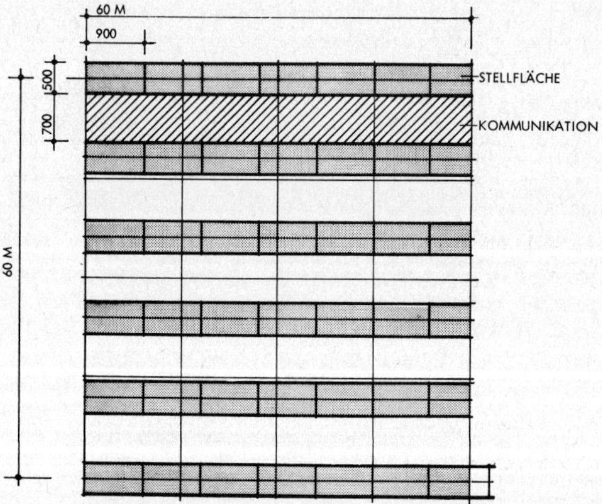

MODULRASTER 60 x 60 M, REGALAUFSTELLUNG MIT 120 cm ACHSE	
GESAMTFLÄCHE	36 qm
KOMMUNIKATIONSFLÄCHE	21 qm
STELLFLÄCHE	15 qm
ZAHL DER BÄNDE BEI VOLLER KAPAZITÄT	12.600 St.
REGALMETER BEI VOLLER KAPAZITÄT, 6 BÖDEN	360 m

Abb.47 Regalaufstellung, Achsmaß 12 M

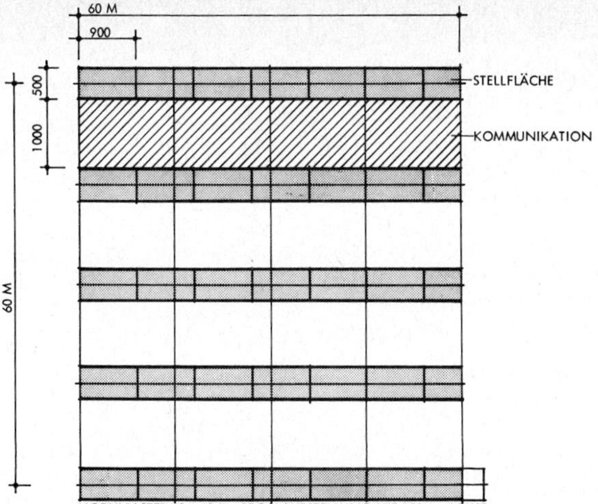

MODULRASTER 60 x 60 M, REGALAUFSTELLUNG MIT 150 cm ACHSE	
GESAMTFLÄCHE	36 qm
KOMMUNIKATIONSFLÄCHE MIT NORMALREGALEN	24 qm
STELLFLÄCHE	12 qm
ZAHL DER BÄNDE BEI VOLLER KAPAZITÄT	10.100 St
REGALMETER BEI VOLLER KAPAZITÄT, 6 BÖDEN	283 m

Abb.48 Regalaufstellung, Achsmaß 15 M

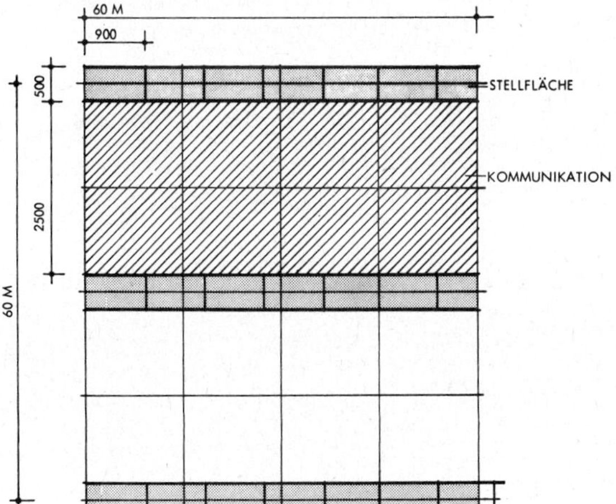

MODULRASTER 60 x 60 M, REGALAUFSTELLUNG MIT 300 cm ACHSE	
GESAMTFLÄCHE	36 qm
KOMMUNIKATIONSFLÄCHE	30 qm
STELLFLÄCHE	6 qm
ZAHL DER BÄNDE BEI VOLLER KAPAZITÄT	5.000 St.
REGALMETER BEI VOLLER KAPAZITÄT, 6 BÖDEN	144 m

Abb.49 Regalaufstellung, Achsmaß 30 M

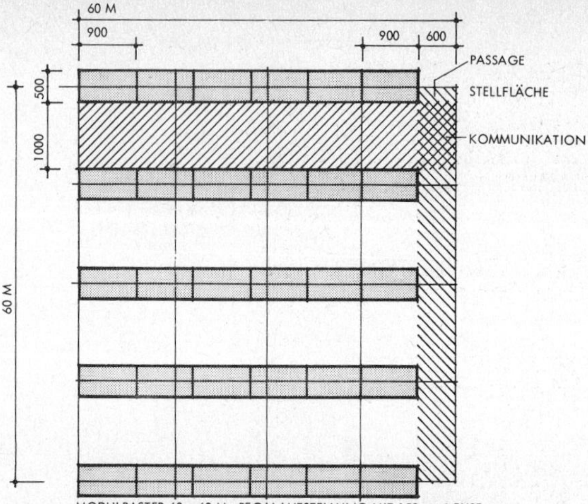

MODULRASTER 60 x 60 M, REGALAUFSTELLUNG MIT 150 cm ACHSE,
QUERKOMMUNIKATION 60 cm.

GESAMTFLÄCHE	36,0 qm
KOMMUNIKATIONSFLÄCHE	25,2 qm
STELLFLÄCHE	10,8 qm
ZAHL DER BÄNDE BEI VOLLER KAPAZITÄT	9.065 St.
REGALMETER BEI VOLLER KAPAZITÄT, 6 BÖDEN	259 m

Abb.50 Regalaufstellung, Achsmaß 15 M, Quergänge 60 cm

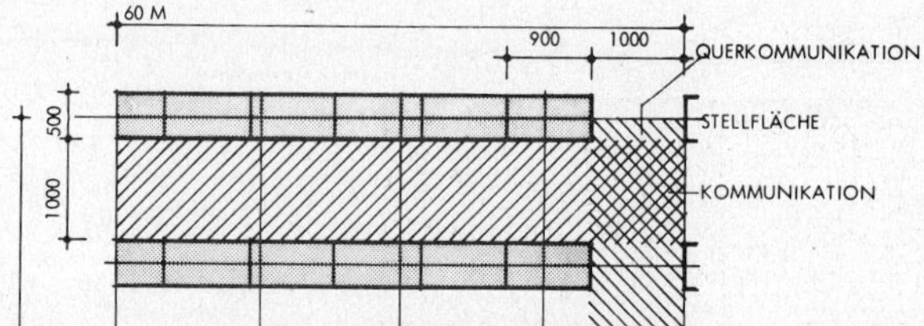

MODULRASTER 60 x 60 M, REGALAUFSTELLUNG MIT 150 cm ACHSE,
QUERKOMMUNIKATION 100 cm.

GESAMTFLÄCHE	36,0 qm
KOMMUNIKATIONSFLÄCHE	26,0 qm
STELLFLÄCHE	10,0 qm
ZAHL DER BÄNDE BEI VOLLER KAPAZITÄT	7.560 St.
REGALMETER BEI VOLLER KAPAZITÄT, 6 BÖDEN	216 m

Abb.51 Regalaufstellung, Achsmaß 15 M, Quergänge 100 cm

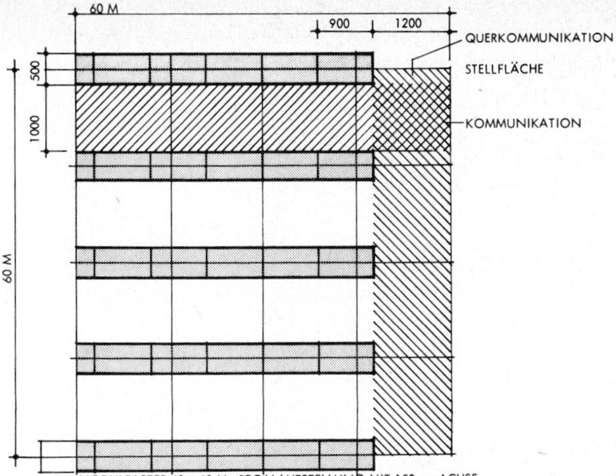

MODULRASTER 60 x 60 M, REGALAUFSTELLUNG MIT 150 cm ACHSE,
QUERKOMMUNIKATION 120 cm.

GESAMTFLÄCHE	36,0 qm
KOMMUNIKATIONSFLÄCHE MIT 50 cm TIEFEN REGALEN	26,4 qm
STELLFLÄCHE	9,6 qm
ZAHL DER BÄNDE BEI NORMALREGALEN, 6 BÖDEN	7.950 St.
REGALMETER	228 m

Abb.52 Regalaufstellung, Achsmaß 15 M
Quergänge 120 cm

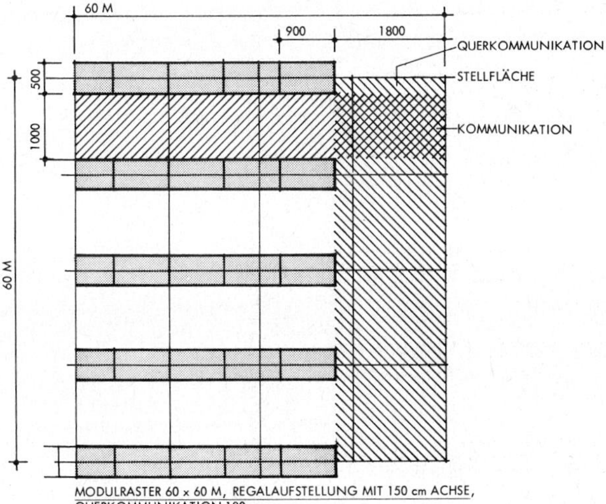

MODULRASTER 60 x 60 M, REGALAUFSTELLUNG MIT 150 cm ACHSE,
QUERKOMMUNIKATION 180 cm.

GESAMTFLÄCHE	36,0 qm
KOMMUNIKATIONSFLÄCHE	27,6 qm
STELLFLÄCHE	8,4 qm
ZAHL DER BÄNDE BEI NORMALREGALEN, 6 BÖDEN	5.040 St.
REGALMETER	144 m

Abb.53 Regalaufstellung, Achsmaß 15 M,
Quergänge 180 cm

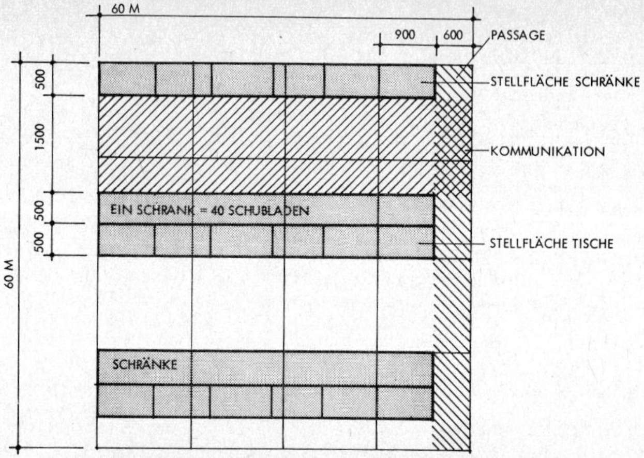

MODULRASTER 60 x 60 M MIT KATALOGSCHRÄNKEN UND ARBEITSTISCHEN	
GESAMTFLÄCHE	36,0 qm
KOMMUNIKATIONSFLÄCHE	22,5 qm
STELLFLÄCHE	13,5 qm
ZAHL DER KARTEN PRO EINHEIT	32 000 - 36 000 KARTEN
GESAMTZAHL DER KARTEN	576 000 - 648 000 KARTEN

Abb.54 Katalogschränke mit Arbeitsflächen auf speziellen Arbeitstischen

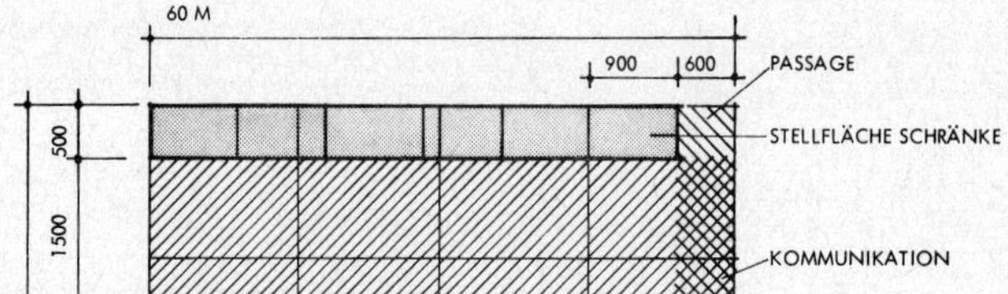

MODULRASTER 60 x 60 M MIT KATALOGSCHRÄNKEN INKLUSIVE ARBEITSFLÄCHE	
GESAMTFLÄCHE	36,0 qm
KOMMUNIKATIONSFLÄCHE	27,9 qm
STELLFLÄCHE	8,1 qm
ZAHL DER KARTEN PRO EINHEIT	24 000 - 27 000 KARTEN
GESAMTZAHL DER KARTEN	432 000 - 486 000 KARTEN

Abb.55 Katalogschränke mit Arbeitsflächen auf den Katalogschränken

Die Abteilung Erwerb soll einen guten Kontakt zum Packraum (Technischer Dienst) haben, da hier alle ankommenden Neuerwerbungen behandelt werden. Dasselbe gilt für die Zeitschriften-Registrierung, die alle ankommenden Zeitschriften behandelt.

Von der Abteilung Erwerb und der Abteilung Katalogisierung gehen die Bücher weiter zur Abteilung Buchpflege, die die abschließende Behandlung ausführt, bevor die Bücher in den Magazinen einsortiert werden. Ein Teil dieser Behandlung wird in der Buchbinderei ausgeführt. Der Büchertransport zwischen der Abteilung Buchpflege und der Buchbinderei ist von einem solchen Ausmaß, daß eine bequeme Verbindung zwischen diesen beiden Stellen angeordnet werden muß. Eine mechanische Transportanlage kann hier aktuell werden.

Die Anordnung dieser vier Funktionen zueinander muß auf dem Durchlauf der Bücher zwischen den verschiedenen Arbeitsgängen aufbauen, so daß eine transport- und arbeitsersparende Anordnung zwischen diesen Räumen erhalten wird. Von der Abteilung Buchpflege geht ein großer Teil der Bücher über die Leihstelle in den Leihverkehr. Die Abteilung Katalogisierung benötigt für ihre Arbeit einen direkten Kontakt zur internen Seite der Informationszentrale.

Zum Inneren Dienst wird auch der Instituts-Dienst gerechnet, der die Kontakte mit den Institutsbibliotheken regelt. Der Innere Dienst kann vorteilhaft in einem Großraum untergebracht werden.

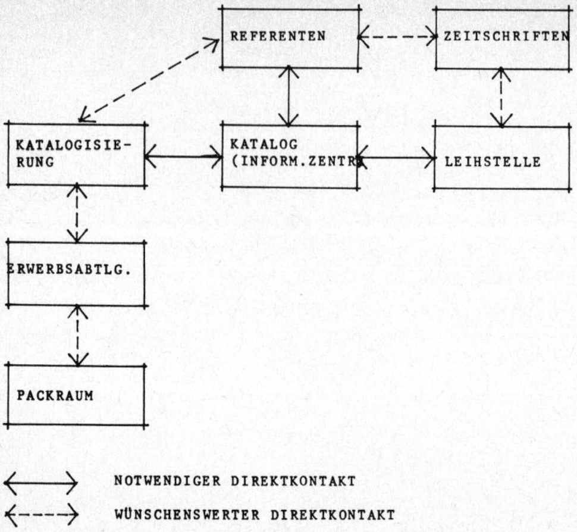

Abb.56 Kontaktbedarf im Inneren Dienst

Abteilung Erwerb:

Tät.: Betreibt die Einkaufsroutine in der Bibliothek. Räume für das Registrieren, das Sortieren usw.

Funkt.: Stellplätze für Bücherwagen und Möglichkeiten zur kurzfristigen Aufbewahrung von Literatur.

Abh.: Direkter Zusammenhang mit der Abteilung Katalogisierung. Guter Kontakt mit der Zeitschriften-Abteilung und dem Packraum.

Ver.: Grundinstallationen für ergänzende Computerausstattung vorbereiten.

Umg.: Siehe besonderes Kapitel.

Inst.:

Einr.: Siehe Abbildungen 32 und 33.

Ausst.: --

Zeitschriften-Abteilung:

Tät.: Betreibt das Vornumerieren von Zeitschriften und Zeitungen.
Flächen für Registrieren, Sortieren, Buchführung usw.

Funkt.: Aufstellungsfläche für Bücherwagen und Fläche für Kurzzeitaufbewahrung von Zeitschriften.

Abh.: Direkter Zusammenhang mit der Abteilung Katalogisierung. Guter Kontakt mit der Abteilung Erwerb und dem Packraum.

Ver.: Grundinstallation für ergänzende Computerausstattung vorbereiten.

Umg.: Siehe besonderes Kapitel.

Inst.: --

Einr.: Siehe Abbildungen 32 und 33.

Ausst.: --

Abteilung Katalogisierung:

Tät.: Katalogisierung des Neuerwerbs und Revision alter Kataloge.

Funkt.: Räume für gelegentliche Aufbewahrung von Büchern. Kartenschränke.
Besondere Regale für die Speicherung von Nachschlagewerken.

Abh.: Direkter Zusammenhang mit der Abteilung Erwerb und der Zeitschriften-Abteilung.
Enger Kontakt mit der Abteilung Buchpflege und der Informations-Zentrale.

Ver.: Grundinstallation für ergänzende Computerausstattung vorbereiten.

Umg.: Siehe besonderes Kapitel.

Inst.: --

Einr.: Siehe Abbildungen 32 und 33.

Ausst.: --

Abteilung Buchpflege:

Tät.: Praktische Pflege der Sammlungen der Bibliothek. Beurteilt die Notwendigkeit von Reparaturen, Umbinden usw. Betreibt die Beschriftung, die Exlibris-Routine, die Registrierung in den Regalkatalogen usw.

Funkt.: Stellfläche für Bücherwagen und Möglichkeiten zur kurzfristigen Verwahrung von Büchern während der Bearbeitung.

Abh.: Guter Kontakt mit der Abteilung Katalogisierung. Häufige Büchertransporte zwischen Abteilung Buchpflege und Magazin, Abteilung Buchpflege und Leihstelle sowie Abteilung Buchpflege und Buchbinderei. Falls die Bibliothek mit einer mechanischen Transportanlage ausgestattet ist, muß der Buchpflege eine der Stationen zugeteilt werden.

Ver.: --

Umg.: Siehe besonderes Kapitel.

Inst.: --

Einr.: --

Ausst.: --

Instituts-Dienst:

Tät.: Betreibt die Kontakte mit den Instituts-Bibliotheken, regelt die Fragen des Erwerbs, der Verwaltung usw.
Normale Büroroutine.

Funkt.: --

Abh.: Guter Kontakt mit der Abteilung Erwerb und der Zeitschriften-Abteilung.
Kontakt mit der Verwaltung.

Ver.: --

Umg.: Siehe besonderes Kapitel.

Inst.: --

Einr.: --

Ausst.: --

Technischer Dienst

Im Technischen Dienst wird die Lage der verschiedenen Funktionen zueinander in hohem Maß von der Bearbeitung der ein- und ausgehenden Bücher und der übrigen Güter, der Post-Routinen, der Lagerungs-Routinen usw. bestimmt. Hausmeisterei, Packraum und Ladefläche gehören funktionell zusammen.

Der Repro-Dienst kann teils eine Anlage nur für den Bedarf der Bibliothek, teils eine größere Zentrale für den gesamten Universitätsbereich sein. Im ersten Fall ist der Bedarf an Kontakt mit dem Inneren Dienst und der Leihstelle entscheidend für die Unterbringung, im zweiten Fall die Lage im direkten Kontakt mit dem zentralen Kommunikations- oder Transportsystem der Universität. Ein Teil des Repro-Dienstes wird durch Apparate bedient, die in direktem Anschluß an die verschiedenen Tätigkeiten der Bibliothek angeordnet sind. Die Schreibzentrale hat ihren natürlichen Platz in direktem Kontakt mit dem Inneren Dienst, kann jedoch im Zusammenhang mit dem übrigen Technischen Dienst angeordnet werden, falls die Kommunikationsmöglichkeiten mit dem Inneren Dienst gut sind.

Die Leitung sollte bei der Verwaltung liegen. In einer kleineren Bibliothek kann sie ein Teil der Hausmeisterei sein. Die Buchbinderei soll, aufgrund ihres speziellen Raumbedarfs, im Zusammenhang mit gleichgearteten Teilen des Technischen Dienstes angeordnet sein.

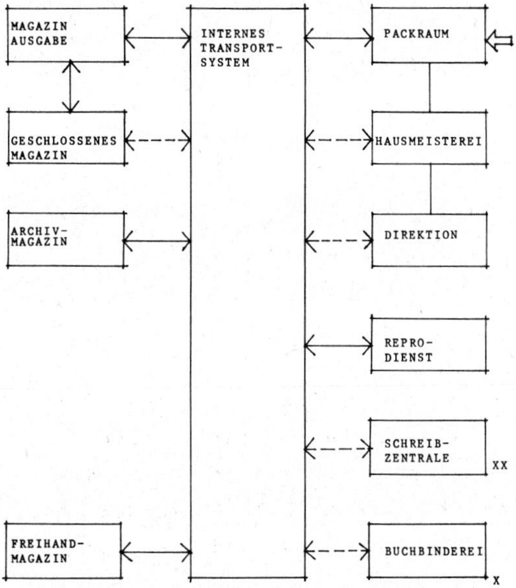

X) ALTERNATIV: DIREKTER KONTAKT MIT DER BUCHPFLEGEABTEILUNG
XX)ALTERNATIV: IM ANSCHLUSS AN DEN INNEREN DIENST

⟷ = NOTWENDIGER DIREKTKONTAKT
⟵ - - ⟶ = WÜNSCHESWERTER DIREKTKONTAKT

Abb.57 Kontaktbedarf im Technischen Dienst und im Buchlager

Packraum:

Tät.: Praktische Arbeit mit ausgehenden und ankommenden Büchersendungen. Empfang und Absenden von Bibliothekspost. Empfang von Verpackungseinheiten und Einsortieren ins Lager.

Funkt.: Ladefläche innerhalb des Hauses mit Platz für einen Gabelstapler oder außerhalb des Hauses mit einer überdeckten Laderampe.

Abh.: Der Packraum und die Ladefläche müssen in direktem Zusammenhang zueinander liegen und sollen mit der Hausmeisterei Sichtkontakt haben. Der Packraum soll an das interne Kommunikationssystem der Bibliothek angeschlossen sein.

Ver.: --

Umg.: Licht: Tageslicht im Packraum.
Schall: --
Luft: --

Inst.: Muß eine Waschgelegenheit besitzen. Geerdete Elektrosteckdosen für diverse elektrische Apparate im Anschluß an die Arbeitstische. Die Ladefläche im Gebäude muß eine Spüleinrichtung und einen Bodenablauf besitzen.

Einr.: --

Ausst.: Im Packraum Ausstattung für Verpacken, Postsortieren usw.

Hausmeisterei:

Tät.: Büro-Routinen im Zusammenhang mit dem Technischen Dienst. Außerdem umfaßt die Hausmeisterei Dienst- und Aufenthaltsräume für das Hausmeisterpersonal.

Funkt.: Lagerfläche für Schreibmaterial, Verpackungsmaterial usw.

Abh.: Direktkontakt mit dem Packraum und der Ladefläche.

Ver.: --

Umg.: Licht: Tageslicht
Schall: --
Luft: --

Inst.: Aufenthaltsteil der Hausmeisterei soll mit einer Teeklicheneinheit für Speisezubereitung usw. ausgestattet sein.

Einr.: --

Ausst.: --

Repro-Dienst:

Tät.: Soll hauptsächlich den Bedarf der Bibliothek an Reproduktionsdiensten, wie Anfertigung von Kopien verschiedener Art, Mikrofotografieren usw. erledigen. Wenn größere Repro-Zentralen innerhalb des Universitätsgebietes vorhanden sind, wird sich die Tätigkeit beim Repro-Dienst der Bibliothek normalerweise reduzieren.

Funkt.: Dunkelraum mit Ausrüstung für Entwicklung und Kopierung (eventuell Absprache mit der Repro-Zentrale der Universität). Administrative Arbeitsplätze. Lagerräume.

Abh.: Direkt angeschlossen an das interne Kommunikationssystem der Bibliothek. Bei größeren Anlagen kann eine Rohrpostanlage zwischen Repro-Dienst und Leihstelle aktuell werden, um eine schnelle Erledigung der Kopierungsbestellungen zu ermöglichen.

Ver.: --

Umg.: Licht: Möglichst Tagesbeleuchtung in den Räumen.

Schall: Die im allgemeinen lärmende Tätigkeit erfordert spezielle akustische Behandlung.

Luft: Auf die Wärmeabgabe der Maschinen usw. muß Rücksicht genommen werden.

Inst.: Naßinstallation: Teile der Dunkelkammerausstattung, Waschbecken, Ausguß für verbrauchte Kopierflüssigkeiten.
Elektrosteckdosen für Maschinen.

Einr.: Vorratsschränke für Kopiermaterial, Fotoausstattung usw.; Putzschränke. Siehe Abbildungen 34 und 35.

Ausst.: Beispiele für vorkommende maschinelle Ausstattung: Xerox 3600, Offsetdruck, Entwicklungsausstattung. Rollbare Halterungen für Abfallsäcke aus Papier müssen vorhanden sein.

Schreibzentrale:

Tät.: Reinschreibe-Routinen usw. für die verschiedenen Funktionen der Bibliothek.

Funkt.: --

Abh.: Muß zentral gelegen sein, leicht zugänglich für den Inneren Dienst, für die Leihstelle und die Verwaltung.

Ver.: --

Umg.: Siehe besonderes Kapitel.

Inst.: --

Einr.: Siehe Abbildungen 32 und 33.

Ausst.: --

Leitung:

Tät.: Leitet den Technischen Dienst der Bibliothek.

Funkt.: --

Abh.: Im Anschluß an die Hausmeisterei oder die Verwaltung.

Ver.: --

Umg.: Siehe besonderes Kapitel.

Inst.: --

Einr.: --

Aust.: --

Buchbinderei:

Tät.:	Ist für die Reparaturen, das Umbinden der Bücher usw. zuständig. Größere Routinebindearbeiten usw. werden normalerweise von spezialisierten Bindereien außerhalb der Bibliothek durchgeführt.
Funkt.:	--
Abh.:	Soll direkten Kontakt mit der Abteilung Buchpflege haben wegen der häufig notwendig werdenden Buchtransporte zwischen den Funktionen. Bei Bibliotheken mit mechanischen Transportanlagen sollte zwischen der Abteilung Buchpflege und der Buchbinderei eine Verbindung bestehen.
Ver.:	--
Umg.:	Licht: Tageslicht Schall: Gewisse Teile des Betriebs sind lärmerzeugend. Luft: Bei der Dimensionierung der Raumbelüftung muß darauf Rücksicht genommen werden, daß eine Wärmeausstrahlung von Maschinen entsteht. Bei Arbeitsplätzen für Leim- und Klebearbeiten entsteht Bedarf an speziellem Luftwechsel.
Inst.:	Einheiten mit Naßinstallation: Befeuchtungswannen, Ausgüsse, Handwaschbecken. Spezielle Elektro-Anschlüsse für gewisse Maschinen.

Einr.: Vorratsschränke für Pappe, Einbindepapier, Leinwand usw.; Putzschränke. Siehe Abbildungen 34 und 35.

Ausst.: Folgende Maschinen können aktuell sein: Schneidemaschinen, Tischpressen, Klemmpressen, Falzpressen.
Darüber hinaus können mehrere verschiedene Typen von Werkzeug und Hilfsmitteln verwendet werden. Rollbare Gestelle für Papierabfallsäcke sollen vorhanden sein.

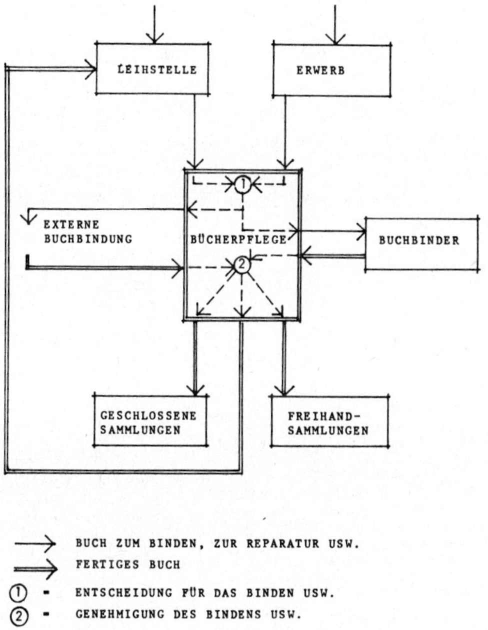

Abb.58 Flußschema - Reparaturen und Binden

Bücherspeicher

Das Speichern der Büchersammlung einer Bibliothek wird in dieser Funktionsgruppe vorgenommen. Dies geschieht im Prinzip auf zwei verschiedene Arten:

- teils in den Freihandmagazinen, wo die Bücher normalerweise für den Besucher zugänglich aufbewahrt werden, und zwar entweder direkt in den Leseräumen oder direkt im Anschluß an diese,

- teils in den geschlossenen Magazinen, die normalerweise in den Untergeschossen der Bibliothek untergebracht und nicht für den Benutzer zugänglich sind.

Neben diesen existiert normalerweise ein Archivmagazin, in welchem teuere und seltene Bücher usw. untergebracht sind.

Die Magazin-Abfertigungsstelle ist die verbindende Stelle für Büchertransporte von und zu den geschlossenen Magazinen. Sie kann z.B. die eine Endstation einer mechanischen Transportanlage zwischen dem geschlossenen Magazin und der Leihstelle enthalten, wobei eventuell die Fachgruppenstellen als Filialen der Leihstelle fungieren. Eine Rohrpostanlage zwischen der Leihstelle und den geschlossenen Magazinen für den Transport von Bestellungen usw. hat eine Station in der Magazin-Abfertigungsstelle und - bei größeren Anlagen - an einer Anzahl von Transportknotenpunkten draußen im Magazin.

Im Abschnitt "Bücherspeicher-Kapazität in Büchermagazinen" werden die wichtigsten Dimensionierungsvoraussetzungen für diese Funktionsgruppe behandelt. Im darauffolgenden Abschnitt werden die mechanischen Transportanlagen im Anschluß an die Ausleih- und Rückgaberoutinen behandelt.

Magazin-Abfertigungsstelle:

Tät.: Betreuung der Sammlungen der Bibliothek. Ausgabe und Rücknahme der Bücher, Nachprüfung von Buchbestellungen, die von der Leihstelle und von den Fachgruppenstellen durchgegeben werden.

Funkt.: --

Abh.: In direktem Zusammenhang mit dem internen Kommunikationssystem der Bibliothek. Speziell wichtig sind die Möglichkeiten des bequemen Buchtransports zwischen der Magazin-Abfertigungsstelle, der Abteilung Buchpflege und der Leihstelle. Bei größeren Archivbibliotheken mit auf mehrere Geschosse verteilten geschlossenen Magazinen kann eine Magazin-Abfertigungsstelle in jedem dieser Geschosse aktuell werden.

Ver.: --

Umg.: --

Inst.: Mechanische Transportanlage. Rohrpoststation.

Einr.: --

Ausst.: --

Geschlossene Magazine:

Tät.: Diese bestehen aus den Büchern, den Zeitschriften usw., die aus verschiedenen Gründen (niedrige Ausleihfrequenz usw.) nicht in der Freihandaufstellung untergebracht sind.

Funkt.: Lagerungsraum für Mikrofilme, Filme und Tonbänder, soweit diese nicht im Anschluß an den AV-Dienst untergebracht sind.

Abh.: In direktem Anschluß an die Magazin-Abfertigungsstelle und das interne Kommunikationssystem der Bibliothek.

Ver.: --

Umg.: Licht: Beleuchtung siehe besonderes Kapitel.
Schall: --
Luft: --

Inst.: Mechanische Transportanlage.
Rohrpoststation.

Einr.: Siehe Abbildungen 47 - 53.

Ausst.: --

Freihandmagazine:

Tät.: Diese bestehen aus der Literatur, die für den Besucher im Anschluß an die Lese- und Arbeitsplätze zugänglich ist und im Normalfall nach Fachgebieten geordnet ist. Die Überwachung der Freihandsammlungen geschieht normalerweise durch die Leihstelle oder durch die Fachgruppenstellen.

Funkt.: Karten- und Plansammlungen gehören in den vorkommenden Fällen zu den Freihandsammlungen.

Abh.: Die Freihandsammlungen werden im Anschluß an die Lese- und Arbeitsplätze in gutem Kontakt mit der Leihstelle gruppiert.

Ver.: Die Sammlungen sollen so gruppiert werden, daß die einzelnen "Gevierte" von Buchregalen leicht verändert werden können, falls die Facheinteilung oder der Umfang der Fachgruppen dies notwendig macht.

Umg.: Licht: Siehe besonderes Kapitel.
Schall und Luft: Siehe besonderes Kapitel.

Generell kann gesagt werden, daß die Anforderung des Menschen an die Raumtemperatur in den Freihandmagazinen für die Luftbehandlung dimensionierend sein sollte.

Einr.: Zu beachten ist die zeitweise Aufstellung von Bücherwagen in den Freihandmagazinen.

Ausst.: --

Archivmagazine:

Tät.: Feuer-, diebstahl- und klimasichere Unterbringung der Raritäten der Bibliothek, der speziellen Schenkungen und anderer wertvoller Bestände.

Funkt.: In manchen Fällen kann ein spezielles Archiv für Mikrofilme, Filme, Tonbänder usw. benötigt werden.

Abh.: Soll guten Kontakt zur Magazin-Abfertigungsstelle haben.

Ver.: --

Umg.: Licht: --
Schall: --
Luft: Spezielle Anforderung an Feuchtigkeit, Temperatur usw.
Siehe besonderes Kapitel.

Inst.: --

Einr.: Siehe Abbildungen 47 - 53.

Ausst.: --

Verwaltung

Diese Funktionsgruppe übernimmt die Stabsfunktionen der Bibliothek. Diese Tätigkeit bedeutet lebhafte Kontakte "nach innen" mit dem Inneren Dienst und Kontakte "nach außen" mit dem Benutzer und der Allgemeinheit.

Die Räume bestehen hauptsächlich aus normalen Büroräumen. Ein enger Zugang zu den Besprechungsräumen ist notwendig. Diese können am besten gemeinsam mit dem Inneren Dienst benützt werden.

Direktion:

Tät.: Leitet den Betrieb in der gesamten Bibliothek und repräsentiert diese nach außen.

Funkt.: --

Abh.: Direkter Zusammenhang mit dem Sekretariat und den Besprechungsräumen. Bedarf an täglichem Kontakt mit den Abteilungsleitern und dem Personal macht eine einfache Kommunikation mit den übrigen internen Teilen der Bibliothek erforderlich. Besuche von außen erfordern einen direkten Zusammenhang mit der Eingangshalle.

Ver.: --

Umg.: Siehe besonderes Kapitel.

Inst.: --

Einr.: --

Ausst.: --

Planung und Sekretariat:

Tät.: Langfristige Planung des Bibliotheksbetriebs und Koordination mit dem übrigen Universitätsbetrieb.
Sekretariat der Direktion und der übrigen Verwaltung. Büro-Routinen und Empfang von Besuchern. Betreuung der Barkasse.

Funkt.: Die Leitung des Technischen Dienstes kann bei größeren Bibliotheken an die Planungsfunktionen angeschlossen werden. Archiv für die Unterlagen der Verwaltung. Warteflächen für Besucher. Raum für Kassenschränke.

Abh.: Zentral innerhalb der Verwaltung und im direkten Zusammenhang mit den Räumen der Direktion.

Ver.: --

Umg.: Siehe besonderes Kapitel.

Inst.: --

Einr.: --

Ausst.: --

Besprechungsräume:

Tät.: Sollen den Bedarf der Beamten der Bibliothek an Besprechungsfläche erfüllen. Werden vom Sekretariat verwaltet. Bei kleineren Anlagen können die gemeinsamen Gruppenräume innerhalb der Lesezone für den Bedarf der Verwaltung und des Inneren Dienstes benützt werden.

Funkt.: Eventuell Garderobe und Toiletten.

Abh.: Normalerweise hat die Direktion den höchsten Bedarf an größeren Besprechungsräumen, weshalb diese im Anschluß an die Räume der Direktion liegen sollten.

Ver.: --

Umg.: Licht: --
Schall: Schallisolierung gegen angrenzende Räume.
Luft: --

Inst.: --

Einr.: Normale Möblierung für Besprechungsräume.

Ausst.: Sollen vorbereitet werden für:

a) Bildprojektion (Projektionsleinwand, Diaprojektor, Arbeitsprojektor)

b) Empfang von Hörprogrammen (Lautsprecher)

c) Empfang von Fernsehprogrammen.

Spezielle Dimensionierungsvoraussetzungen

Bücherspeicher-Kapazität in Büchermagazinen

Die Wahl der Methode für die Lagerung der Büchersammlung einer Bibliothek ist von entscheidender Bedeutung für die Ökonomie des Gebäudes.

Zwischen den Extremen einer geschlossenen Magazinierung in sogenannten Kompaktusregalen und einer Freihandaufstellung in großzügig angeordneten Bücherregalgruppen mit direktem Anschluß an die Lesezone bestehen eine Menge unterschiedlicher Alternativen.

Das Kompaktsystem in verschiedenen Ausführungen soll hier nicht näher beschrieben werden. Dies kann in spezialisierten Archivbibliotheken usw. aktuell werden, wo die Wahl eines solchen Systems durch den Wunsch nach großer Kapazität und durch den niedrigen Bedarf an Zugänglichkeit bedingt ist.

Magazine für Kompaktsysteme stellen spezielle Anforderungen an die Bodenbelastbarkeit der Konstruktion und sollten deshalb in normalen Bibliotheken nur dort vorkommen, wo natürliche Voraussetzungen für solche Bodenbelastungen vorhanden sind, z.B. in Untergeschossen.

Bei der Bücherspeicherung wird in den meisten Fällen ein sogenanntes Normalbücherregal in verschiedenen Ausführungen verwendet. Die Regaltiefe, die Zahl der Regalebenen, die Zahl der Bände pro laufendem Meter Regal, die Gangbreite zwischen den Regalen und die Ausbildung der Querkommunikation ist von entscheidendem Einfluß auf die Kapazität eines Büchermagazins.

Folgende Beispiele zeigen die Konsequenzen der Wahl verschiedener Achsabstände zwischen den Bücherregalreihen:

Bücherregalsektion:	Länge 90 cm, Tiefe 40 cm 7 Regalböden übereinander Kapazität 250 Bände pro Sektion.
Büchersammlung:	1 250 000 Bände
Alternative 1:	Ein Achsabstand der Regalreihen von 120 cm bedeutet, daß 1,2 m^2 Fläche pro Sektion benötigt wird.

Das Buchlager braucht also insgesamt 6 000 m^2 Fläche.

Alternative 2:	Ein Achsabstand der Regalreihen von 150 cm bedeutet, daß 1,6 m^2 Fläche pro Sektion benötigt wird.

Das Buchlager braucht also insgesamt 8 000 m^2 Fläche.

Bei einem angenommenen Quadratmeter-Preis von 1 000 Kronen (= DM 700.--) beträgt der Unterschied zwischen den Alternativen 2 000 000 Kronen (= DM 1 400 000.--).

Der Achsabstand der Regalreihen ist auch entscheidend für die Maßordnung eines Gebäudes. Damit Bücherregale und Stützen nicht miteinander in Konflikt kommen, ist ein Stützenabstand erforderlich, der ein Vielfaches des gewählten Regalabstandes beträgt.

Nach Studien von Regalen, Passagenbreiten und konstruktiven Maßordnungen in anderen Gebäudetypen ist der Multimodulraster 60 M x 60 M als Unterlage für diverse Typenplanungen gewählt worden. Dieser Raster läßt eine Aufstellung der Regale mit einem Achsabstand von 12 M und 15 M sowie z.B. von 30 M für Katalogschränke zu.

Zusammenfassung:

Die Kapazität eines Büchermagazins wird bestimmt von:

1. die Anzahl der Bände, die in einer Standardsektion untergebracht sind
2. von der Fläche, die jede Standardsektion einnimmt.

Die Zahl der Bände, die in einer Standardsektion untergebracht werden können, ist abhängig von:

a) der Höhe der Bücher und der Anzahl der Regale pro Sektion
b) der Dicke der Bücher
c) von der praktischen Beurteilung, wann eine Sektion voll ausgenutzt ist.

Der Flächenbedarf einer Standardsektion wird bestimmt von:

a) dem freien Abstand zwischen den Regalreihen
b) der Länge der Regalreihen
c) der Anzahl der Quergänge und deren Breiten
d) dem gemeinsamen Gebrauch von Quergängen für Magazin- und Leseplätze
e) der unprogrammierten Fläche.

Tabelle 3 Freie Maße zwischen Regalreihen und Länge von Gängen [1)]

Hauptsächliche Verwendung der Regale	Gangbreite		Ganglänge	
	min.	max.	min.	max.
Geschlossenes Magazin	60,0 cm	75,0 cm	9,0 m	18,0 m
Freihandmagazin für mehr als 1 Mill. Bände	77,5 cm	90,0 cm	7,2 m	10,8 m
Freihandmagazin für weniger als 1 Mill.Bände	82,5 cm	100,0 cm	4,5 m	9,0 m
Zeitschriftenmagazin Regaltiefe 45 cm	90,0 cm	125,0 cm	4,5 m	9,0 m
Referatesammlung Zeitschriftenraum	90,0 cm	150,0 cm	3,6 m	6,3 m
Spezialregale für Zeitschriften	105,0 cm	150,0 cm	3,6 m	6,3 m

1) Metcalf, K.D.: Planning academic and research library buildings

Gangbreiten:

60 cm muß als absolutes Minimalmaß betrachtet werden. Geringere Maße als 65 cm sind für Bücherwagen schwer zu schaffen, auch wenn der Verkehr nur gering ist. Die vorgeschlagenen Minimalbreiten sollten nur in Verbindung mit Minimallängen verwendet werden.

Ganglängen:

Diese sollten der Verfügbarkeit der zugänglichen Fläche angepaßt werden. Die vorgeschlagenen Maximallängen sollen nur in Verbindung mit den Maximalbreiten verwendet werden.

Tabelle 4 Freie Maße von Quergängen 1)

Hauptsächliche Verwendung der Regale	Hauptkommunikation		Seitenkommunikation	
	min.	max.	min.	max.
Geschlossenes Magazin	90 cm	135 cm	75 cm	105 cm
Freihandmagazin	120 cm	150 cm	90 cm	120 cm
Freihandmagazin mit hoher Belastung und Magazingängen von 9 m oder mehr	135 cm	180 cm	97,5 cm	135 cm

Die Maße der Bücherwagen sind von entscheidender Bedeutung für die Wahl der Maße und der Zahl der Kommunikationsführungen. Die Minimalmaße von Quergängen dürfen nicht mit Minimalmaßen von Regalgängen kombiniert werden.

Aus Gründen der Flexibilität sollen Bücherregale usw. in beiden Richtungen eines Magazins angeordnet werden können.

---

1) Metcalf, K.D.: Planning academic and research library buildings

Transport- und Bearbeitungsmethoden in Verbindung mit der Buchbearbeitung in der Leihstelle

In Verbindung mit den Bücher-Routinen innerhalb der Leihstelle (und der evtl. Fachgruppenstellen) entstehen drei Transport- und Bearbeitungsprobleme, die von Bedeutung für die Dimensionierung der Bibliothek sind:

- der Transport von Buchbestellungen zwischen der Leihstelle (den Fachgruppenstellen) und dem geschlossenen Magazin
- Buchtransporte zwischen der Leihstelle (Fachgruppenstellen) und dem geschlossenen Magazin
- Bearbeitung und Transport von zurückgegebenen Büchern.

Buchbestellungen:

Eine direkte Rohrpostverbindung zwischen der Leihstelle (Fachgruppenstellen) und, in erster Linie, der Magazinabfertigungsstelle dürfte beim heutigen Stand der Technik die geeignetste Art sein, Bestellungen zu transportieren. Bei größeren Anlagen sollte auch eine Anzahl von Gebietsstationen im geschlossenen Magazin angeordnet sein.

Die Zukunft kann neue technische Ausstattungen anbieten (z.B. ein Bestellungssystem auf Computerbasis, das gleichzeitig die Ausleihe registrieren kann), das eine noch schnellere Übermittlung der Buchbestellungen ermöglichen kann.

Buchtransporte von und zum Magazin:

Eine der wichtigsten "Adern" für Buchtransporte ist die zwischen der Leihstelle und dem geschlossenen Magazin. Die Funktionstauglichkeit dieser Ader und die Geschmeidigkeit des Buchbestellungssystems ist von großer Bedeutung für die Kapazität der Leihstelle.

Die Wartezeit des Benutzers für ein bestelltes Buch ist Maßstab für das Dienstleistungsvermögen der Bibliothek.

Bestellte und zurückgegebene Bücher können auf verschiedene Weise zwischen der Leihstelle und dem geschlossenen Magazin transportiert werden:

- auf Bücherwagen über Personen- oder Bücheraufzüge
- mit Bandtransportanlagen
- mit Hochkanttransportanlagen
- mit Kastentransportanlagen.

Bei der Personen- oder Bücheraufzug-Alternative ist eine große Fläche für Bücherwagen erforderlich sowie ein größerer Personaleinsatz, verglichen mit den übrigen Transport-Alternativen, bei denen die Bücher in beiden Richtungen auf diesen transportiert werden sollen.

Bei der Bandtransport-Alternative werden die Bücher auf dem Band zur Leihstelle transportiert, während zurückgegebene Bücher auf Bücherwagen zum Magazin transportiert werden. Auch hier ist Stellfläche für Bücherwagen erforderlich.

Hochkant- und Kastentransportanlagen sind für Hin- und Rücktransport konstruiert worden. Ein solch avanciertes System muß soviel wie möglich ausgenützt werden. Zurückgehende Lastenträger müssen für den Transport von zurückgegebenen Büchern verwendet werden.

Abschließend kann gesagt werden, daß die Art der Bearbeitungs-Routine für die Leihbestellungen und die übrigen Routinen innerhalb der Leihstelle von großer Bedeutung dafür sind, daß die mechanischen Transportanlagen wirklich effektiv werden.

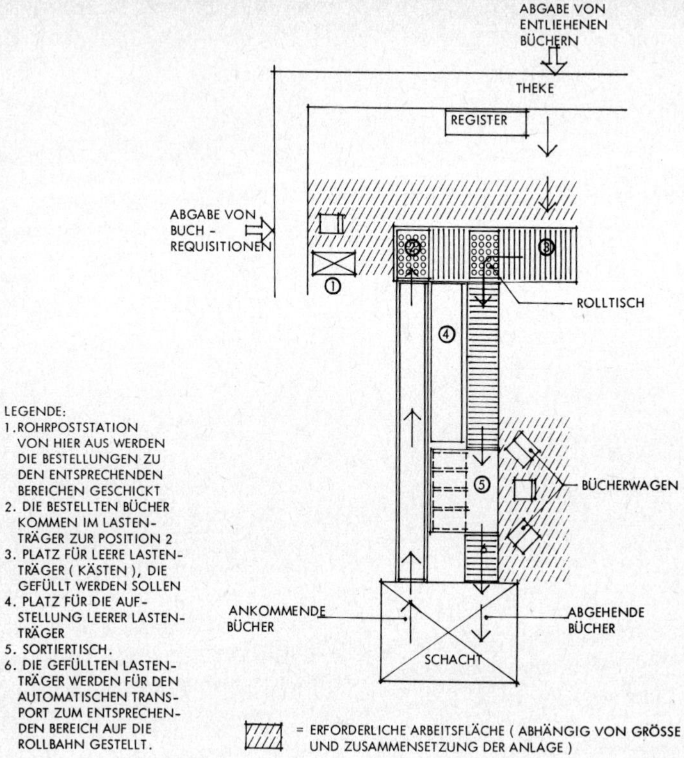

Abb.59 Beispiel einer Anordnung eines Teils der Leihstelle an Bibliotheken mit Kastenförderbandanlage

Bearbeitung und Transport von zurückgegebenen Büchern:

Bei den Leihstellen in kleineren Bibliotheken werden die zurückgegebenen Bücher direkt sortiert und auf Bücherwagen für die betreffenden Fachgebiete gestellt. Für diese Bücherwagen ist Stellfläche in direktem Anschluß an Theke und Register vonnöten. Die Bücherwagen werden regelmäßig zu den entsprechenden Fachgebieten gefahren, wo das Einstellen geschieht.

Bei den Leihstellen in größeren Bibliotheken, in denen keine mechanischen Transportanlagen zu finden sind, kann eine Anordnung aufgrund der folgenden Abbildung eine Möglichkeit zur Vereinfachung der Sortierungsarbeit bedeuten, bevor die Bücher auf Bücherwagen zu den entsprechenden Fachgebieten gefahren werden.

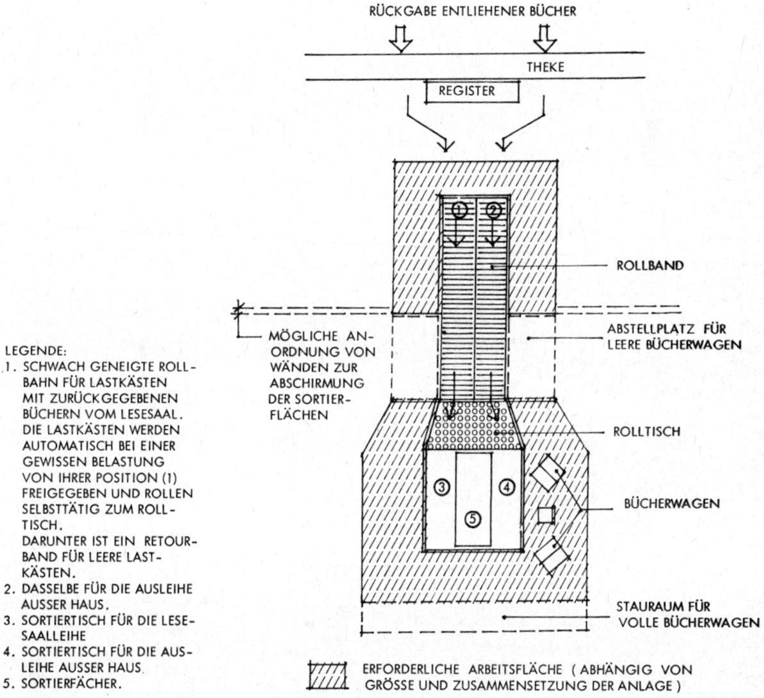

Abb.60 Beispiel einer Anordnung zum Sortieren zurückgegebener Bücher bei Leihstellen ohne mechanische Transportanlage

In einem vollständig durchgeführten Transportsystem sollten sämtliche Funktionen, die in den Leihprozeß eingeschaltet sind, mit Transportanordnungen für Bücher und Bestellungen gekoppelt sein. Ein Beispiel einer solchen Anlage zeigt die nächste Abbildung. An das Transportsystem sind noch weitere angeschlossene Funktionen denkbar, z.B. Packraum, Abteilung Erwerb und Abteilung Buchpflege.

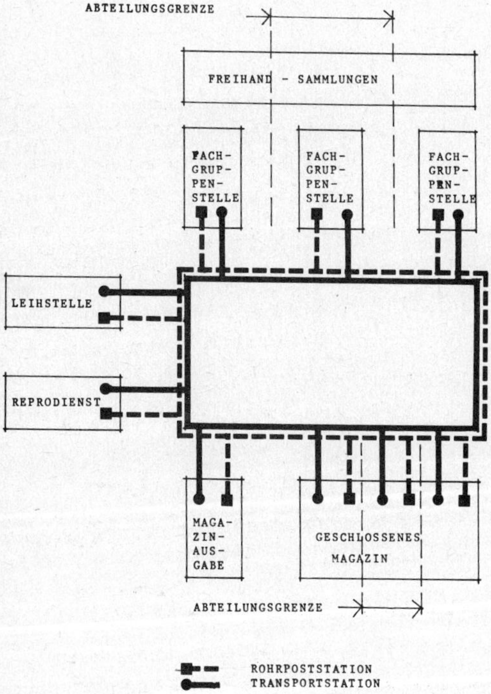

Abb.61 Prinzipschema für mechanische Transport- und Rohrpostanlagen bei größeren Bibliotheken

Audiovisuelle Ausstattung

"Der Zugang zu einer Bibliothek - oder nunmehr fast einer Mediothek - mit allen den Lehrmitteln, die der Studierende für seine Studien gebrauchen kann, ist entscheidend für ein erfolgreiches Studium. Im Anschluß an diese Bibliothek müssen genügend Arbeitsplätze für die Studenten vorhanden sein, sowohl für die planmäßig Studierenden als auch für die Gast-Studierenden und Aufbaustudenten." [1)]

Der Bedarf an audiovisueller Ausstattung (technischen Hilfsmitteln) nimmt innerhalb der Universitäts- und Hochschulausbildung durch das Anwenden von modernen Lehrmitteln und durch zunehmende Vertrautheit der Lehrer mit diesen Mitteln rasch zu.

In den letzten Jahren hat, durch eine umfassende zentrale Einführung, unter anderem die Zahl der Arbeitsprojektoren, Kleinbildprojektoren und Tonbandgeräte in den Lehranstalten in großem Maße zugenommen. Es wird erwartet, daß diese Ausstattung vor allem durch solche Apparaturen ergänzt wird, die die individuelle Arbeit der Schüler mit dem Studienmaterial erleichtern können. Solch kleinere mobile Apparate gibt es in einer Vielzahl mehr oder minder geglückter Ausführungen - im Prinzip so funktionierend, daß die Bild- und Toninformation dem Schüler integriert übermittelt wird. Gewisse Apparate können neben der Information Fragen stellen, die vom Schüler beantwortet werden müssen; die richtige Antwort wird nochmals präsentiert.

Auch komplizierte Systeme mit Computern, Schreibmaschinen und Bildschirmen sind für diesen Zweck konstruiert worden. Die Lehrlaboratorien (auch für andere Fächer als sprachliche) werden eine bevorzugte Rolle in der künftigen Aus-

---

1) aus: "Den Akademiska Undervisningen", Prinzipdenkschrift, herausgegeben von der universitäts-pädagogischen Ermittlungsbehörde UPU, 1970

bildung spielen. Umfangreiche Versuche wurden betrieben und haben positive Resultate erzielt. Der Versuchsbetrieb wird fortgesetzt; zur Zeit läuft eine Untersuchung mit dem Ziel, Schülerstationen zu konstruieren, die flexibel anwendbar, bequem und von einer zentral angeordneten Programmquelle aus fernsteuerbar sind, z.B. Bandspielgeräte für Bild und Ton. Diese Entwicklung ermöglicht eine Dezentralisierung der Schülerstationen zu Institutionen, Bibliotheken usw. Weitere Versuche werden gleichzeitig auch visuellen Einsatz in Kombination mit anderen Medien umfassen (Lehrbücher, Arbeitsinstruktionen und anderes gedrucktes Material).

Die oben genannte Entwicklung kann als ein Schritt zu einem komplizierteren Anlagensystem gesehen werden, indem man von der Schülerstation aus über einen Computer Ton- und Bildprogramme von einer Programmbank erstellen kann ("Dial Access Information Retrieval Systems").

Es ist denkbar, daß die Schülerstationen mit einem Steuersatz für Mentometeranlagen mehr oder weniger komplexer Ausführung versehen werden. Dies gibt dem Schüler die Möglichkeit, auf Auswahlfragen, die zu einem vorprogrammierten Material gehören, zu antworten, indem er auf den richtigen Knopf drückt. Die Antwort kann registriert werden, danach wird die richtige Antwort für den Schüler präsentiert.

Die Entwicklung auf dem Gebiet der Lehrmittel geht schnell voran und die Ausstattung wird immer fortschrittlicher. Im Hinblick auf die schnelle Entwicklung hat UPU vorgeschlagen, daß Mittel für Untersuchungen zur Verfügung gestellt werden, welchen Platz der Computer in der Lehre einnehmen wird. Zu Beginn ist wahrscheinlich die wichtigste Anwendung die Konstruktionsarbeit von selbstlehrendem Material sowie das Korrigieren von Prüfungen, aber man kann auch eine erhöhte Anwendung von Computern, z.B. für die Darbietung des Stoffes bei programmiertem Unterricht, voraussehen.

Die Verwendung von Fernsehen im Unterricht wird immer üblicher. Die Entwicklung von leichten und preiswerten Apparaturen für die Wiedergrabe von Programmen, z.B. Kassettenvideobandgeräten, EVR, RCA, Selektavision usw., bedeutet sicherlich, daß die Anwendung von Fernsehen im Unterricht noch zunimmt.

Lehrmittelzentralen sind bei sämtlichen Lehranstalten im Aufbau. An Lehrmittelzentralen wird eine Menge audiovisuellen Materials wie Diabilder, Film, Ton- und Videobänder produziert. Auch gibt es solche Lehrmittel und die dazugehörenden Apparaturen zum Ausleihen.

Ein großer Teil dieses Materials für den Unterricht muß von Interesse sein für

- Lehrer, die das Material produziert haben und für Lehrer, die bei der Produktion nicht beteiligt waren, aber dieses Material zu leihen oder zu kaufen wünschen
- Schüler
- Ermittler, Forscher, Verwalter usw.

Als Beispiel einer Lehrmittelzentrale kann die Planung für die Hochschule von Linköping genannt werden, wo ein Fernsehstudio sowie eine gemeinsame Aufnahmezentrale für Videobandprogramme errichtet wird (Raum für zentral aufgestellte Bandgeräte, von welchen die Programme über das gesamte Lehrinstitut gesendet werden können). Im Anschluß an die Lehrmittelzentrale befinden sich Archive für Video- und Tonbänder.

Lehrmittelzentralen, Studiozentralen für Video- und Tonband und Datenzentralen mit oder ohne Anbindung an das Reichsnetz werden mit Sicherheit die Organisation und die

Ausbildung der Universitätsbibliothek beeinflussen. Wahrscheinlich können Rationalisierungsgewinne erzielt werden in bezug auf Räume, Ausstattung und Personal, wenn eine gemeinsame Ausstattung und gemeinsame Archivräume für Video-, Ton- und Datenbänder, Film sowie Diabilder für den gemeinsamen Gebrauch der Hochschule verwendet werden.

Durch die Computertechnik, die Verwendung von Mikrofilm, Mikrokarten, Übermittlung über weite Strecken usw. kann es möglich werden, daß die Verwendung jeder Information erhöht wird und Grenzen und geographische Lage der Bibliothek aufgehoben werden können und vielleicht das eigene Heim oder das Institut zu einem ebenso anwendbaren Platz für die Lehre und die Forschung gemacht werden können wie die Universitätsbibliothek.

Wenn in Zukunft der größte Teil der Information auf Band oder Mikrofilm archiviert und in Computer eingespeist werden wird und wenn die Informationen über Terminals zu Hause im Studentenheim, in Lehrräumen, an Instituten oder in anderen Räumen empfangen werden können, getrennt von der Stelle, wo die Information archiviert wird, und wenn ferner die Information über lange Strecken zum Nutzer übermittelt werden kann, mag es unlogisch werden, teure Gebäude für die Archivierung von nicht-existierenden Büchern und deren Leser zu planen.

Die Frage ist folglich bei der Planung:

- Wie wahrscheinlich ist dieses Zukunftsbild?
- Wird dies alle Typen von Information in allen Typen von Bibliotheken, im kleinen wie im großen betreffen?
- Wird es ökonomisch und praktisch sein, dies auf solche Weise zu lösen?
- Wie schnell wird diese Entwicklung vonstatten gehen?

Die Literatur wird mit Sicherheit ihre Rolle während einer überschaubaren Zeit beibehalten. Die erweiterte Verwendung von technischen Hilfsmitteln wird jedoch sukzessive Forderungen an Bibliotheksgebäude stellen. Diese Veränderungen sollen dadurch erleichtert werden, daß Bibliotheken so geplant werden, daß ihre Systeme der Kanalisation, Klimatisierung und Beleuchtung veränderbar und ausbaufähig für neu hinzukommenden Ausstattungsbedarf sind.

ANHANG A

TEIL 2:

UNIVERSITÄTSBIBLIOTHEKEN

TRAGENDE UND ERGÄNZENDE BAUTEILE

aus: UV-INFORMATION Nr. 81
UV-projekt 3040, Universitetsbibliotek
Jansson, Berndt, Byggnadsstyrelsen:
Utvecklingsbyrån, 14.5.71

INHALTSÜBERSICHT

1. Allgemeines.

In diesem Abschnitt werden die Anforderungen behandelt, die man an die tragenden Teile eines Gebäudes für eine Hochschulbibliothek stellen muß und welche Konsequenzen diese Anforderungen mit sich bringen. Konstruktionen aus vorgefertigten Betonelementen, aus Stahl und aus Ortbeton wurden auf ihre Dimensionen und ihre Wirtschaftlichkeit hin untersucht. Die Größe der Nutzlasten wurde ermittelt und allgemeine Gesichtspunkte für die Wahl von Konstruktionssystemen wurden nachgewiesen.

2. Das Einwirken des Flexibilitätsbedarfs auf die Konstruktion.

Flexibilität während der Planungs- und Bauzeit ist notwendig, damit Veränderungen im Programm und in den Voraussetzungen befriedigt werden können. Flexibilität während der Benutzung wird gebraucht, damit sich das Gebäude an die verschiedenen Funktionen und Benutzungsformen, an die Installation, an die Raumabgrenzung usw. anpassen kann und damit Gebäudefunktion, Nutzungsform, Installation und die Möglichkeiten der Raumabgrenzung veränderbar bleiben.

Um diese Flexibilitätserfordernisse befriedigen zu können, ist von der Konstruktion und von den Konstruktionsteilen zu fordern:

<u>Eine Modul- und Maßordnung</u>, so daß Konstruktionsteile ausgetauscht werden können ohne Rücksicht auf Herstellungsart, Materialart usw. und ohne daß anschließende Bauteile betroffen werden.

<u>Eine Unterscheidung</u> zwischen Raumabgrenzungen, Installationen, zwischen der festen Einrichtung und der Konstruktion. Veränderungen innerhalb dieser Gruppe sollen keine Eingriffe in die Konstruktion mit sich bringen.

Anschlußmöglichkeiten. Die Konstruktion soll generelle Anschlußmöglichkeiten für Bauteile und Installationen anbieten, die eventuell ausgetauscht werden können.

Anpassungsfähigkeit. Die Konstruktion soll künftige Eingriffe und Veränderungen, Anbauten und Abbrucharbeiten zulassen.

3. Das Einwirken des Funktionsbedarfs auf die Konstruktion.

Horizontales Tragwerk.
Das horizontale Tragwerk soll so dimensioniert werden, daß es eine wahlweise Anordnung von Bücherregalen ermöglicht. Erforderliche Schächte für Installation und Transporteinrichtungen sollen aufgenommen werden können. Auf die Größe der Schächte und die Lage im Grundriß wird an anderer Stelle eingegangen.

Vertikales Tragwerk.
Der Konstruktionsmodul soll bei kleinen Spannweiten (l kleiner als 72 M) ein Vielfaches des Achsabstandes der Bücherregale betragen. Die Dimensionen der Stützen sollen den Maßen der Bücherregale angepaßt werden.

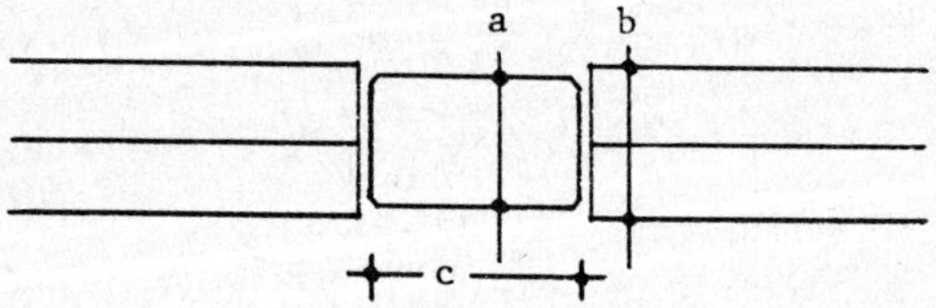

a ≤ b

c wird der Länge der Regalsektion angepaßt.

Abb.62 Stützenanordnung zwischen Bücherregalen

Bei großen Spannweiten (l größer als 96 M) ist das vertikale Tragwerk nicht von der Aufstellung der Bücherregale abhängig. Der gewählte Achsabstand der Bücherregale sollte jedoch auch in diesem Fall als Ausgangspunkt bei der Bestimmung des Konstruktionsmoduls und bei der Dimensionierung der Stützen verwendet werden.

Akustische Anforderungen.
Die Konstruktion der tragenden Teile soll einen gewissen akustischen Minimalstandard ermöglichen (siehe Abschnitt 5.7 Schallisolierung).

4. Maße der Konstruktionselemente.

Für die Maße der Konstruktionselemente gelten die Regeln, die in den KBS-Anweisungen und in den SIS-Normen enthalten sind. In den Konstruktionsbeispielen wurden diese Anweisungen befolgt. Eine Ausnahme ist, daß die Höhe am Auflager der Flanschträger gemäß KBS und gemäß dem Standard der Betonelementfabriken ein Vielfaches von 0,5 M beträgt. Dies hat zur Folge, daß die freie Höhe unter dem Träger ein Vielfaches von 0,5 M wird, was nicht mit den KBS-Anweisungen übereinstimmt. Diese schreiben vor, die freie Höhe unter dem Träger müsse ein Vielfaches von 1 M betragen.

5. Technische Erfordernisse.

5.1 Nutzlasten.

Gewicht der Bücher. In SBN/67 ist das Gewicht der Bücher mit 800 kp/m^3 angegeben. Das normale Bücherregal hat die Maße Breite x Höhe x Länge = 25 x 33 x 100 cm. Nach amerikanischen Untersuchungen [1] ist ein Bücherregal bei mittlerer Arbeitskapazität in der Normalbibliothek bis zu 75 % gefüllt; ein 68%iger Füllungsgrad ist die maximale Arbeitskapazität bei systematischer Aufstellung. Eine Normalsammlung besteht zu 90 % aus Büchern, die 27,5 cm hoch sind oder kleiner.

---

1) Metcalf, K.D.: Planning academic and research library buildings. Mc Graw-Hill, New York, 1965

Mit dem Abzug für das normale Paßmaß und das Bücherregal wird das Buchgewicht pro laufenden Meter Regal mit den genannten Voraussetzungen erzielt.

800 x 0,23 x 0,275 x 1,0 x 0,86 = 43,5 kp/m.

Tabelle 5 Buchgewichte

Quelle	Gewicht von 1 m Bücher in kp
Berechnungen laut SBN 67	43,5
Svenska Slöjdföreningens Bohagsinstitut 1965 Nr. 19	
Nachschlagewerk 18 x 25 cm	38
Telefonkataloge 21,5 x 27 cm	40
Bücher mit 19 bis 20 cm Tiefe und verschiedener Höhe	40
Bücher mit 22 bis 23 cm Tiefe und verschiedener Höhe	52
Königliche Bibliothek, Stockholm, durchschnittliche Berechnung	30 - 45
Möbelinstitut, Durchschnitt	36
Deutsche Anweisungen, Neufert	ca. 35
Englische Untersuchung, The Architects' Journal, March 1968	30 - 35
Elektrolux	40
Lundqvists Schreinereien AG	ca. 35

Gewicht der Bücherregale.

Elektrolux, Stahl	ca.10 kp/lfdm Regalebene	Einzelregal
Lundqvist, Holz	ca. 7 kp/lfdm Regalebene	Einzelregal
Pohlschröder, Stahl	ca.10 kp/lfdm Regalebene	Einzelregal

Dimensionierendes Bücherregalgewicht.

Gewicht der Bücher pro m Einzelregalreihe	30 - 45 kp/m
Gewicht des Regals pro m Einzelregal	10 kp/m
	40 - 55 kp/m

Das dimensionierende Gewicht von Büchern + Regal pro m Einzelregalreihe wird mit 50 kp/m angenommen.

Last zwischen den Regalen.

Die Nutzlast zwischen den Bücherregalen soll gemäß SBN-67 mit 200 kp/m^2 angenommen werden.

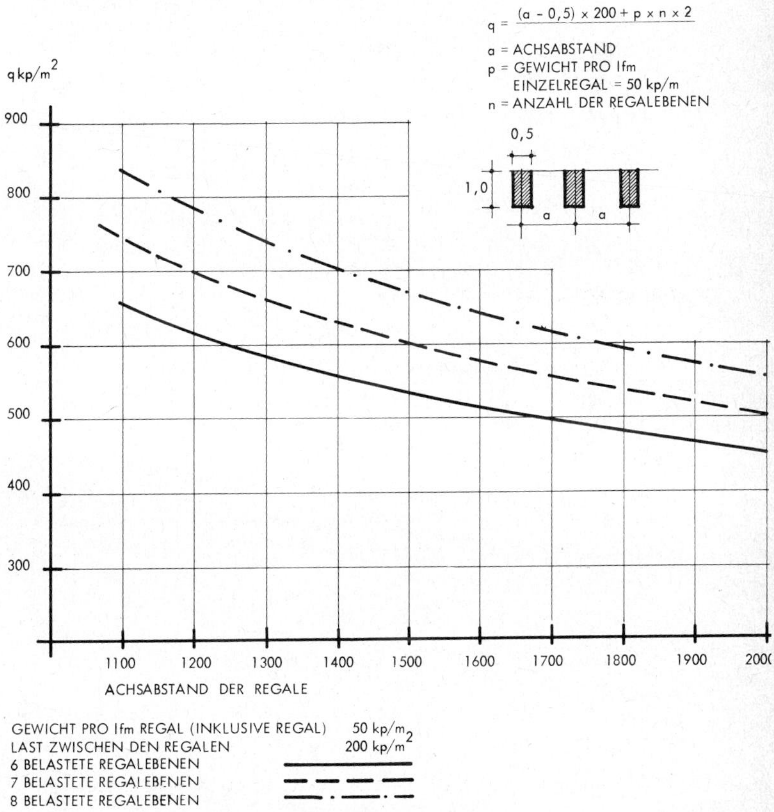

Abb.63 Nutzlast bei unterschiedlichem Achsabstand und unterschiedlicher Regalanzahl

Ausländische Lastbestimmungen.

Großbritannien:	British standard code of practice Nr. 1967, Bibliotheken	
Regalräume	245 kp/m^2	für jeden m Raumhöhe, jedoch mindestens 663 kp/m^2
Leseräume	255 kp/m^2	
Öffentl.Büchereien	408 kp/m^2	

Die britischen Bestimmungen ergeben folgende Lasten bei verschiedenen Raumhöhen:

Raumhöhe	Last in kp/m^2
2.70 m	663 kp/m^2
2.80 m	685 kp/m^2
2.90 m	710 kp/m^2
3.00 m	735 kp/m^2

Kanada:	National building code of Canada, 1965, Tabelle 4.1.3.A	
Büchereien	150 lb/sqf	(735 kp/m^2)
Leseräume	60 lb/sqf	(294 kp/m^2)

Deutschland: Hochschulplanung, Band 3, 1970, Tragwerksystem, 43. Verkehrslast.

"Die Nutzlast in Hochschulgebäuden soll im allgemeinen 750 kp/m^2 betragen. Diese Lastengröße ist sowohl in Bibliotheken als auch in naturwissenschaftlichen Laboratorien erforderlich."

Tabelle 6 Zusammenstellung von Nutzlasten bei verschiedenen Objekten

Universitätsbibliotheken	Nutzlasten	Bemerkungen
Edinburgh	1 100 kp/m²	Decke dimensioniert für Kompaktusaufstellungen
Warwick	735 kp/m²	
York	735 kp/m²	
Lancaster	735 kp/m²	
Essex	585 kp/m²	
Nottingham	735 kp/m²	
Liverpool	635 kp/m²	
Dublin	635 kp/m²	
Freiburg	700 kp/m²	Angabe unsicher
Umeå	400 kp/m²	
Frescati, Stockholm	800 kp/m²	Die Last wird um 20 % an den Stützen reduziert

Kompaktusaufstellung.

Abhängig vom Typ des archivierten Materials, der Regalzahl usw. variiert die erforderliche Nutzlast in Räumen für Kompaktusaufstellungen von 700 kp/m² (Bücher, wenige Regalebenen) bis 1 500 kp/m² (Lochkarten, Stahlschränke). Die Verteilung der Last ist so groß, daß eine generelle Anweisung hinsichtlich der Nutzlast nicht gegeben werden kann, da eine ökonomische Dimensionierung der Konstruktion geschehen soll. Die aktuellen Lasten müssen in jedem Fall einzeln ermittelt werden. Bei der Bestimmung der Nutzlasten in Kompaktusmagazinen müssen die Empfehlungen der Arbeitsschutzbehörde bezüglich der Gewichte beweglicher Archivteile (maximal 20 Mp) beachtet werden.

Nutzlasten. Zusammenfassung.

Voraussetzungen.

Die Decken in Gebäuden für Universitätsbibliotheken sollen für eine Nutzlast dimensioniert werden, die die Aufstellung von Bücherregalen mit einem wahlfreien Achsabstand bis zu 1,20 m ermöglicht. Von Bücherregalen mit 7 belasteten Regalebenen ist auszugehen.

Lastannahme.

Die Nutzlast in Gebäuden für Universitätsbibliotheken soll mit 250 kp/m^2 für jeden m Raumhöhe angenommen werden, jedoch mit mindestens 700 kp/m^2. Die Lasten sollen als bewegliche Lasten betrachtet und nicht reduziert werden. In ein und demselben Gebäude sollen nicht ohne besondere Gründe verschiedene Lastannahmen vorgenommen werden.

5.2 Deformationen.

Allgemeines.

Bei der Anwendung von Beton und Bewehrungen mit hohen zulässigen Belastungen können die Deformationen mitunter bedeutend werden. Die geltenden Bestimmungen für Betonkonstruktionen enthalten keine präzisen Angaben hinsichtlich der zulässigen Deformationen, nur Prinzipien dafür, wie diese berechnet werden sollen. In den Stahlbaunormen sind die Erfordernisse der Deformationsbegrenzung angegeben.

Zulässige Deformationen.

Die Größen der zulässigen Deformationen werden konstruktiv bestimmt durch:

a) das Risiko für Schäden an Bauteilen, die zum tragenden System gehören oder damit verbunden sind, z.B. bei Schienen im Fußboden für Kompaktusarchive, Zwischenwände
b) Funktionserfordernisse, z.B. Schallisolierung
c) die Ausführung von Fugen zwischen verschiedenen Bauteilen
d) ästhetische Ansprüche.

Deformationsbegrenzende Anforderungen.

Die Deformationen sollen so begrenzt werden, daß Funktion und Beständigkeit des Gebäudes nicht aufs Spiel gesetzt werden. Ein Gebäude für eine Universitätsbibliothek kann im Hinblick auf die Größe der zulässigen Deformationen mit Bürogebäuden verglichen werden; spezielle, hohe Anforderungen an eine Begrenzung der Deformationen gibt es nicht.

Für Stahlkonstruktionen gilt, daß die berechnete Durchbiegung durch die Nutzlasten bei gewöhnlichen Lastfällen 1/400 der Spannweite nicht übersteigen darf (SBN/S26:44). Bei Betonkonstruktionen kann gefordert werden, daß die Summe der Durchbiegung durch Eigengewicht und Nutzlast 1/500 der Spannweite nicht übersteigen darf.

5.3 Brandschutz.

Allgemeines.

Zwei- oder dreigeschossige Gebäude für Universitätsbibliotheken müssen als brandsichere Gebäude ausgeführt werden.

Brandbelastung.

Büchermagazine bekommen im Normalfall eine sehr hohe Brandbelastung - mehr als 100 Mcal/m^2 -, falls die in SBN/67, Kapitel 37:121 angegebenen Vorschriften angewandt werden. Laut Staatlicher Materialprüfungsanstalt kann man jedoch voraussetzen, daß ein Brand bei dicht gelagerten Büchern einen wesentlich langsameren Verlauf nimmt als ein normaler Zimmerbrand. Durch Beratungen mit dem Staatlichen Planwerk und gemäß SBN/67, Kapitel 37:22 müssen jedoch Bauteile in Gebäuden für Universitätsbibliotheken in der brandtechnischen Klasse gemäß SBN/67, Tabelle 37:22, Spalte 4 ausgeführt werden (mehr als 25 und maximal 50 Mcal/m^2), falls die Voraussetzungen gegeben sind, daß ein Brand wahrscheinlich innerhalb von 60 Minuten nach Ausbruch vollständig bekämpft werden kann. Solche Voraussetzungen können als gegeben betrachtet werden, wenn

a) ein automatischer Feuermelder und eine direkte Alarmanlage bei der Feuerwehr installiert werden

b) der Bau in die Gruppe 1 gemäß SBN/67, Kapitel 37:112 aufgenommen werden kann, was bedeutet, daß das Gebäude so gelegen sein muß, daß die Einsatzzeit der Feuerwehr 5 - 10 Minuten beträgt

c) Feuermelder außerhalb des Hauses in Absprache mit der Feuerpolizei installiert werden

d) Handfeuerlöscher systematisch in Verbindung mit Leseplätzen und Fluchtwegen angebracht werden.

5.4 Die Ausbildung der Außenwände im Hinblick auf befeuchtete Lüftung.

Es wird vorausgesetzt, daß die Ventilationsluft für verschiedene Räume befeuchtet wird, z.B. für Lesesäle, Büchermagazine, Datenzentralen, Räume zur Lagerung von Magnetbändern usw. Die Befeuchtung der Ventilationsluft in einem Gebäude hat in vielen Fällen zu Feuchtigkeitsschäden an den Außenwänden geführt. Die Feuchtigkeitsschäden haben sich als Kondens an der Innenseite der Außengläser von Fenstern und als Kondens an der Innenseite der Fassadenplatten gezeigt und hatten Eisbildung und Salzausblühungen zur Folge. Der Wert für die relative Feuchtigkeit und Temperaturen ist im Abschnitt "Installationen" angegeben. Für die Konstruktionen von Außenwänden wird ferner auf den KBS-Bericht Nr. 58, Außenwände, hingewiesen.

5.5 Gründung.

Gebäude für Universitätsbibliotheken werden künftig Konstruktionen mit dünnem vertikalen Tragwerk und, im Verhältnis zum Eigengewicht, großen Nutzlasten aufweisen, die während der Benutzungszeit sukzessive auftreten. Dies bedeutet große konzentrierte Lasten auf die Grundkonstruktion und eventuelle Setzungen.
Deshalb und im Hinblick auf die Ausbildung der Konstruktion soll die Gründung auf Fels oder Grundmoränen geschehen, direkt oder mit Pfählen und Plinthen. Falls eine Gründung hauptsächlich mittels flacher Platten durchgeführt wird, soll eine genaue geotechnische Untersuchung, ergänzt durch Setzungsberechnungen, ausgeführt werden. Die Nutzlasten dürfen bei der Berechnung der Grundkonstruktion nicht reduziert werden. Der Grundwasserspiegel soll tiefer liegen als die tiefste Ebene, die als Buchmagazin verwendet werden kann.

5.6 Stabilisierung gegen fortschreitende Rutschungen.

Konstruktionsprinzipien.

Die gesamten stabilisierenden Funktionen für ein Gebäude werden auf zwei oder mehrere Systeme verteilt, wovon eines entfallen können muß, ohne daß fortschreitende Rutschungen auftreten. Der Zusammenhalt in den Fugen zwischen den konstruktiven Elementen soll so groß sein, daß das Risiko für ein Abstürzen von Elementen eliminiert wird (Kartenhauseffekt).

Konsequenzen.

Elementkonstruktionen haben wegen ihres Systemaufbaus eine geringere Sicherheit als Ortbetonkonstruktionen, die im allgemeinen mehrfach statisch unbestimmt sind und in ihren monolithischen, berechnungsmäßig nicht in Anspruch genommenen Anschlüssen eine Sicherheitsreserve besitzen. Wenn es gilt, eventuelle Sicherheitsreserven in einer Katastrophensituation auszunützen, hat also, verglichen mit montierten Konstruktionen, die Ortbetonkonstruktion offenbare Vorteile. Letztere hat jedoch durch die Möglichkeiten der Kraftübertragung - beispielsweise durch Aufbetonieren - Vorteile im Vergleich zu frei aufgelegten Konstruktionen. Es hat sich auch bei eingetretenen Unglücksfällen erwiesen, daß Deckenkonstruktionen mit einem guten Zusammenhalt in allen Richtungen ein Fortschreiten von Rutschungen verhindern konnten. Bei der Dimensionierung von Elementkonstruktionen müssen also die Verbundstellen von Bauteilen, die Knotenpunkte, besonders beachtet werden. Das Zusammenwirken in der Längsrichtung der Tragwerkelemente kann durch Aufgießen von Beton und durch eine Kontinuitätsbewehrung über den Stößen (Typ TTK) erzielt werden. Um das erforderliche Zusammenwirken in Querrichtung der Tragwerkelemente zu erzielen, können z.B. Zugglieder verwendet werden.

5.7 Schallisolierung.

Allgemeines.

Die Qualitätsanforderungen hinsichtlich Akustik, Lärm- und Schallisolierung sind im Abschnitt 7 angegeben.

Schallfragen.

Zusammenfassend bedeuten diese Forderungen, daß die Konstruktion so ausgeführt werden soll, daß man überall sowohl in Seitenrichtung als auch in Vertikalrichtung

Ia = 48 dB und

Ii = 68 dB mit leichten Zwischenwänden erfüllen kann.

Schallisolierung.

Für die meisten Deckentypen werden die Schallisolierungseigenschaften von der geringsten Stärke der Druckplatte bestimmt (Beispiel: Plattenstärke zwischen den Trägern bei TT-Decken und Rippendecken). Ausnahmen sind Hohlkörperdecken und Kassettendecken mit dichten Versteifungen in zwei Richtungen, wo die ganze Deckenkonstruktion zusammenwirkt, vgl. SBN/S 34:627. Damit ein Ia-Wert von 48 dB sowohl in vertikaler als auch in horizontaler Richtung zustande kommen kann, kann bei überschlägiger Berechnung der Konstruktion die erforderliche Stärke der Druckplatte (inklusive Estrich) mit 15 cm angenommen werden. Wenn auf den Typ der Zwischenwände, auf die abgehängte Decke sowie auf Bodenbelag, Fassade und Konstruktionssystem Rücksicht genommen wird, kann das Schallisolierungsvermögen der Decke genau beurteilt werden und

Ia = 48 dB in günstigsten Fällen bei einer Plattenstärke von 10 - 12 cm erreicht werden.

Trittschallniveau.

Decken mit hartem Bodenbelag erbringen eine sehr geringe Trittschallisolierung (hohes Trittschallniveau). Um die Anforderung an das Trittschallniveau von Il max = 68 dB erfüllen zu können, muß ein weicher Bodenbelag verwendet werden. Bei der Dimensionierung der Decken soll ein Bodenbelag mit Textilteppich vorausgesetzt werden, was bedeutet, daß die erforderliche Stärke bei einer Betondecke 10 - 12 cm beträgt.

6. Lebensdauer und Wirtschaftlichkeit der Konstruktion.

Eine im Hinblick auf Funktions- und Flexibilitätserfordernisse ausgeführte Konstruktion wird teurer als eine Konstruktion, die nur mit den geringsten Produktionskosten als Ausgangspunkt ausgeführt wurde. Diese Verteuerung ist jedoch von geringer Bedeutung, da sie dazu führt, daß die Funktion des Gebäudes verbessert, die Betriebskosten vermindert und Veränderungen erleichtert werden. Modulstandardisierung bedeutet eine stufenweise Variation der Maße der Konstruktionselemente, was zu einer Überdimensionierung und dadurch zu einer Kostenerhöhung führt. Diese Kostenerhöhung soll kompensiert werden durch eine rationelle Produktion, die auf längere Sicht einen Gewinn mit sich bringt.

Eine schematische Darstellung der Baukosten und ihre Verteilung beleuchtet diese Fragen (vgl. KBS-Bericht Nr. 12).

In Abbildung 64 wird eine grobe Abschätzung der Abschreibungszeiten und der Kosten in Prozent der totalen Baukosten für die Bauteile eines Universitätsbibliotheksgebäudes gegeben.

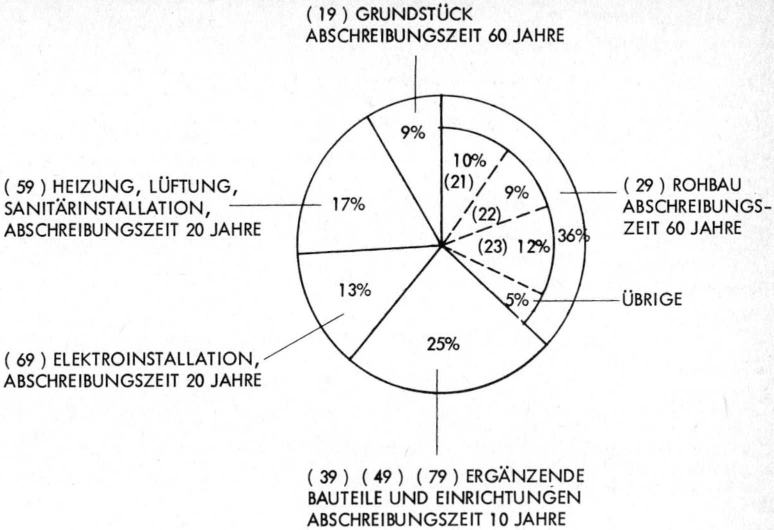

Abb.64 Verteilung der Baukosten und geschätzte Abschreibungszeiten

Die Verteilung der Kosten innerhalb (29) Rohbau, kann grob vereinfacht werden auf:

(21) Außenwände (auch Ausfachungswände), Stützen	10 %
(22) Innenwände (auch nichttragende), Stützen	9 %
(23) Decken, Träger	12 %
(24), (25), (26), (28)	2 %
(27) Dach	3 %
	36 %

(21), (22) und (23) machen ca. 31 % der Gesamtbaukosten aus, und von diesen 31 % sind 10 - 15 % Kosten der Konstruktion. Eine Erhöhung des Konstruktionsmoduls von 60 M x 60 M auf 96 M x 96 M bedeutet eine Erhöhung der Konstruktionskosten von ca. 15 % (siehe Abb. 65), was einer Erhöhung der Gesamtbaukosten von 1,5 % entspricht.

Wenn die Betriebskosten addiert werden, wird das Gewicht der Kosten noch weiter gegenüber Komponenten mit kurzer Lebensdauer verschoben. Die Bedeutung der Konstruktion für die Kapitalkosten des Gebäudes und die Wirtschaftlichkeit des Betriebes werden nicht in erster Linie von den Baukosten abhängen, sondern von den Möglichkeiten des Gebäudes, ein Austauschen von Raumbegrenzungen und Installationen zu erleichtern und zu verbilligen.

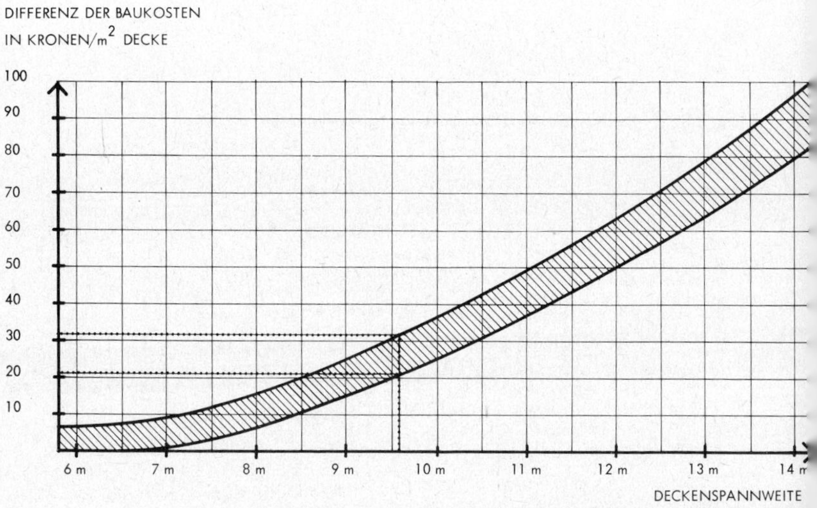

Abb.65 Tragwerk-Kosten bei Änderung der Spannweite. Stützen-Trägersystem, quadratische Stützeneinteilung, Nutzlast 700 kp/m2

Das "Kurvenband" ist aus verschiedenen Konstruktionsalternativen (z.B. Ortbeton-Stützendecken und verschiedene vorgefertigte Decken) zusammengesetzt.

Beispiel: Eine Erhöhung der Spannweite von 60 M auf 96 M bedeutet eine Kostensteigerung von 20 - 30 Kr/m2 (16 - 24 DM/m2), was einer Erhöhung der Konstruktionskosten von 15 - 20 % entspricht.

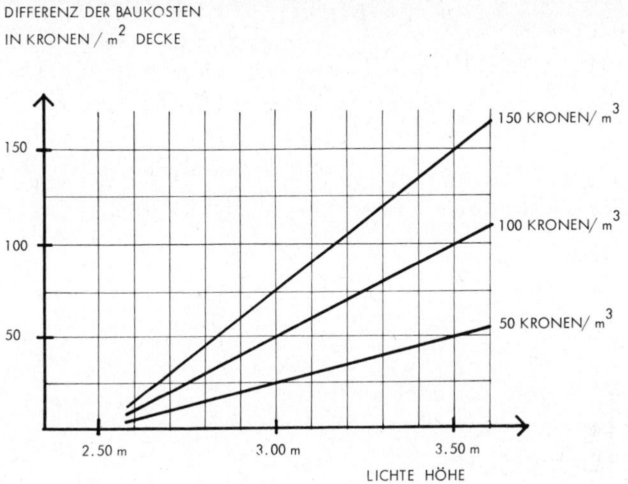

Abb.66 Tragwerk-Kosten bei Änderung der Raumhöhe. Stützen-Trägersystem, quadratische Stützeneinteilung, Nutzlast 700 kp/m^2

Beispiel: Marginalkosten 100 Kr/m^3. Die Erhöhung der lichten Raumhöhe von 3 m auf 3,4 m bedeutet eine Kostensteigerung von ca. 40 Kr/m^2 Deckenfläche.

Berechnung der Marginalkosten zur Abbildung 66

Annahme: Achsmaß: 24 x 42 m
Fassadenkosten: 300 Kr/m^2 Wand
Zwischenwände: 100 Kr/m^2 Wand
Übrige Kosten: 20 Kr/m^3

Alternative 1: Büchermagazin

Fassadenkosten $= \frac{1 \cdot 2\ (24+42)\ 300}{24 \cdot 42} =$ 40 Kr/m^3

Zwischenwände ca. 100 m $= \frac{1 \cdot 100 \cdot 100}{24 \cdot 42} =$ 10 Kr/m^3

Übrige Kosten = 20 Kr/m^3

Marginalkosten umbauter Raum 70 Kr/m^3

Alternative 2: Verwaltungsteil, ausgebildet als Bürozellen.

$$\text{Fassadenkosten} = \frac{1 \cdot 2\ (24+42)\ 300}{24 \cdot 42} = 40\ Kr/m^3$$

$$\text{Zwischenwände ca. 400 m} = \frac{1 \cdot 400 \cdot 100}{24 \cdot 42} = 40\ Kr/m^3$$

$$\text{Übrige Kosten} = 20\ Kr/m^3$$

Marginalkosten umbauter Raum 100 Kr/m^3

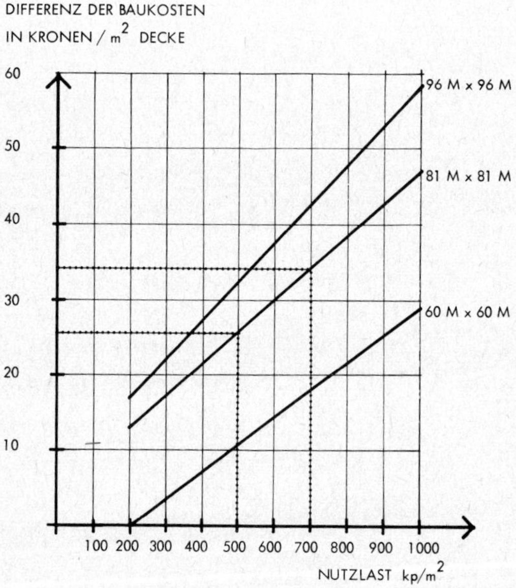

Abb.67 Tragwerk-Kosten bei Änderung der Nutzlast. Stützen-Trägersystem, quadratische Stützeneinteilung

Beispiel: Spannweite 81 M. Die Erhöhung der Nutzlast von 500 auf 700 kp/m^2 bedeutet eine Kostensteigerung von ca. 8 Kr/m^2 Deckenfläche, was einer Erhöhung der Konstruktionskosten von ca. 5 % entspricht.

7. Wahl des Konstruktionssystems.

Allgemeines.

Bei der Wahl der Konstruktion muß in erster Linie darauf geachtet werden, daß die Konstruktion die geltenden Forderungen an das Gebäude als Einheit zufriedenstellt. Solche Forderungen können an die Flexibilität, an die Funktion, an das Milieu, an die Technik usw. gestellt werden. Normalerweise sollen hierbei die geltenden Bestimmungen angenommen und die Forderungen des aktuellen Bauprogramms erfüllt werden.

Im Hinblick auf die Lebensdauer und Ökonomie der Konstruktion werden eine größtmögliche Flexibilität und Variabilität des Gebäudes angestrebt, um eine Anpassungsfähigkeit der Funktionen an Veränderungen und Möglichkeiten des Austauschs von Bauteilen mit kürzerer Lebensdauer zu erreichen. Um diese Forderungen erfüllen zu können, soll die Konstruktion für Universitätsbibliotheken auf Stützen, Trägern und Plattenbalkendecken aufbauen oder als Stützenbau mit Deckenplatten ausgeführt werden. Außenwände können entweder tragend oder nichttragend sein. Wände, die Treppenhäuser, Aufzugsschächte oder andere feste Einheiten umschließen, sollen in Ortbeton ausgeführt werden, um zur Stabilisierung des Gebäudes zu dienen.

Ortbetonkonstruktionen.

Die Ortbetonkonstruktion ist wirtschaftlich bei kleinen Spannweiten (l kleiner als 7,20 m). Als Konstruktion in Gebäuden für Universitätsbibliotheken können Plattenbalkendecken oder Deckenplatten in Frage kommen.

Im Vergleich zu vorgefertigten Deckenkonstruktionen sind die Vorhaltungsmöglichkeiten für Aussparungen in den Ortbetondecken größer, mit Ausnahme des Bereichs an der Stütze bei Stützenkonstruktion. Die Deckenplatte läßt die Wahl einer Konstruktion ohne Störung der Träger zu.

Vorgefertigte Betonkonstruktionen.

Die am meisten angewendete Bauart, die Ortbetonkonstruktion, wird in erhöhtem Maß wegen der Standardisierungs- und Rationalisierungsmaßnahmen durch Bauarten ersetzt, die sich nach der industriellen Vorfertigung richten. Gebäude mit vorgefertigten Teilen haben den Vorteil, schnell, kontinuierlich und wetterunabhängig ausgeführt werden zu können. Die Bauteile bedürfen keiner Nachbehandlung und sind brand- und korrosionssicher, was niedrige Betriebskosten ergibt. Bei einem Universitätsbibliotheksgebäude ist eine vorgefertigte Betonkonstruktion mit größeren Spannweiten als 7,20 m geeignet, und seine Konkurrenzfähigkeit gegenüber Ortbetonkonstruktionen nimmt mit der Spannweite zu. Die montierte Konstruktion muß mit Ortbetontreppen und Ortbetongründung kombiniert werden.

Stahlkonstruktionen.

Stahl als Konstruktionsmaterial in tragenden Konstruktionen wurde in Schweden noch nicht so häufig angewendet wie in den angelsächsischen Ländern. Die Ursachen dafür sind die großen Feuerschutzerfordernisse für Stahl und die im Vergleich zum Stahlbeton höheren Materialpreise. Durch SBN/67 ergibt sich nun die Möglichkeit, daß in gewissen Fällen die Anforderungen an den Feuerschutz gesenkt werden können; zudem wurden neue billigere Feuerschutzmethoden ausgearbeitet. Der höhere Materialpreis kann in manchen Fällen durch die Vorteile der raschen Montage einer Stahlkonstruktion aufgewogen werden. In Gebäuden für Universitätsbibliotheken kann es berechtigt sein, Stahl bei Stützen, Trägern und aussteifenden Bauteilen bei Spannweiten von mehr als 7,20 m und in Kombinationen mit Betondeckenelementen zu verwenden. Mit Stahlkonstruktionen erhält man niedrige Konstruktionshöhen und kleine Dimensionen für Stützen. Das Querschnittsmaß der Stützen kann im ganzen Gebäude konstant gehalten werden. Eingriffe in die Konstruktion, z.B. durch Einhängen einer Zwischendecke oder durch eine lokale Verstärkung, können relativ leicht und billig durchgeführt werden. Bei einer Stahlkonstruktion sind die Deformationen leichter zu berechnen als bei einer Betonkonstruktion, da bei normalen Lastfällen keine Rücksicht auf Schwinden oder Kriechen genommen werden braucht. Stahlkonstruktionen sind gegen Baufeuchtigkeit und Winterbau unempfindlich und hierin etwa mit Konstruktionen aus vorgefertigtem Beton vergleichbar.

Aufwand an Arbeitskräften.

Die erforderlichen Arbeitskräfte sind ein bedeutender Faktor bei der Wahl des Konstruktionssystems. Es kann folglich in gewissen Fällen berechtigt sein, einen teueren Konstruktionstyp zu wählen, falls dieser eine Reduktion der erforderlichen Arbeitskräfte erbringt. Bei der Wahl zwischen verschiedenen Konstruktionssystemen, z.B. zwischen Ortbetonsystemen und montierten Systemen, soll deshalb als Ergänzung der Baukostenberechnung eine detaillierte Berechnung des Arbeitskräfteverbrauchs angestellt werden.

Zeitaufwand.

Als Unterlage für die Wahl zwischen verschiedenen Konstruktionsalternativen sollte der totale Zeitaufwand für die Planung, die Produktion der Konstruktion sowie der Konstruktionsergänzung berechnet werden, wobei eine Voraussetzung sein soll, daß der Arbeitseinsatz möglichst konstant sein soll. Der Zeitaufwand und die damit zusammenhängenden Kosten können von entscheidender Bedeutung bei der Wahl zwischen einer montierten bzw. einer Ortbetonkonstruktion sein.

8. Konstruktionsbeispiele.

8.1 Voraussetzungen.

Es werden Dimensionen und Kosten für verschiedene Konstruktionssysteme und Konstruktionsmodule verglichen. In den Kosten sind tragende Decken, Estrich, Träger und innenliegende Stützen enthalten, jedoch nicht Außenwände, Aussparungen, Vorhaltungen für Durchbrüche usw. Auf das Einwirken der Installationen und der Einrichtung wurde keine Rücksicht genommen.

Die Darstellung ist in Diagramm- und Tabellenform gegeben worden. Die betreffenden Berechnungsunterlagen sind in der UV-Information Nr. 68, Universitätsbibliotheken, Konstruktionsberechnungen, enthalten.

Die Kosten werden pro m^2 Decke berechnet.

Konstruktionssystem:	Stützen-Trägersystem, vorgefertigt und Ortbeton.
Einspannungsverhältnisse:	Unendliche Kontinuität in allen Richtungen. Dies bedeutet, daß die angegebene Dimension bei anderen Einspannungsverhältnissen eventuell erhöht werden muß.
Konstruktionsmodule:	60 M x 60 M, 72 M x 72 M, 96 M x 96 M, 120 M x 120 M, 60 M x 120 M, 72 M x 144 M.
Nutzlasten:	Bewegliche Lasten von 700 kp/m^2.

Deckenbeschichtung:	Bei TTK-Deckenelementen: 100 mm Beton. Bei HD-Hohldeckenelementen: 20 mm Plastbeton. Bei Ortbetondecken: 50 mm Beton.
Raumhöhe:	36 M
Brandklasse:	A 60
Akustik:	Normalwohnungsstandard 48 dB
Aussteifung:	Es wurde angenommen, das Gebäude sei durch Treppen und Giebelwände ausgesteift. Spezielle Kosten für die Aussteifung von Bauten durch vorgefertigte Elemente wurden nicht angesetzt.
Abmessungen:	Das Maß der Konstruktionselemente wurde stufenweise, gemäß Kapitel "Maßregeln für Konstruktionselemente", variiert.
Dimensionierung:	Die Dimensionierung wurde unter Beachtung der zugelassenen Anmerkungen und Begrenzungen der Deformation, gemäß untenstehender Anmerkungen, ausgeführt.
Deformationen:	Stützendecken. Die Durchbiegung wurde gemäß BfB, B 7-1968, Kapitel 8:23 kontrolliert. Plattenbalkendecken. Das Trägheitsmoment wurde gemäß BfB, B 7-1968, Kapitel 7 kontrolliert.

	Übrige Fälle: Die Summe aus der Deformation des Eigengewichts und der Nutzlast soll 1/500 der Spannweite nicht übersteigen.
Marginale Kosten des umbauten Raums:	Die Stärke der konstruktiven Decke plus Estrich wurde bei der Berechnung der marginalen Kosten des umbauten Raums als dimensionierend angenommen. Der Stärke 3 M wurde der Wert 0.- Kr/m^3 gegeben.
Kostenlage:	1.10.1970, Kostenort Stockholm.
Berechnungsgenauigkeit:	Die angegebenen Kosten können normalerweise um ca. ± 10 % variieren, aber auch größere Variationen können vorkommen.
Größe des Objektes:	10 000 m^2, 3 Geschosse.

8.2 Konstruktion aus vorgefertigten Betonelementen, Aufteilung der Kosten.

Die Herstellungskosten sind Kosten frei Fabrik. Dazu kommen:

- Transportkosten (maximal 100 km) = ca. 6 % der Herstellungskosten
- Montagekosten = ca. 15 % der Herstellungskosten
- Kosten des Bauunternehmers im Zusammenhang mit der Lieferung und der Nachbehandlung von vorgefertigten Elementen, ohne Estrich = 10 % der Herstellungskosten

- Für das Übernehmen der Verantwortung = ca. 4 % der Angebotssumme
- Mehrwertsteuer = 6,4 % der Herstellungskosten.

Zusammen ergeben die obengenannten Kosten ca. 40 %, die den Herstellungskosten hinzugerechnet werden müssen.

8.3 Konstruktion aus Stahl, Aufteilung der Kosten.

Träger:

Grundpreis des Stahls	1.- Kr/kg (DM 0.80/kg)
Aufpreis für HSQ-Träger	50.- Kr/m (DM 40.-/m)
Feste Kosten pro Träger	500.- Kr/St.(DM 400.-/St.)
Transport- und Montagekosten, Verantwortungsübernahme und Mehrwertsteuer	ca. 20 % des Grundpreises und der festen Kosten.

Stützen:

Grundpreis des Stahls	1.- Kr/kg (DM 0.80/kg)
Feste Kosten pro Stütze	400.- Kr/St.(DM 320.-/St.)
Transport- und Montagekosten, Verantwortungsübernahme und Mehrwertsteuer	ca. 20 % des Grundpreises und der festen Kosten.

Brandschutz:

Der erforderliche Brandschutz für die Stahlkonstruktion wird im Hinblick auf die vorgeschriebene Brandbelastung und Brandklasse berechnet.

Im Konstruktionsbeispiel wurde zur Berechnung der Kosten des Brandschutzes angenommen, daß die Konstruktion die Anforderung A 60 erfüllen soll und daß diese Brandisolierung für ca. 35 Kr/m^2 (DM 28.-/m^2) erhältlich ist.

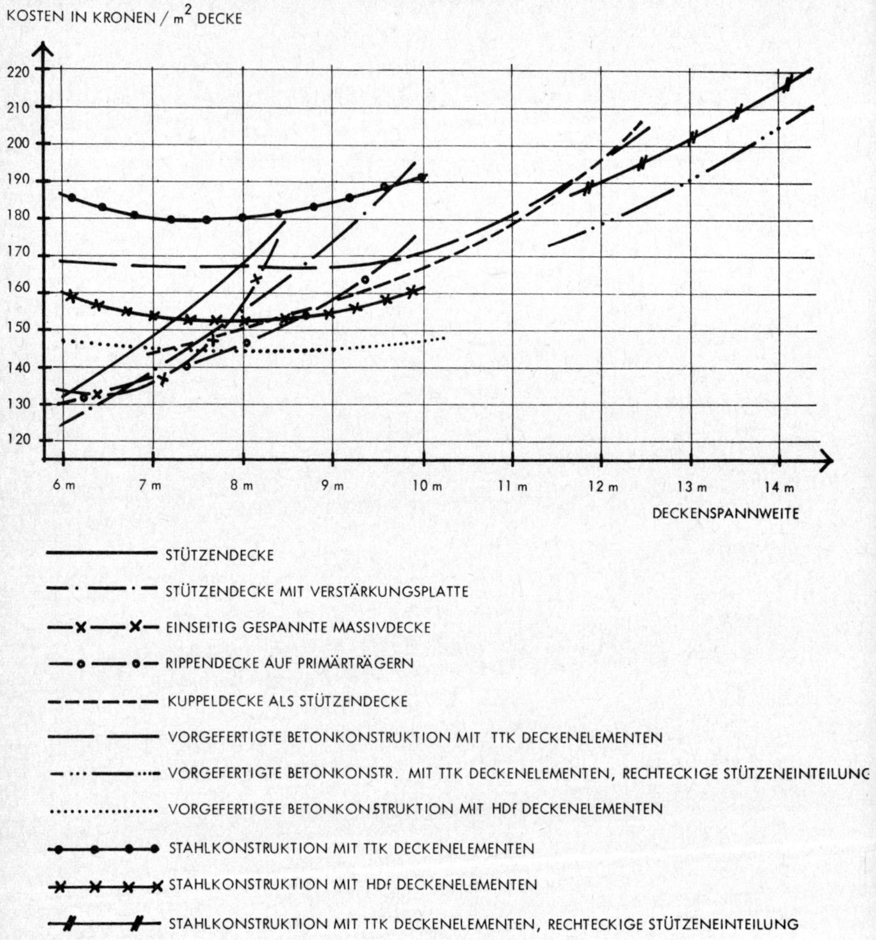

Abb.68 Tragwerk-Kosten verschiedener Konstruktionen bei verschiedenen Spannweiten. Stützen-Trägersystem, quadratische Stützeneinteilung, Nutzlast 700 kp/m^2

8.4 Zusammenstellung der Tragwerke - Tabellen und Zeichnungen

Tabelle 7 Zusammenstellung der Ortbeton-Tragwerke

Deckentyp	Modul	Estrich	Konstr.-Decke + Estrich	Preis Kr/m^2 Decke
Stützendecke	60 M x 60 M	50 Beton	300	132.-
Abb. 69 a	72 M x 72 M	50 Beton	350	152.-
	81 M x 81 M	50 Beton	450	170.-
Stützendecke mit	60 M x 60 M	50 Beton	300	122.-
Verstärkungs-	72 M x 72 M	50 Beton	350	146.-
platten	81 M x 81 M	50 Beton	400	160.-
Abb. 69 b	76 M x 76 M	50 Beton	450	185.-
Einseitig ge-	60 M x 60 M	50 Beton	300	134.-
spannte Massiv-	72 M x 72 M	50 Beton	350	139.-
decke auf	81 M x 81 M	50 Beton	350	162.-
Primärträgern				
Abb. 69 c				
Rippendecke auf	60 M x 60 M	50 Beton	300	130.-
Primärträgern	72 M x 72 M	50 Beton	350	142.-
Abb. 69 d	96 M x 96 M	50 Beton	450	168.-
Kuppeldecke als	72 M x 72 M	50 Beton	450	145.-
Stützendecke	96 M x 96 M	50 Beton	450	163.-
Abb. 69 e	120 M x 120 M	50 Beton	550	195.-

a) Stützendecke
ohne Verstärkungsplatte

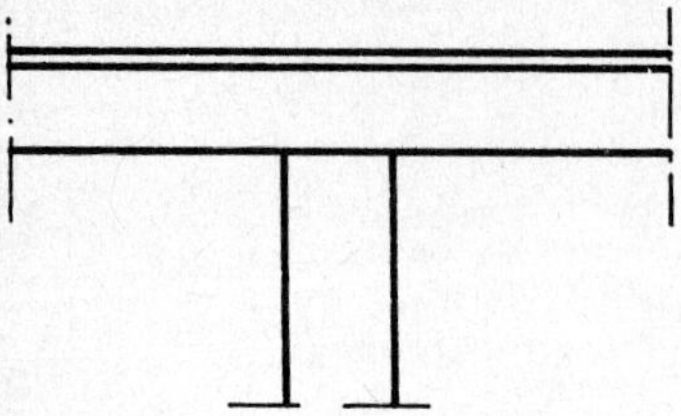

b) Stützendecke
mit Verstärkungsplatte

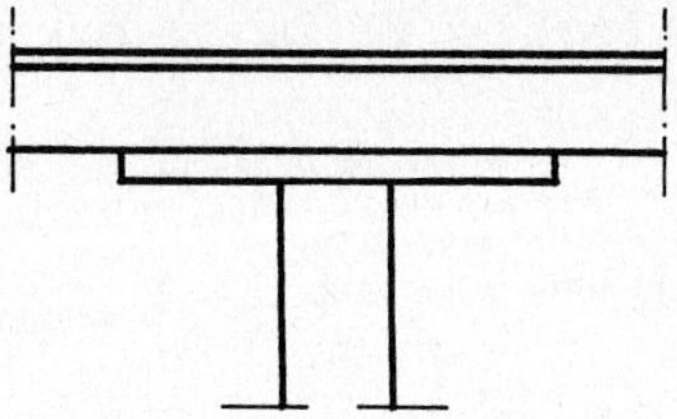

c) Einseitig gespannte Massivdecke auf Primärträgern

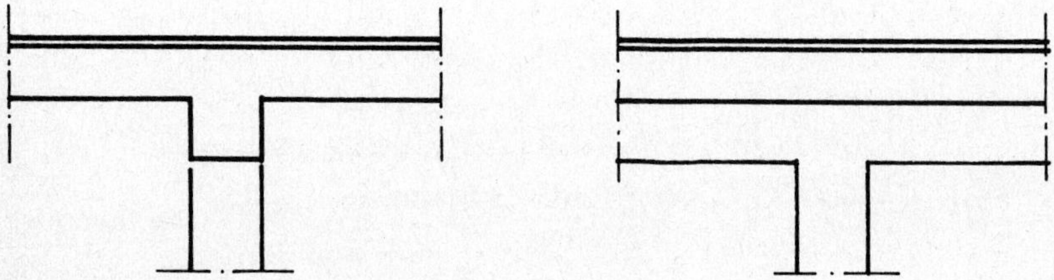

d) Rippendecke auf Primärträgern

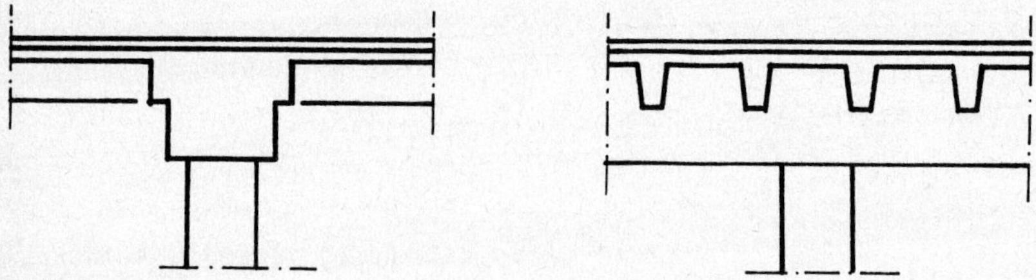

e) Kuppeldecke als Stützendecke

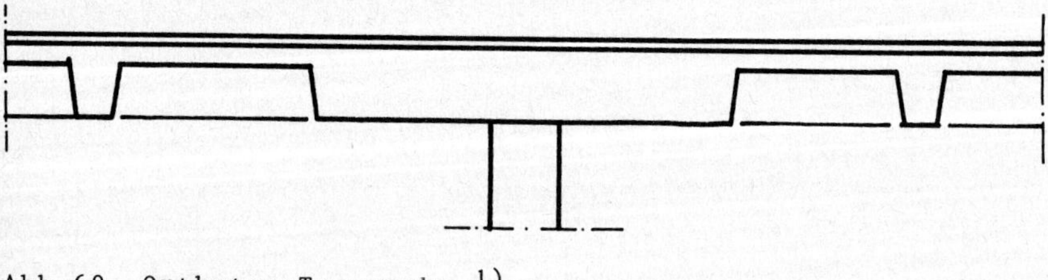

Abb.69 Ortbeton-Tragwerke [1)]

---

1) Quelle: Ingenjörsfirma Thalén & Hällerstam AB

Tabelle 8 Zusammenstellung der vorgefertigten Tragwerke

Deckentyp	Modul	Estrich	Konstr.-Decke + Estrich	Preis Kr/m^2 Decke
Vorgefertigte Betonkonstruktion mit TTK-Deckenelementen Abb. 70 a	60 M x 60 M	100 Beton	300	168.50
	72 M x 72 M	100 Beton	300	168.-
	96 M x 96 M	100 Beton	400	168.-
	120 M x 120 M	100 Beton	500	196.-
	60 M x 120 M	100 Beton	500	179.-
	72 M x 144 M	100 Beton	600	210.-
Vorgefertigte Betonkonstruktion mit HDf-Deckenelementen Abb. 70 b	60 M x 60 M	20 Plastbeton	300	147.-
	72 M x 72 M	20 Plastbeton	300	145.50
	96 M x 96 M	20 Plastbeton	300	145.-
Stahlkonstruktion mit TTK-Deckenelementen Abb. 70 c	60 M x 60 M	100 Beton	300	187.-
	72 M x 72 M	100 Beton	300	180.-
	96 M x 96 M	100 Beton	400	188.-
	60 M x 120 M	100 Beton	500	190.-
	72 M x 144 M	100 Beton	600	220.-
Stahlkonstruktion mit HDf-Deckenelementen Abb. 70 d	60 M x 60 M	20 Plastbeton	300	160.-
	72 M x 72 M	20 Plastbeton	300	153.-
	96 M x 96 M	20 Plastbeton	300	158.-

a) Betonkonstruktion mit TTK-Deckenelementen

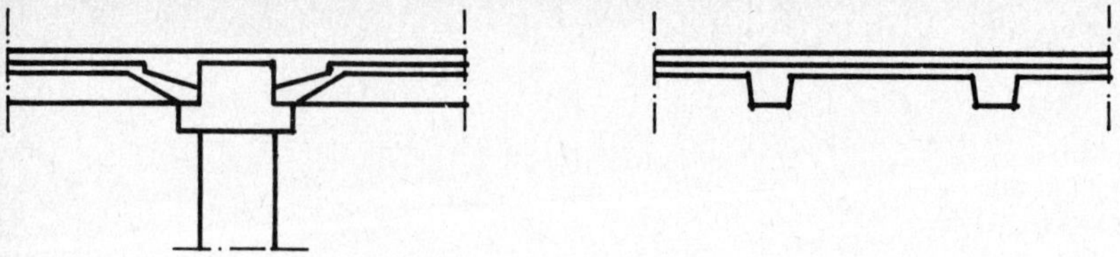

b) Betonkonstruktion mit HDf-Deckenelementen

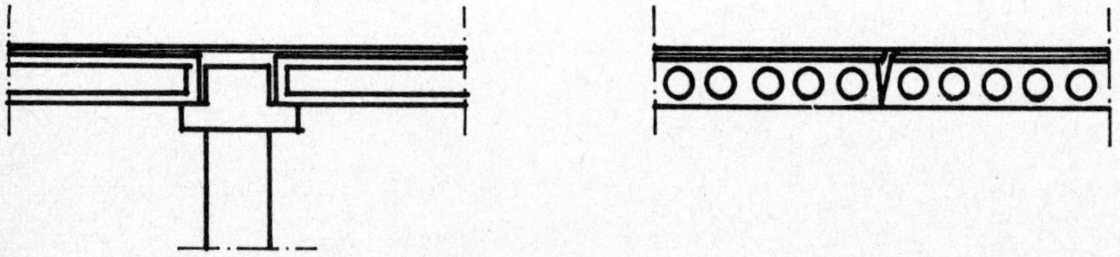

c) Stahlkonstruktion mit TTK-Deckenelementen

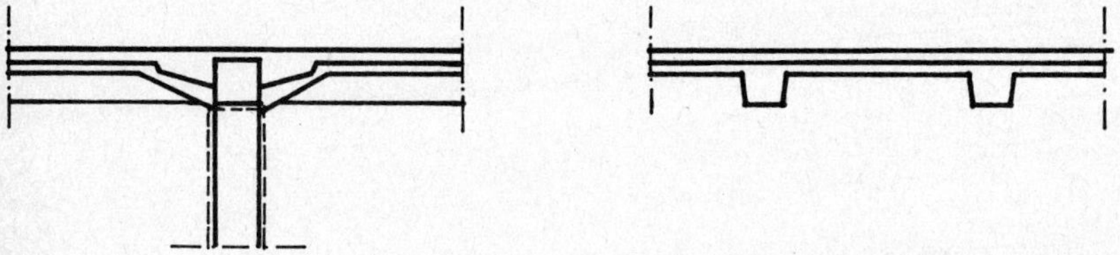

d) Stahlkonstruktion mit HDf-Deckenelementen

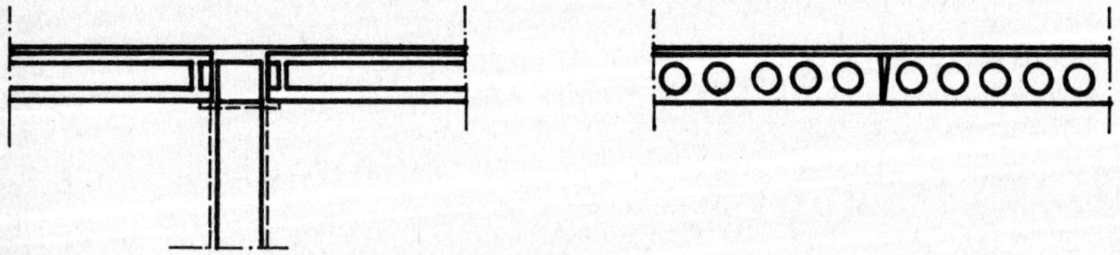

Abb.70 Vorgefertigte Tragwerke [1)]

---

1) Quelle: Ingenjörsfirma Thalén & Hällerstam AB

ANHANG A

TEIL 3:

UNIVERSITÄTSBIBLIOTHEKEN

INSTALLATIONS-, BELEUCHTUNGS- UND AKUSTIKPROBLEME

aus: UV-INFORMATION Nr. 82
UV-projekt 3040 Universitetsbibliotek
Jansson, Berndt, Byggnadsstyrelsen:
Utvecklingsbyrån, 14.5.1971

INHALTSÜBERSICHT

Heizungs-, Lüftungs- und Sanitärinstallationen

Dieser Abschnitt betrifft spezifische Maßnahmen für den Bibliotheksbau hinsichtlich der Installation und der technischen Einrichtungen. Es werden nur die Anlagenteile behandelt, die als spezifisch für Universitätsbauten betrachtet werden können. Der Bedarf, der aus der Forderung nach Flexibilität und Variabilität entsteht, wird dadurch zu befriedigen versucht, daß die primäre Installation eine Anordnung der Lesesäle im gesamten Gebäude erlaubt. Dasselbe gilt für die mit dem Gebäude verbundene Installation. Damit sind vor allem die lufttechnischen Maschinenräume, die Kanalschächte und die Räume im obersten Geschoß (die Installationszone) gemeint.

1. Technischer Komfort

Unter technischem Komfort wird hier in erster Linie der Zustand der Raumluft verstanden, der den Aktivitäten im Raum angepaßt und von der Jahreszeit und der Änderung der Aktivitätsfrequenzen innerhalb der Grenzen, die bei der Dimensionierung der Anlage vorausgesetzt wurden, unabhängig sein soll. Eine Strahlungskompensation für kalte oder warme Flächen kann hinzukommen.

Luftwechsel

Der Grad des Luftwechsels wird teils von der Wärmemenge, die von Menschen und Maschinen im Raum abgestrahlt wird, teils von den luftverderbenden Gerüchen bestimmt. In Räumen, in denen sich Menschen aufhalten, wird ein unterer Grenzwert der zugeführten Luftmenge von 60 m^3 pro Stunde vorgeschlagen, jedoch ist sehr oft die Wärmeentwicklung in den Räumen durch Menschen und Sonneneinstrahlung voll für den Grad des Luftwechsels bestimmend, so daß die genannten Grenzwerte überschritten und 2 bis 3mal so große Werte erforderlich werden.

Reinheit der Luft

Die Außenluft, die durch die Lüftungsanlagen kontinuierlich den Räumen zugeführt wird, bringt eine absehbare Menge von Staub mit sich; außerdem enthält die Luft Produkte, die von den Luftsystemen in den Räumen selbst abgegeben werden. Die Reinigung der Zuluft beeinflußt nicht nur die Wirtschaftlichkeit des Gebäudes und der Einrichtung, sondern auch den Gesundheitszustand der Personen, die sich in den Räumen aufhalten. Die Qualität der Filter soll von Fall zu Fall, je nach Außenluftqualität und Umluftqualität und entsprechend der Art der Tätigkeit in dem Gebäude, gewählt werden. Mit den Filtern, die es heute auf dem Markt gibt, kann der Filtrierungsgrad innerhalb gewisser Grenzen verbessert werden, ohne daß die Filteranlage umgebaut werden muß. Dadurch können die Betriebserfahrungen ausgenützt werden, die sehr bald in einem Gebäude gemacht werden können. Für Bibliotheksbauten sollte die Filterklasse F 1 - F 2 voll ausreichend sein.

Temperatur (Lufttemperatur, Strahlungstemperatur)

Das Temperaturempfinden des Menschen wird bestimmt vom Verhältnis zwischen der Wärmeenergie, die der Körper ausstrahlt und dem Vermögen der Umgebung, den Körper auszukühlen. Die Auskühlung des Körpers wird durch die Luft- und Strahlungstemperaturen, durch die Luftgeschwindigkeit und, in gewissen Fällen, auch durch die Luftfeuchtigkeit beeinflußt. Bei normaler Arbeit im Sitzen wird die Abkühlung des Körpers in ungefähr demselben Maß von der Lufttemperatur wie von der Strahlungstemperatur bewirkt. Dies bedeutet, daß die Empfehlungen, die heutzutage für die normale Büroarbeit für die Lufttemperatur angegeben werden (vergleichbar mit der Bibliotheksarbeit), nur für normale Fenstergrößen gelten. Bei der Planung von Arbeitsplätzen in der Nähe von großen, der Sonnenbestrahlung ausgesetzten Fenstern oder von anderen Wärmestrahlern müssen die erhöhten Temperaturempfindungen als Folge der Wärmestrahlung beachtet werden.

Luftbewegungen

Die Wärmeabgabe des Körpers an die Umgebung geschieht bei normaler Büroarbeit hauptsächlich durch Strahlung und Konvektion. Die durch Konvektion verursachte Wärmeabgabe an die umgebende Luft wird dort als Zug erlebt, wo sie lokal am Körper von den normalen Werten abweicht. Die Abweichung kann entweder durch zu hohe Luftgeschwindigkeit oder durch zu niedrige Lufttemperatur verursacht worden sein. Bei normalen Lufttemperaturen im Raum ist eine Geschwindigkeit von 5 - 15 cm pro Sekunde angemessen. Dabei wird der Luftzustand als komfortabel bis behaglich empfunden. Eine allzu niedrige Luftgeschwindigkeit erzeugt ein Gefühl der Schwüle, da die den Körper umgebende Luft zu warm und zu feucht wird. Geschwindigkeiten, die von den angegebenen Normalwerten abweichen, können in gewissen Fällen durch die Lufttemperatur kompensiert werden.

Luftfeuchtigkeit

Während der kalten Jahreszeit wird die aufgewärmte Luft so trocken, daß viele Menschen zu ausgetrocknete Atmungswege erhalten können. Die Entwicklung der letzten Jahrzehnte, innerhalb der Gebäude Temperaturen von über 20° C vorzuhalten, haben diese physiologischen Nachteile mit sich gebracht. Ungefähr 30 % relative Feuchtigkeit werden als untere Grenze für das Wohlbefinden der Menschen angegeben.

Aus baupraktischen Gründen muß man während der kältesten Tage zu hohe Feuchtigkeiten beobachten. Bei Werten über 30 % relativer Feuchtigkeit entstehen leicht Kondensationsbildungen an den Fenstern und anderen Bauelementen. Auch an der Innenseite von Außenwandelementen können Kondensbildungen auftreten, die großen Schaden verursachen. Der für das Wohlbefinden oberste Bereich des Feuchtigkeitgehalts liegt so hoch, daß bei schwedischen Verhältnissen auch an Sommertagen, wenn die Feuchtigkeit und die Temperaturen am höchsten sind, keine Entfeuchtung der Luft erforderlich wird. In Fällen, in denen Kühlanlagen installiert worden sind, um eine geringere Temperatur zu erhalten, als es die warmen Tage zulassen, wird jedoch als technische Konsequenz eine gewisse Entfeuchtung der Luft notwendig.

Komfortforderungen für verschiedene Räume

Allgemeines

Im Vorgriff auf eine ausgearbeitete Forderungsspezifikation werden hier einige Richtlinien für wünschenswerte Lufttemperaturen und relative Feuchtigkeitswerte für verschiedene Räume wiedergegeben.

Leseräume, offene Sammlungen

Hier muß in erster Linie auf den Komfortbedarf des Menschen Rücksicht genommen werden, auch wenn eine Mischung von Leseplätzen und Buchregalen im selben Raum vorhanden ist. Die Bücher, die in diesen Freihandsammlungen aufbewahrt werden, werden nicht als so wertvoll angesehen, daß Temperatur und Feuchtigkeit angepaßt werden müßten. Im Hinblick auf den Komfort sollte die Arbeit an den Leseplätzen mit normaler Büroarbeit verglichen werden können; hier gelten die Bestimmungen für den Bürobau.

Archive

Durch die Belüftung müssen die Luftverhältnisse in diesen Räumen auf einem Niveau gehalten werden, daß die Bücher nicht zu Schaden kommen. Feuchtigkeit spielt eine entscheidende Rolle für den Zustand von Büchern. Bei niedriger Feuchtigkeit werden sie spröde, bei zu hoher Feuchtigkeit bekommt das Papier Flecken und der Druck verfärbt sich. Mikroorganismen fühlen sich auch in hoher Feuchtigkeit wohl und werden hier das Papier angreifen. Ein 45 - 55%iger Luftfeuchtigkeitsgehalt muß daher bei einer Temperatur von 18 - 22° C konstant gehalten werden. Dies bedeutet, daß das Buchmagazin eine gute Luftzirkulation sowie eine sorgfältige Umgebungskontrolle während des ganzen Tages benötigt.

Präzise Forderungen an die Zufuhr von Außenluft für diese Archive bestehen nicht. Im Hinblick darauf, daß mit der Zeit Alterungsgerüche auftreten, muß Außenluft zugeführt werden.

Der Umfang dieser Zufuhr ist schwer zu bestimmen, vorläufig wird ein einfacher Luftwechsel pro Stunde festgesetzt. Da die Außenluft schädliche Bestandteile, z.B. Schwefeldioxyd und andere saure Gase enthält, muß auf die Reinigung der Luft besonders geachtet werden.

Filmmagazine

Die Anforderungen, die für Filmmagazine an die Luftbehandlung gestellt werden müssen, sind davon abhängig, wie lange das betreffende Filmmaterial archiviert werden soll. Es ist jedoch nicht anzunehmen, daß in Bibliotheken Originalfilme aufbewahrt werden. Unter dieser Voraussetzung sind die Forderungen ausreichend. Hingegen sollte man in diesen Räumen gegenüber den benachbarten Räumen etwas Überdruck anordnen, damit das Eindringen von Staub gering gehalten werden kann. Bei einer längeren Aufbewahrung von Originalfilmen wird auf die Resultate des vom Reichsarchiv eingesetzten Ausschusses für Datenarchivierung hingewiesen. Die heute verfügbaren Angaben sind zu unterschiedlich, um eine Tendenz für bestimmte Anforderungen erkennen zu lassen.

Verwaltungsräume

Die Mehrzahl der Verwaltungsräume kann mit Büroräumen verglichen werden, wobei die Forderungen dieselben sind wie bei den Leseräumen. Einige Räume enthalten Buchbindereien und ähnliche Einrichtungen; hier muß wegen des Leimgeruchs der Luftwechsel wesentlich erhöht werden. Sehr oft kann der Geruch nicht ganz eliminiert werden, weshalb man versuchen sollte, solche Arbeitsprozesse in separate Räume zu verlegen (Raum im Raum), um damit die betroffene Luftmenge zu begrenzen.

Übrige Räume

Hierzu werden im allgemeinen Raucherräume, Toiletten usw. gerechnet. Alle derartigen Räume müssen separat entlüftet werden und gegenüber den benachbarten Räumen leichten Unterdruck aufweisen. Die Toiletten, die an Garderoben oder ähnliche Räume anschließen, sollten bei Umluftbelüftung mit schallschützenden Maßnahmen versehen werden.

2. Aufbereitung der Luft

Allgemeines

Damit sämtliche Räume im Gebäude den thermischen Komfort erhalten können, der als Bedarf errechnet wurde, ist eine mehr oder minder vollständige Aufbereitung der Luft erforderlich, bevor sie den Räumen zugeführt wird. Daß die Luft gefiltert und gewartet werden muß, ist selbstverständlich. Wieweit man in der individuellen Aufbereitung für die verschiedenen bekannten Bedürfnisse gehen muß und wieweit man sich auf neu hinzukommende unbekannte Bedürfnisse vorzubereiten hat, ist unterschiedlicher Art.

Verschiedene Prinzipien

Es wurden bereits an anderer Stelle verschiedene Lüftungsklassen im Hinblick auf die Gesamtökonomie der Anlage diskutiert. Hier werden einige anlagentechnische Prinzipien unter dem Gesichtspunkt wiedergegeben, daß die Anlagen nicht nur im Konstruktionsstadium vollendet sein sollten, sondern auch auf lange Sicht funktionsgerecht arbeiten müssen. Für die Bibliothek, für die entscheidende Entwicklungen zu erwarten sind, dürfen die lüftungstechnischen Installationen und die gewählten Luftaufbereitungsprinzipien nicht an das Programm gebunden sein, nach dem die Bibliothek geplant wird.

Um den Bedarf an Flexibilität zu befriedigen, der hinsichtlich der Anordnung von Leseplätzen innerhalb des Gebäudes erforderlich wird, sollen die Installationen bis zu einem gewissen Grad vorbereitet werden. Als Mindestforderung wird vorgeschlagen, daß die mit dem Gebäude verbundenen Installationen sowie die Gebäudekonstruktion selbst auf den künftigen Bedarf vorbereitet werden.

Das bedeutet, Fassadengitter, Flächen in Anlageräumen, Schächte und abgehängte Decken müssen so dimensioniert werden, daß eine Anordnung von Leseplätzen in allen Teilen des Gebäudes möglich wird. Wie die Installationen bemessen werden sollen, muß im Hinblick auf die Wirtschaftlichkeit gesehen werden. Die Luftaufbereitung kann auf sehr verschiedene Art vorgenommen werden. Drei

Systeme werden hier behandelt; das sollte jedoch den Planer nicht hindern, die Systeme zu variieren.

System 1: Zentralisierte Vor- und Nachbehandlung

Das Prinzip ist aus der Abbildung 71 erkennbar. Der Bau ist hier in eine Vielzahl von Zonen mit verschiedenem Luftaufbereitungsbedarf eingeteilt. Die Aufbereitungseinheiten bestehen aus Vor- und Nachbehandlungselementen und sind in einem gemeinsamen Maschinenraum angeordnet. Aus ihnen wird später jede Zone im Gebäude über separate Kanalzüge mit aufbereiteter Luft gespeist, deren Zustand entsprechend der Belastung in jeder einzelnen Zone gesteuert wird.

Bei dem angegebenen Bedarf an Flexibilität ist es erforderlich, daß bei einer Neuverteilung der Leseplätze Kanäle ergänzt werden können. Das bedeutet, entweder sämtliche Kanäle für die Versorgung von Leseplätzen zu dimensionieren oder für solche Kanäle Platz zu lassen.

Aus Erfahrung weiß man, wie schwer es ist vorauszusagen, wieviel Leseplätze innerhalb einer gewissen Zeit und für die Zukunft gebraucht werden, d.h. daß sich auf lange Sicht vorbereitete Installationen lohnen können. Dies muß jedoch von Fall zu Fall beurteilt werden.

Für eventuelle Nachinstallation weiterer Zonen im Gebäude muß ein Ausbau der Nachwärmeeinheiten im Maschinenraum möglich sein.

Durch dieses Behandlungsprinzip ist zwar ein etwas größerer Maschinenraum als der normale erforderlich; andererseits wären jedoch sämtliche Komponenten, die zur Aufbereitung gehören, auf einige wenige Stellen konzentriert. Der Betrieb und der Unterhalt der Anlagen werden erleichtert, und die Wahrscheinlichkeit ist groß, daß die Anlage funktioniert.

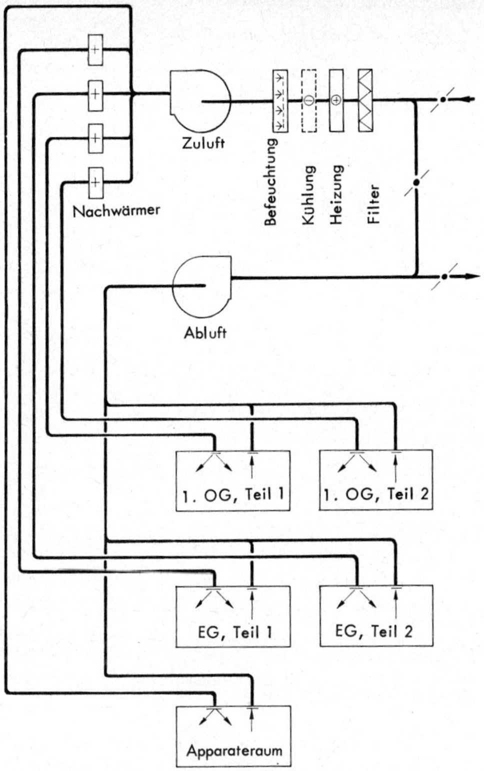

Abb.71 Prinzipskizze - Luftaufbereitung durch zentrale Vor- und Nachbehandlung

System 2: Zentrale Vorbehandlung, lokale Nachbehandlung

Das Gebäude ist in derselben Weise wie bei System 1 in eine Vielzahl von Zonen eingeteilt. Im Maschinenraum wird die Luft jedoch nur vorbehandelt. Die individuelle Nachbehandlung für jede Zone geschieht in Form von Nachwärmung, entweder durch Heißwasser oder durch Elektrobatterien. Das Prinzip wurde in der Abbildung 72 dargestellt. Die Verteilung der vorbehandelten Luft im Gebäude geschieht durch einige wenige große Kanäle oder Schächte. Die Dimensionierung dieser Schächte ist so, daß sie alle Anforderungen an die Umverteilung von Aktivitäten innerhalb des Gebäudes erfüllen kann. Eine Ergänzung der Kanalführung bei einem erhöhten Bedarf an Leseplätzen innerhalb einer Zone oder beim Bedarf von weiteren Zonen innerhalb des Gebäudes beschränkt sich hierbei auf den betreffenden Teil des Gebäudes; sie behindert somit die Aktivitäten in den übrigen Teilen des Gebäudes nicht. Die lokale Luftbehandlung in jeder Zone schränkt jedoch die Überschaubarkeit der Anlage im Vergleich mit dem vollzentralisierten Behandlungssystem etwas ein. Betrieb und Unterhalt können nicht länger auf einige wenige Stellen im Gebäude begrenzt bleiben.

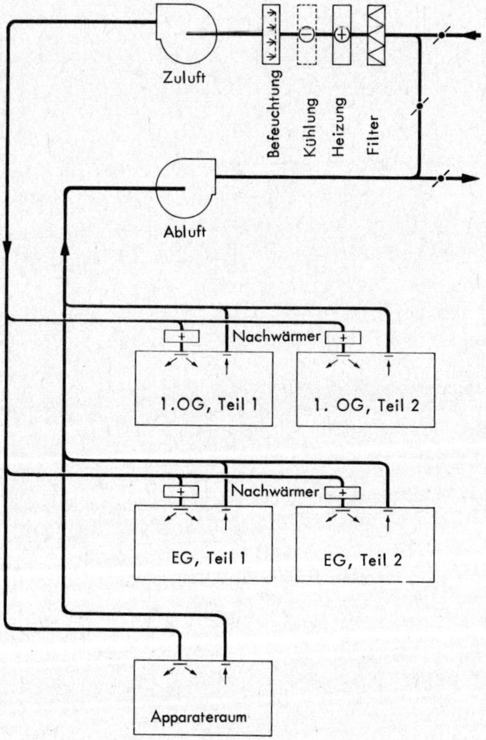

Abb.72 Prinzipskizze - Luftaufbereitung durch zentrale Vorbehandlung und lokale Nachbehandlung

System 3: Ausschließlich zentrale Vorbehandlung

Um die Luftaufbereitung zu vereinfachen, besteht der Wunsch, die Anteile der Zonen im Gebäude zu reduzieren. Durch eine erhöhte Luftumsetzung wird der Bedarf an individueller Nachbehandlung der Luft vermindert und kann für gewisse Räume bei niedrigeren Wärmelasten ganz aufgegeben werden. Damit diese Methode für Räume mit Wärmelasten von 0 bis zu einem gewissen höheren Wert anwendbar ist, muß die Temperatur der eingeblasenen Luft etwa 19 - 20° C betragen; bei geringerer Temperatur würden nicht benutzte Räume gekühlt werden. Bei kontinuierlichem Betrieb einer Anlage können die nicht-wärmestrahlenden Perioden des 24-Stunden-Rhythmus (normalerweise während der Nacht) zur Beseitigung der angestauten Tageswärme verwendet werden.

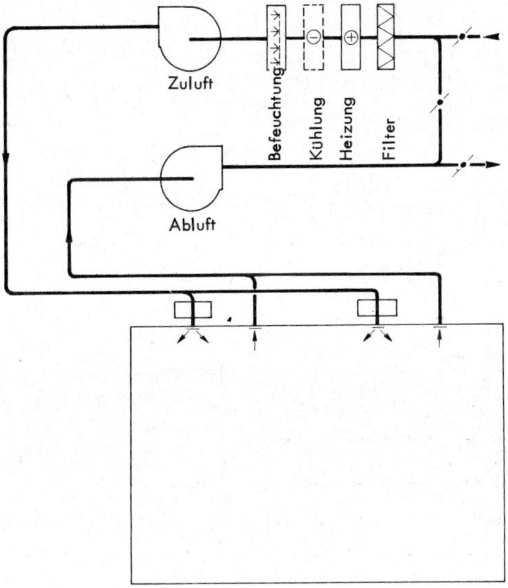

Abb.73 Prinzipskizze - Luftaufbereitung ausschließlich durch Vorbehandlung

Die Betriebskosten steigen etwas an, aber dies wird durch die einfachere, billigere und vor allem wesentlich betriebssicherere Anlage kompensiert. Das Prinzip ist in der Abbildung 73 dargestellt.

3. Luftverteilung

Allgemeines

Das Verteilungssystem macht den Teil der Installationen aus, der den größten Raumbedarf erfordert. Dies zwingt den Planer oft zu Abstrichen auf Kosten des Ausbaugrades des Systems. Für Bibliotheken ist der Ausbaugrad relativ hoch; daher müssen die Installationen so angeordnet werden, daß Ergänzungen leicht bewerkstelligt werden können.

Maschinenräume

Die Anordnung der Maschinenräume wird sehr stark durch die Kanalisation innerhalb des Gebäudes bestimmt. Die Anordnung auf dem Dach ist der Anordnung im Untergeschoß in jeder Hinsicht vorzuziehen. Die Größe darf bei der Wahl von Lüftungssystemen nicht entscheidend sein, sondern die Maschinenräume müssen dem für das Gebäude geeigneten System angepaßt werden.

Schächte

Schächte werden oft bei geschlossenen Bauteilen, z.B. bei Treppenhäusern, Installationsgruppen usw., angeordnet. Größe und Form müssen so gewählt werden, daß die Möglichkeit der Inspektion und der Ergänzung gegeben ist. Bei größeren Gebäuden und einem Transportsystem für die aufbereitete Luft durch das Gebäude sollte man tunlichst den Schacht in einen Zu- und in einen Abluftschacht trennen. Jeder Schacht macht hier in seiner Gesamtheit einen Lüftungskanal aus.

Horizontale Kanäle

Das Kanalsystem wird hier in Hauptkanäle und in Nebenkanäle unterteilt, die aus Kanalstücken zwischen den Hauptkanälen und den Zu- oder Abluftgeräten bestehen. Die Hauptkanäle sollen so verlegt werden, daß eine Kreuzung mit Primärträgern vermieden wird. Die Möglichkeiten hierzu hängen von den Spannweiten und von der Anordnung der Schächte ab. In gewissen Fällen, in denen Kreuzungen unvermeidlich sind, werden diese an Stellen im Gebäude verlegt, wo eine geringere Höhe akzeptiert werden kann (z.B. bei Garderoben, Toiletten, Fluren usw.). Die Kanäle, die - in erster Linie aus Preisgründen - mit rundem Querschnitt gewählt werden sollten, sind für eine Luftgeschwindigkeit der Größenordnung 6 - 8 m pro Sekunde zu dimensionieren. Die Nebenkanäle für eine Geschwindigkeit von etwa 3 - 6 m pro Sekunde sollen unter einem Primärträger verlaufen können und ein oder mehrere Lüftungsgeräte speisen. Das Kanalsystem wird so ausgelegt, daß die größtmögliche Symmetrie erzielt werden kann. Mit gleichlangen Kanälen oder gleichgroßem Druckabfall zu mehreren Lüftungsgeräten wird die Anzahl der Drosselungsstellen reduziert. Abbildung 74 zeigt Beispiele horizontaler Kanalführungen.

In Gebäudeteilen, die nicht an der Fassade liegen, wird die Luft über die Decke eingeblasen, und zwar durch Diffusoren, durch Spalten oder durch Perforierungen. Die Anordnung der Geräte soll unabhängig von anderen Installationen geschehen können, wobei kombinierte Geräte in Armaturen oder dergleichen vermieden werden sollen.

Da die Bücherregale veränderbar aufgestellt werden sollen, muß die Luft an der Decke eingeblasen werden. Die Zone, die unmittelbar unter der horizontalen Ebene liegt, in der eingeblasen wird, darf nicht durch Bücherregale oder dgl. abgeschirmt werden. Die zugelassene Höhe von Bücherregalen ist abhängig vom Abstand zwischen den Zuluftgeräten; bei einem normalen Abstand von 6 - 4 m ist ein Abstand zwischen Decke und Regalen von 0,3 m notwendig. Die Zuluftversorgung für die an der Fassade gelegenen Teile des Gebäudes soll von der Decke aus geschehen, mit einer Einblasrichtung zum Raum hin. Das Einblasen hinter Radiatoren soll vermieden werden. Die Geräte werden mit einer Drosselung gewählt, so daß die Steuerung der Luftmenge erleichtert und Unausgeglichenheiten im System vermieden werden können. Das akustische Niveau der Geräte soll dem Niveau des Raums angepaßt werden.

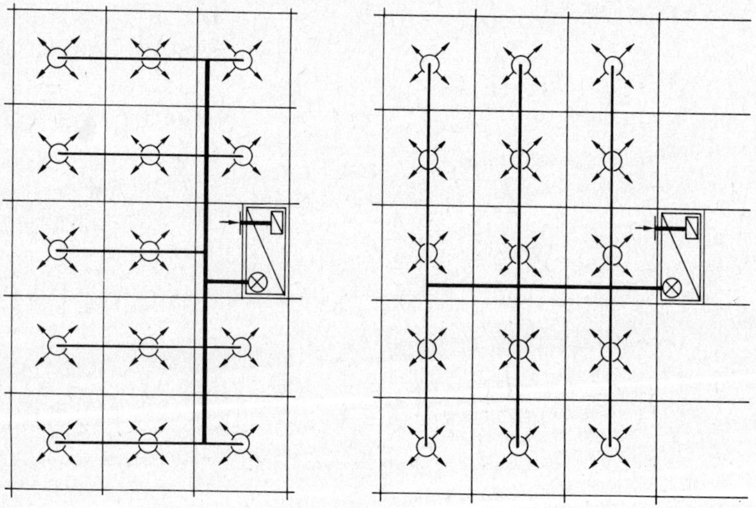

Abb.74 Beispiele für horizontale Kanalführungen

Abluftgeräte

Bei großen offenen Flächen kann die Abluft an wenigen Punkten abgesaugt werden, z.B. am Schacht. Bei der Aufteilung der Fläche müssen jedoch die Hauptkanäle zu jedem Raum hingezogen werden. Das integrierte System von Beleuchtung und Lüftung, bei dem die Abluft über die Armaturen abgesaugt wird, ist bei den Beleuchtungsstärken, die für Bibliotheken im allgemeinen empfohlen werden, aus Kostengründen nicht gerechtfertigt. Die Möglichkeiten des Systems sind außerdem bei der Umverteilung von Anforderungen an die Beleuchtung für verschiedene Flächen begrenzt. Die Geräte sollen mit einem Druckabfall gewählt werden, so daß auch hier eine Reduzierung der Anzahl der Drosselungstellen geschehen kann.

4. Dimensionierung

Allgemeines

Voraussetzung für eine richtige Dimensionierung der Luftbehandlungssysteme ist die Kenntnis der Größe und der Art der Wärmeentwicklung, des Akkumulierungsvermögens am Baukörper und der Einrichtungen sowie der zugelassenen Toleranzen beim thermischen Komfort. Zielsetzung bei der Dimensionierung sollte sein, Daten für die einfachste und billigste Luftbehandlungsanlage zu erhalten, die die geforderten Komfortanforderungen erfüllen können.

Komfortanforderungen

Die angegebenen Forderungen für die verschiedenen Räume sind immer in Form von Intervallen angegeben, z.B. eine zugelassene Raumtemperatur von 21 - 27° C. Die Dimensionierung von Anlagen wird hierbei so ausgeführt, daß die untere Grenze beim dimensionierenden Außenzustand und bei gleichzeitigem Fehlen von Wärmelasten erreicht wird. Die obere Grenze darf entweder nicht überschritten werden oder nur in einer gewissen Anzahl pro Normaljahr bei der dimensionierenden Wärmeentwicklung in den Räumen.

Wärmebelastungen

Die Wärmeentwicklung, die die Lüftung bei der Dimensionierung belastet, rührt her von

a) Personen

b) der Beleuchtung

c) Maschinen

d) der Sonneneinstrahlung

e) warmer zugeführter Außenluft.

Die Personenbelastung beträgt 90 Watt pro Person. Die Belastung durch die Beleuchtung wird von Fall zu Fall bestimmt und hängt ab von der Leistung, der Anordnung usw. Die Sonnenwärme wird bestimmt durch die Fassadenrichtung, die Größe der Glasflächen, die Jahreszeit und die Abschirmungsfaktoren. Das Produkt von prozentualer Glasfläche und Abschirmungsfaktor wurde in der KBS-Anweisung Nr. 12 für Büroräume maximiert, was auch für Bibliotheken gelten sollte. Siehe Abbildung 75. Die zugeführte Außenluft bringt einen Wärmezuschuß mit sich, sobald die Temperatur die im Raum erwünschte Lufttemperatur übersteigt.

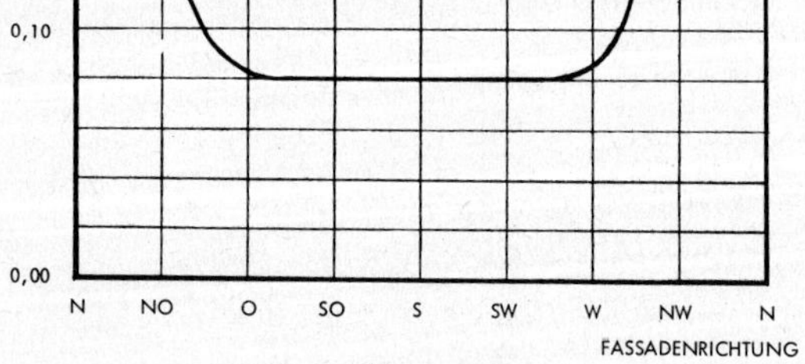

Abb.75 Maximalprodukt aus prozentualer Glasfläche und Abschirmungsfaktor

Akkumulierung im Gebäude

Um eine Überdimensionierung der Luftbehandlungsanlagen zu vermeiden ist es wünschenswert, daß auf die physikalische Möglichkeit Rücksicht genommen wird, Wärme zu akkumulieren. Wie zuvor genannt, kann man die Temperatur im Gebäude während des Tages innerhalb zugelassener Grenzen für den Wärmekomfort etwas ansteigen lassen, um sie während der Nacht wieder abzukühlen. Hierdurch kann der Effekt erzielt werden, daß die Wärmelast, umgeschlagen auf den gesamten Tagesablauf, die Luftbehandlungsanlage nur mit ihrem halben Wert beansprucht, was die Dimensionierung der Anlage merklich beeinflußt. In erster Linie soll dieser Effekt während der Sommerzeit in den Fällen ausgenützt werden, wo Kühlanlagen nicht vorkommen. Werden Kühlanlagen vorgesehen, so kann man die Akkumulierung dazu benützen, die Spitzenleistung der Kühlungsmaschinerie auf geringere Werte zu senken.

Elektroanlagen

1. Allgemeines

Voraussetzung für die Ausarbeitung dieses Berichts war eine völlig flexible Anordnung der verschiedenen Raumtypen im Gebäude, mit Ausnahme der sogenannten festen Räume, die von Anfang an eine definitive Anordnung erhalten. Zu den festen Räumen werden Archive, Schutzräume, Transformationsstationen, Elektroräume, Telefonzentralräume, Stativräume, Maschinenräume, Treppenhäuser, Schächte, Eingangshallen usw. gerechnet. Die Raumunterteilung der allgemeinen Flächen kann durch Zwischenwände geschehen, aber auch durch den Aufbau von "Zellen", d.h. mit Innendecken.

Außerdem sollen Änderungen von Raumdispositionen durch Änderung der Einrichtung möglich sein, z.B. durch Austausch von Regalflächen gegen Lesefläche und umgekehrt.

Die Elektroanlagen werden den oben angegebenen Anforderungen angepaßt, d.h. die Elektroanlagen müssen von der Baukonstruktion und von Gebäudeteilen getrennt und möglichst weitgehend als freiliegende Montage ausgeführt werden.

2. Kraftstromversorgung (Gruppenzentralen)

Belastungsangaben

Um die Kraftstromversorgungsanlagen dimensionieren zu können, ist es notwendig, für den heutigen und künftigen Leistungsbedarf einen Begriff zu bekommen. Der Leistungsbedarf für die Beleuchtung und den allgemeinen Kraftstrom einer Bibliothek kann mit dem eines normalen Bürogebäudes verglichen werden. Dies bedeutet, der Leistungsbedarf für die Allgemeinbeleuchtung kann mit 25 Watt pro m^2 Bruttogeschoßfläche angenommen werden und der für allgemeinen Kraftstrom mit 15 Watt pro m^2 Bruttogeschoßfläche. Diese Werte sollen für die Hauptsicherungen, für die Hauptleitungen und für die Gruppenzentralen (ausgenommen künftige Leistungsreserven) dimensionierend sein. Der Leistungsbedarf für speziellen Kraftstrom muß entsprechend der Funktion, der Ausbildung und dem Inhalt von Bibliotheken bemessen werden, so z.B. die Ausführung der Heizungs- und Sanitäranlagen (Luftkühlung) oder die Anordnung im Gebäude von Leistung erfordernden Apparaten und Einrichtungen.

Die Leistung für den künftigen Bedarf muß auf der Basis von Ausbauplänen, der künftigen Nutzung von Räumen sowie der wahrscheinlichen Anwendung neuer Elektroapparate geschätzt werden. Aus dem obenstehenden Abschnitt geht hervor, daß die installierte Leistung mit ca. 60 Watt pro m^2 Bruttogeschoßfläche berechnet werden kann. Die entnommene Leistung kann mit ca. 50 - 60 % der installierten Leistung angesetzt werden. Als Richtwert für die Dimensionierung von Stellwerken und Transformatoren wird eine Leistung von 30 Watt pro m^2 Bruttowohnfläche angenommen. Dies unter der Voraussetzung, daß der spezielle Kraftstrom von normalem Umfang ist, d.h. weder Luftkühlung noch große leistungsfordernde Apparate im Gebäude installiert werden.

Wahl des Stromtarifs

Wesentlich ist aus dem Blickpunkt der Kraftstromversorgung der Aufbau der Bibliothek und ihre Anordnung im Verhältnis zu den übrigen Gebäuden des Universitätsgebiets und zu dessen Verteilungsnetz. Das Universitätsgebiet in seiner Gesamtheit hat in der Regel ein eigenes Verteilungshochspannungsnetz. In einem solchen Fall soll die Verteilungsspannung zum Bibliotheksgebäude im Hinblick auf die Kraftstromüberführungskosten von der nächstliegenden eigenen Transformationsstation zum Bibliotheksgebäude gewählt werden. Bei freistehenden Bibliotheksgebäuden, bei denen ein direkter Anschluß an das Verteilungsnetz des Elektrowerkes stattfinden muß, sollte der Stromtarif im Hinblick auf die geringstmöglichen Kosten gewählt werden.

Aufbau des Hauptleitungssystems

Es kann geeignet erscheinen, das Hauptleitungssystem aufzuteilen, und zwar in ein allgemeines Hauptleitungssystem, das die Versorgung der Beleuchtung und des allgemeinen Kraftstroms für alle Räume vorsieht, und in ein Hauptleitungssystem, das speziellen Kraftstrom beispielsweise für die Buchbinderei, für Heizungs- und Lüftungsanlagen, eventuell für EDV-Anlagen, spezielle Maschinen usw. liefert. Der Aufbau des allgemeinen Hauptleitungssystems beruht auf der Größe und Anordnung der Gruppenzentrale. Wenn Gruppenzentralen nicht in festen Bauteilen angeordnet werden können, kann der entsprechende Grundriß in Versorgungsbereiche mit allgemeinen Zentralen in jedem Bereich gegliedert werden (siehe Abbildung 76).

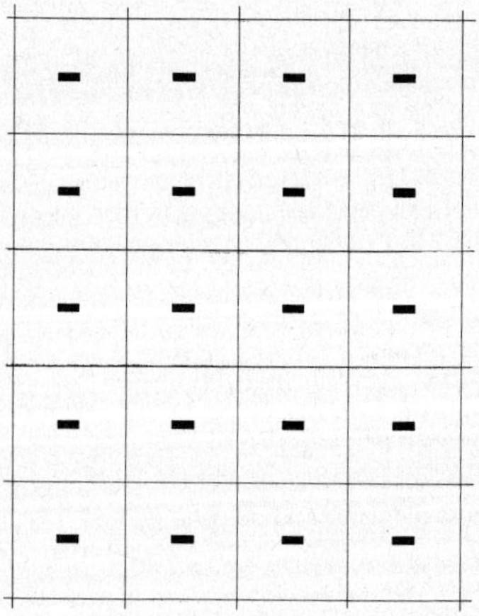

Abb.76 Prinzip einer Anordnung allgemeiner Zentralen

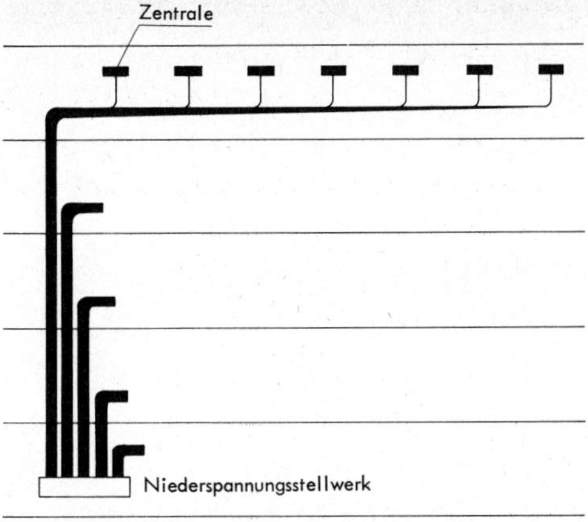

Abb.77 Allgemeines Hauptleitungssystem. Separate Versorgung der verschiedenen Geschosse

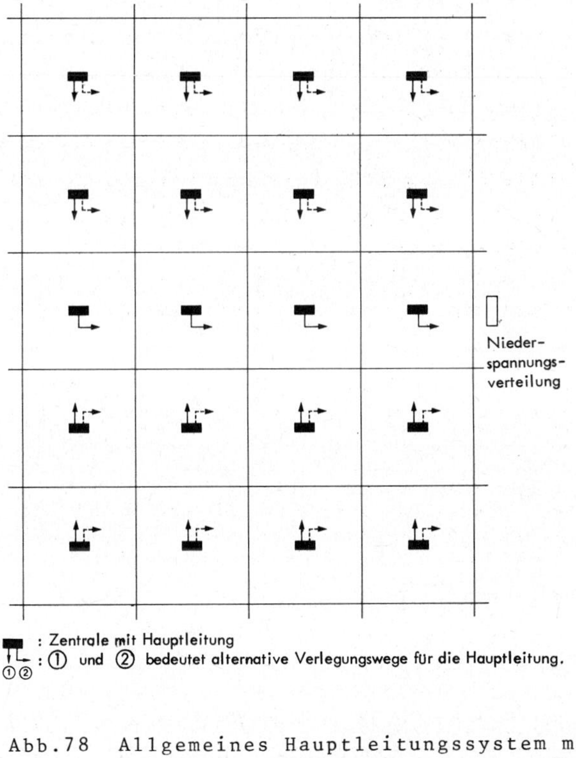

Abb.78 Allgemeines Hauptleitungssystem mit einer Hauptleitung/Zentrale. Systemaufbau unabhängig von Größe und Anordnung der Zentralen

Im Hinblick auf die Anordnung und die Änderungen der Räume in Gebäuden sollte jedes Geschoß mit separaten Hauptleitungen versorgt werden (siehe Abbildung 77), entweder mit direkten Hauptleitungen für jede Zentrale (siehe Abbildung 78) oder mit mehreren Zentralen für jede Hauptleitung (siehe Abbildung 79). Die Ausführung muß auf Kostenvergleichen zwischen verschiedenen Alternativen für das Verlegen von Hauptleitungen basieren.

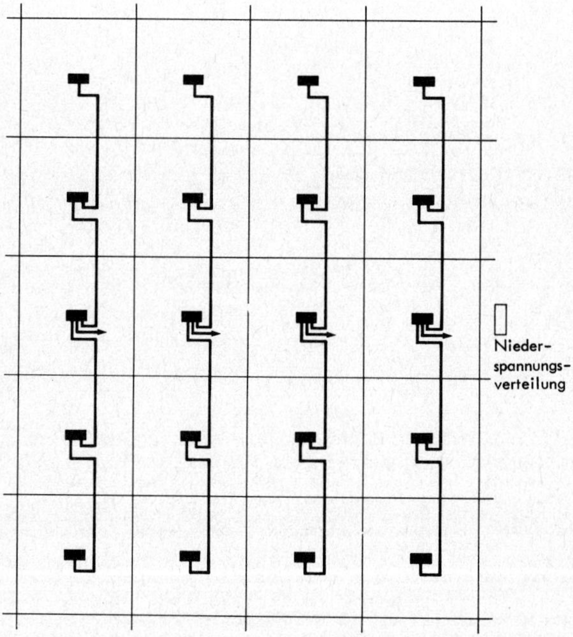

Abb.79 Festes allgemeines Hauptleitungssystem, mit einer Hauptleitung für mehrere Zentralen. Systemaufbau abhängig von Größe und Anordnung der Zentralen

Hauptleitungen

Der Aufbau des speziellen Leitungssystems wird in der Regel mit separaten Hauptleitungen zu den entsprechenden Spezialzentralen ausgeführt.

Übrige Stromversorgung

Für die Versorgung der Notbeleuchtungsanlage sowie für die der Regelungs- und Signalanlagen kann entweder eine gemeinsame oder eine separate Stromversorgung angeordnet werden.

In gewissen Fällen kann es sich lohnen, eine gemeinsame Stromversorgung für die Regelungs- und Signalanlagen in Transformatorstationen und für die Notbeleuchtung einzurichten sowie eine separate Stromversorgung für die übrigen Regelungs- und Signalanlagen.

Die Frage, ob ein separates Reservekraftsystem beispielsweise für EDV-Anlagen, wichtige Klimatisierungsausstattungen und für die Beleuchtung geschaffen werden muß, sollte ebenfalls näher untersucht werden. Die Stromversorgung der teletechnischen Anlagen geschieht in der Regel für die verschiedenen Anlagen separat. Gewisse Anlagen können jedoch eine gemeinsame Stromversorgung haben.

3. Kraftstromanlagen

Die Kraftstromanlagen einer Bibliothek können in zwei Arten aufgeteilt werden, nämlich in allgemeinen und in speziellen Kraftstrom, analog zur Aufteilung der Zentralen und Hauptleitungen.

Allgemeiner Kraftstrom

Dieser Teil der Kraftstromanlage umfaßt:

a) Steckdosen für Reinigungszwecke
b) Steckdosen für Büromaschinen
c) Steckdosen an den Leseplätzen (Arbeitsplatzbeleuchtung usw.)
d) allgemeine Wandsteckdosen
e) kleinere Kochapparaturen in den Teeküchen
f) kleine elektrische Apparate.

Spezieller Kraftstrom

Dieser Teil der Kraftstromanlage umfaßt:

a) Kraftstrom für Heizungs-, Lüftungs-, Sanitärausrüstung, wie Ventilatoren, Heizkessel usw.
b) Versorgung größerer Telefonzentralen und Stromversorgungsausrüstungen
c) Versorgung der Buchbinderei
d) Kraftstrom für EDV
e) Kraftstrom für Transportanlagen
f) Versorgung der Filmräume
g) Versorgung der Werkstätten, Fotolabors, audiovisuelle Räume usw.
h) Kraftstrom für Großküchen
i) größere elektrische Apparate.

Teletechnische Anlagen

Die in den nächsten vier Abschnitten angegebenen teletechnischen Anlagen gehören normalerweise zur Gebäudeausstattung, während die übrigen teletechnischen Anlagen zur besonderen Betriebsausstattung gerechnet werden. Für sämtliche Anlagen soll die Kanalisation zur Gebäudeausstattung zählen.

Diensttelefon

Für die Gesprächsverbindung mit oder zwischen Dienstpersonal können innerhalb der Elektroräume, Maschinenräume, Aufzugsmaschinenräume und gleichartigen Räume Steckdosen für den Anschluß von tragbaren Telefonapparaten installiert werden. Die Steckdosen werden parallel gekoppelt. Wenn die Bibliothek innerhalb eines Universitätsgebietes liegt, werden die Anlagen an die für das Universitätsgebiet normalerweise gemeinsame Diensttelefonanlage angeschlossen.

Eintrittssignale

Eintrittstüren können mit Eintrittssignalen ausgestattet werden. Die Signaldruckknöpfe werden normalerweise in die Türleibungen der Eingangstüren eingefälzt. Das Signalorgan, der Wecker oder der Summer, wird in einem geeigneten Raum, im allgemeinen in der Eingangshalle, in Fluren oder in der Rezeption untergebracht.

Elektrische Schlösser

Eingangstüren, Tore und Türen zu Geschossen und Abteilungen usw. können durch elektrische Türschlösser bedient werden. Sie werden automatisch durch eine für das Universitätsgebiet gemeinsame Zeitsteuerungsausstattung (angeschlossen an die zentrale Uhrenanlage, zu der die Hauptuhr gehört) gesteuert und sind in der Überwachungszentrale angeordnet. Die Leitung zum Bibliotheksgebäude läuft über das äußere Leitungsnetz. Fehlt eine gemeinsame Zeitsteuerungsausrüstung, so sind spezielle Ausstattungen für die Bibliothek erforderlich. Für die lokale Regelung der Türschlösser werden innerhalb der Rezeption oder des Hausmeisterraums Regelungstafeln benötigt, die in der Regel durch eine interne Telefonverbindung (Türtelefon) ergänzt werden.

Automatischer Feueralarm

Damit keine zu hohe Feuerschutzklasse für die Bibliothek erforderlich wird, muß eine automatische Feueralarmanlage installiert werden. Der Umfang und die Ausführung hängt von der Bauausführung und von den Vorschriften der Behörden ab. Die Anlagen müssen mit einem gemeinsamen Zentralapparat für Universitätsgebiete verbunden sein, wenn dies jedoch nicht möglich ist, wird der Zentralapparat beim Eingang oder bei einem anderen, von der Ortsfeuerwehr angewiesenen Bereich angebracht. Der Zentralapparat soll eine automatische Alarmverbindung mit der Feuerwehr besitzen.

Einbruchalarmanlagen

Um außerordentlich wertvolle Sammlungen zu schützen, kann eine Einbruchalarmanlage gelegt werden.

Reichstelefon

Reichstelefonapparate für Bibliothekspersonal sollen an eine für die Universität gemeinsame (oder für einen Teil der Universität gemeinsame) Telefonzentrale angeschlossen werden. Für Bibliotheksbesucher sollen Münzautomaten an geeigneten Stellen aufgestellt werden. Wenn Verbindungen mit anderen Bibliotheken über Fernschreiber notwendig sind, sollen Fernschreiber in separaten Räumen aufgestellt oder auf andere Weise akustisch von der Umgebung abgeschirmt werden. Alle Planungen von Telefonzentralen sind in Zusammenarbeit mit dem Telefonwerk durchzuführen.

Haustelefonsysteme

Wenn das Reichstelefon der Bibliothek an eine vollautomatische Zentrale angeschlossen ist, kann es auch für Ortsgespräche verwendet werden. Als Ergänzung zum Reichstelefon wird im Normalfall eine Schnelltelefonanlage installiert und oftmals zusammen mit anderen Institutionen in ein größeres System mit einer gemeinsamen Zentrale integriert. Als Ergänzung zu den Schnelltelefonen, die für die administrativen Belange benötigt werden, können in Zukunft weitere Kommunikationsbedürfnisse entstehen, z.B. Kommunikation zwischen Forschern und Studienplätzen oder Aufnahmezentralen für auf Band genommene Fernseh- oder Hörprogramme. Aus praktischen und ökonomischen Gründen kann hier ein separates Haustelefonsystem geeignet sein.

Zentrale Uhrenanlagen

Innerhalb der Bibliothek müssen Uhren in Lesesälen, Leihstellen, in allgemeinen Aufenthaltsräumen und in den Fluren angebracht werden. Um eine einheitliche Zeitangabe zu garantieren, werden diese Uhren von einer Hauptuhr betrieben, die Minuten- und/oder Sekundenimpulse aussendet. Die Hauptuhr ist normalerweise für die gesamte Universität zuständig; für die Bibliothek ist eine Unterzentrale mit Stromversorgungsausrüstung, bestehend aus Gleichrichter und Batterie, erforderlich.

Zentrale Antennenanlage

Für die Wiedergabe auf Band aufgenommener und drahtloser Fernseh- und Radioprogramme kann eine zentrale Antennenanlage aktuell werden. Die Ausführung wird variieren; in gewissen Fällen kann die Anlage für eine ganze Universität mit gemeinsamem Antennenmast und Unterverstärkern in den betreffenden Gebäuden, in anderen Fällen wiederum eine für das Gebäude separate Anlage geeignet sein. Interne Fernsehprogramme können über das Zentralantennennetz übertragen werden, was nicht ausschließt, daß zuweilen ein System mit separaten Kabeln für Bild und Ton geeigneter sein kann. Die Wahl des Systems beruht unter anderem auf der gewünschten Anzahl von Simultansendemöglichkeiten sowie auf der technischen Entwicklung von Zentralantennensystemen und Modulatoren.

Signalanlagen

Zwei Typen von "Besetzt"-Signalanlagen können vorkommen:

a) für abgeschiedene Räume, wie Diensträume, deren Elemente aus einem Innenkontakt auf dem Tisch, über Telefon oder aus einer außen an der Tür angebrachten Wandtafel mit "besetzt", "warten", "eintreten" bestehen

b) für Konferenzräume, Gruppenräume und Forscher- bzw. Studienzellen, deren Elemente aus einem im Raum angeordneten Regelungsapparat und einer vor der Tür oder außerhalb des Raumes befindlichen Leuchttafel bestehen.

Ferner sollte ein Signal, ein elektrischer Gong vorhanden sein, der die Schließung der Bibliothek anzeigt.

Personensuche

Daß Personen gesucht werden, kommt in der Universität selten vor, sollte dieser Fall jedoch eintreten, dann geschieht das in der Regel in Form von Gruppenaufrufen über das Schnelltelefon. Eine optische Personensuche über Leuchttafeln scheint aus technischen Gründen nicht in Frage zu kommen. Drahtlose Personensuche könnte für die Zukunft wünschenswert sein, z.B. als Service für Gastforscher, die einen Empfänger während ihres Aufenthalts in der Bibliothek ausleihen können. Den Suchdienst kann die Telefonzentrale oder die Ausleihstelle übernehmen.

5. Regelungs- und Signalanlagen

Aufbau

Um gewisse Funktionen zentral regeln und überwachen zu können, muß ein System für Regelungs- und Signalanlagen aufgebaut werden. Dieses System soll folgende Funktionen umfassen:

a) Regelung der Beleuchtung
b) Regelung der Heizungs- und Sanitäranlagen
c) Regelung der Elektrizitätsanlagen
d) Fehlersignalanlagen.

In der Regel wird innerhalb eines Universitätsgebiets eine für alle Bauten gemeinsame Überwachungszentrale installiert, die in einem zentral gelegenen Gebäude angeordnet wird. Von den betreffenden Gebäuden können die genannten Funktionen über ein äußeres Leitungsnetz, das sämtliche Gebäude mit der Überwachungszentrale verbindet, zu dieser Überwachungszentrale überführt werden. Innerhalb des betreffenden Gebäudes (in diesem Falle des Bibliotheksgebäudes) wird der Systemaufbau so ausgeführt, daß das äußere Leitungsnetz auf Kreuzkopplungsstative aufgekoppelt wird, die im Telezentralraum angeordnet werden. An das Kreuzkopplungsstativ werden die ausgehenden Leitungen für Signal- und Regelungsanlagen gekoppelt. Auf das Stativ im Telezentralraum werden auch Sicherungen, Relaisausrüstungen usw. aufgesetzt.

Die Funktionen, die von den Überwachungszentralen kommen, sollen über Hauptleitungen für Signal- und Regelungsanlagen so zum Gebäude gekoppelt werden, daß sämtliche Funktionen in den betreffenden elektronischen oder anderen Kopplungspunkten für Signal- und Regelungsleitungen erhältlich sind. Dies, damit bei der Wahl gewünschter Funktionen von der Überwachungszentrale, wo auch immer der Bedarf entsteht, die Flexibilität erhalten bleiben kann.

Bei freistehenden Bibliotheksgebäuden wird der Systemaufbau in der oben ausgeführten Art angegeben, aber die zentralliegende Überwachungszentrale wird durch eine Überwachungszentrale ersetzt, die einen geeigneten Platz innerhalb des Bibliotheksgebäudes hat. Das äußere Leitungsnetz wird durch Leitungen zwischen den Kreuzkopplungsstativen und der Überwachungszentrale im Bibliotheksgebäude ersetzt. Eventuell können auch andere Anlagen über ein gemeinsames Leitungsnetz überführt werden.

Regelung der Beleuchtung

Von der Überwachungszentrale werden über das Leitungsnetz eine Anzahl fester Zeitfunktionen für die Regelung der Beleuchtung übernommen. Als Ausgabestelle für die Funktionen sind in der Überwachungszentrale eine Zeituhr und ein Dämmerungsrelais vorhanden. Die Räume innerhalb des Bibliotheksgebäudes, die in erster Linie dafür in Frage kommen, sind Korridore, Treppenhäuser, Hallen und die Außenbereiche. Die übrigen Räume, die zentral geregelt werden können, müssen von Fall zu Fall bestimmt werden.

Kopplungsmöglichkeiten für manuelle Regelung der Beleuchtung müssen an geeigneten Plätzen, z.B. in Elektro-Nischen, angebracht werden.

In den Räumen, in denen die Beleuchtung von der Überwachungszentrale aus geschieht, sollten gewisse Beleuchtungsgruppen als Führungsbeleuchtung ausgeführt und nicht durch die zentrale Beleuchtungssteuerung vorgenommen werden. Die Führungsbeleuchtung setzt sich zusammen aus einer Anzahl von Armaturen, die normalerweise im Betrieb sind und nur von der entsprechenden Gruppenzentrale mit Stromsteller geregelt werden können. Die Beleuchtungsregelung sonst wird mit normalen Stromstellern oder mit Relais ausgeführt; bei großen Räumen geschieht dies durch kontaktgesteuerte Zentralen. Verdunklung oder stufenweise Abblendung der Beleuchtung kann in Räumen mit visuellen Demonstrationseinrichtungen vorkommen.

Regelung der Heizungs-, Lüftungs- und Sanitärausstattung

Die Regelung von in Gebäuden installierten Ventilatoren und Pumpen usw. soll im Anschluß an die Sicherung der Apparate (Apparateschränke, Gruppenzentralen) geschehen. Die Regelung geschieht durch Zeituhren oder

Regelungsstromsteller, die im Anschluß an den betreffenden Apparateschrank angeordnet sind. Eine zentrale Regelung besteht nicht, sondern die erforderliche Überwachung geschieht über Fehlersignalanlagen und durch regelmäßige Inspektionen; ausgenommen davon sind Ventilatoren für gewisse Räume, die variierende Benutzungszeiten haben und daher gewisse Regelplätze in den betreffenden Räumen oder im Anschluß an diese erforderlich machen können, z.B. gilt dies für Hörsäle und Besprechungsräume. Eine zentrale Regelung durch die Überwachungszentrale über Regelungs- und Signalleitungen kann bei Impulsen für Regelzentralen in Frage kommen (z.B. über Variatorzentralen) oder für die zentrale Abschottung von Ventilationsanlagen bei eventuellen Bränden.

Übrige Regelung

Für Unterrichtsräume mit Fernsehempfängern soll eine gemeinsame Regelung der Netzspannung angeordnet werden.

Fehlersignale

Für Heizungs- und Sanitäranlagen, Transformationsstationen, Aufzugs- und Transportanlagen usw. werden Anlagen für eine automatische oder manuelle Auslösung von Fehlersignalen bei Betriebsstörungen installiert.

Fehlersignalzentralen mit separater Anzeige der betreffenden Fehlerstellen werden in Klimageräteräumen, Heizzentralen, Transformationsstationen usw. angebracht. Von diesen Fehlerzentralen wird ein Summalarm zu einer übergeordneten Fehlersignalzentrale weitergeleitet, die zentral innerhalb des Bibliotheksgebäudes angeordnet ist. Von dort aus wird der Summalarm zu der für alle Gebäude gemeinsamen Überwachungszentrale innerhalb des Universitätsgebiets überführt. Die Fehlersignale sollen entsprechend der Dringlichkeitsstufe in verschiedene Alarmklassen gegliedert werden. Bei Aufteilung in Alarmklassen geschieht gleichzeitig eine entsprechende Aufteilung der Summalarme. Alarmeinrichtungen der Aufzüge werden direkt an die übergeordnete Fehlersignalzentrale angeschlossen. Fehlersignalanlagen müssen Tag und Nacht überwacht werden.

6. Allgemeine Installation

Der Systemaufbau für Kraftstromversorgung, Beleuchtung, Kraftstromanlagen, teletechnische Anlagen sowie Steuerungs- und Signalanlagen wurden hinsichtlich der prinzipiellen Ausbildung der Anlagen in den vorangegangenen Abschnitten behandelt.

Wie aus dem Abschnitt 1 "Allgemeines" hervorgeht, ist für den Bibliotheksbau eine Ausführung als generelles Gebäude Voraussetzung, in dem überall verschiedene Raumtypen eingerichtet werden können. Ausnahme sind bestimmte Gebäudezonen für sogenannte "feste" Räume. Wesentlich ist, daß die Elektroanlagen entsprechend diesen Voraussetzungen installiert werden.

Falls Räume für Installation vorhanden sind und die Installation unverdeckt geführt wird (Leitungsleitern, -rinnen, -klammern usw.) kann von flexibler Installation gesprochen werden. Unter diesem Gesichtspunkt kann die Installation lediglich nach Bedarf und Umfang ausgeführt werden, die nachträglich erforderlich würden. Dieser vereinfachte Gesichtspunkt ist jedoch aus praktischen und ökonomischen Gründen nicht für alle Teile des Bibliotheksgebäudes anwendbar.

Installationen müssen in diesen Teilen so flexibel ausgeführt werden, daß bei notwendig werdenden Veränderungen keine allzu großen Eingriffe erforderlich sind. Umfang und Art der Flexibilität sind schwer zu bestimmen und müssen aufgrund der nachfolgend angegebenen Faktoren geschehen:

a) Raumtypen
b) Raumveränderungen
c) Veränderungen in der Einrichtung
d) Veränderungen und Ergänzungen der Installation
e) Umfang von Punkt a, b, c
f) Zulässige Störung bei den Tätigkeiten von Punkt a - d.

Neben der allgemeinen Beurteilung der Flexibilität der Installation muß auch erwogen werden, welche Teile der Installation eventuell verändert werden müssen. Bei Bibliotheksgebäuden kann die Installation in eine Grundinstallation (mit dem Gebäude zusammenhängende Teile) und in eine Ergänzungsinstallation (mit der Tätigkeit in Verbindung stehende Teile) gegliedert werden. Die Grundinstallation umfaßt die Installation, die in einem frühen Bauabschnitt ausgeführt und als relativ fest betrachtet werden kann, d.h. die normalerweise nicht verändert wird. Die Ergänzungsinstallation hängt von der Aufteilung der Einrichtung und der Ausstattung der Räume ab und kann als der Teil der Installation betrachtet werden, der normalerweise verändert wird.

Installation für Versorgung mit Kraftstrom

Die Transformatorenstation oder die Hauptverteilungsstelle gehört zur Grundinstallation, ebenso die allgemeinen Hauptleitungen und die allgemeinen Zentralen, wenn die Anordnung der Zentralen feststeht. Falls jedoch die Anordnung der allgemeinen Zentrale von der Einrichtung abhängt, gehören Hauptleitung und Zentralen zur Ergänzungsinstallation. Besondere Hauptleitungen und besondere Zentralen können entweder zur Grundinstallation oder zur Ergänzungsinstallation gehören, je nach dem Zeitpunkt, an dem die Angaben vorliegen.

Installation für Beleuchtungsanlagen

Die Beleuchtungsanlagen können aufgeteilt werden in eine Installation für feste und für variable Räume. Die Beleuchtungsinstallation in festen Räumen wird auf konventionelle Art ausgeführt, d.h. mit Leitungen, Kopplungsdosen, Strom- und Lichtschaltern und kann zur Grund- oder zur Ergänzungsinstallation gehören.

Die Installation für Beleuchtungsanlagen in variablen Räumen hängt davon ab, wie über die Räume disponiert wird, d.h.

a) ob die Aufteilung durch Errichten einfacher Schirmwände geschieht

b) ob neben dem Errichten von Schirmwänden sogenannte Bürozellen eingerichtet werden.

Um eine gute Flexibilität in bestimmten Gebäudeteilen zu erreichen, kann die Installation für die Beleuchtung so durchgeführt werden, daß sie aus einer Grundinstallation mit Leitungsnetz und Steckdosen für den Anschluß von Armaturen für eine Allgemeinbeleuchtung besteht und aus einer ergänzenden Beleuchtung für Bücherregale, Leseplätze usw. Die Beleuchtungsanlage in Bürozellen oder in gleichartigen Räumen wird separat als Ergänzungsinstallation ausgeführt mit Anschluß an Steckdosen, die zur Grundinstallation gehören.

Die genannte Grundinstallation ist von der definitiven Anordnung und Ausbildung der Räume unabhängig. Bei geringen Anforderungen an die Flexibilität kann, nachdem die Räume ihre definitive Anordnung erhalten haben, die Beleuchtungsinstallation in variablen Räumen teils aus einer Ergänzungsinstallation in den Leseräumen und teils aus einer Ergänzungsinstallation in den übrigen Räumen bestehen, die dem Bedarf der entsprechenden Räume angepaßt wird. Bei Umdisponierung von Räumen wird die Installation demontiert und Leitungen werden im Hinblick auf die neuen Gegebenheiten verlegt.

Installation für allgemeinen Kraftstrom

Die Installation für den allgemeinen Kraftstrom wird teils als Grundinstallation ausgeführt (Leitungen für Reinigungssteckdosen an Stützen, Außenwänden oder anderen festen Wänden) und teils als Ergänzungsinstallation (Leitungsnetz und Steckdosen in Deckenkanälen von Leseräumen sowie Ergänzungsinstallation für übrige Zwecke), bei der die Verlegung der Leitungen je nach Bedarf geschieht. Die Steckdosen an den Leseplätzen (am Tisch) werden durch Stecker mit den Deckendosen verbunden. Gruppenleitungen für allgemeinen Kraftstrom werden an allgemeine Zentralen angeschlossen.

Installation für speziellen Kraftstrom

Leitungen für spezielle Kraftstromanlagen, die zu Apparaten und Maschinen gehören, sind der Ergänzungsinstallation zuzurechnen. Die Installation besteht hauptsächlich aus einem festen Leitungsnetz, Steckdosen, Kopplungsdosen oder festen Kopplungen und wird nach Bedarf im Hinblick auf die Größe und die exakte Anordnung der Apparate ausgeführt. Gruppenleitungen für speziellen Kraftstrom werden an besondere Zentralen angeschlossen.

Installation für teletechnische Anlagen

Die Installation für die teletechnischen Anlagen soll normalerweise als Ergänzungsinstallation ausgeführt werden, je nach der definitiven Anordnung und Ausbildung der Räume. Doch kann für gewisse Anlagen eine Grundinstallation mit einem festen Stammkabelnetz und zugehörigen Kopplungspunkten in Elektroräumen, Elektroschächten und Elektro-Nischen verwendet werden.

Installation für Regelungs- und Signalanlagen

Die Installation für Regelungs- und Signalanlagen zählen normalerweise zur Ergänzungsinstallation, aber auch für diesen Anlagenteil kann, wie für die teletechnischen Anlagen in der Grundinstallation, ein festes Hauptleitungssystem mit Kopplungspunkten gewählt werden.

7. Raumbedarf

Die zentralen Elektroräume müssen im Hinblick auf Leitungslängen usw. so ökonomisch wie möglich angeordnet werden. Ihre Anordnung soll auch auf Zugangsmöglichkeiten zu den Serviceleitungen des Elektrowerks, des Telewerks und der eigenen Anlage geprüft werden. Es kann günstig sein, sämtliche zentralen Elektroräume zu einer Einheit auszubilden, um dadurch die Voraussetzungen für ein klares Kanalsystem zu schaffen.

Transformatoren und Stellwerkräume

Der Raumbedarf für Transformatoren und Stellwerkräume beruht in erster Linie auf der Wahl des Stromtarifs.

a) Bei Anwendung von Hochspannungstarif besteht die Transformatorenstation aus Hochspannungs- und Niederspannungsstellwerkräumen. Trocken isolierte Transformatoren werden im Niederspannungsstellwerkraum angeordnet. Werden ölisolierte Transformatoren verwendet, sind separate Transformatorenfundamente erforderlich.

b) Bei Anwendung von Niederspannungstarif ist ein Hauptverteilungsraum erforderlich, der entweder als ein Niederspannungsstellwerk oder als eine abgekapselte Zentrale ausgeführt wird und vom gesamten Leistungsbedarf abhängig ist.

Der Flächenbedarf wird von der erforderlichen Anzahl an Fächern, Räumen für die übrige Ausstattung, Bedienungsgängen und an Reserveräumen bestimmt.

Stativräume und Telefonzentralen

Der Raumbedarf für Reichs- bzw. Haustelefon ist abhängig vom Umfang und von der Ausbildung der Anlagen. Wie bereits erwähnt, können Reichs- bzw. Haustelefonanlagen des Gebäudes an eine für das Universitätsgebiet gemeinsame Reichs- bzw. Haustelefonzentrale angeschlossen werden. Im Bibliotheksgebäude ist in einem solchen Fall nur ein Raum für ein Kreuzkopplungsstativ erforderlich, dessen Größe von der Zahl der Anschlußstellen bestimmt wird.

Wird das Gebäude mit einer separaten Haustelefonzentrale ausgestattet, so sind bei kleineren Zentralen freie Wandflächen für Relaisschränke und für die Stromversorgungsausrüstung erforderlich, die im Telefonzentralraum angeordnet werden können. Für größere Zentralen ist ein separater Raum notwendig.

Bei einer separaten Reichstelefonzentrale innerhalb des Bibliotheksgebäudes ist ein Stativraum, ein Telefonistenraum und ein Raum für die Kreuzkopplung erforderlich. Ferner kann sich im Hinblick auf die Größe der Zentrale ein Reparaturraum ergeben, ein Raum für die Leitung mit Toilette, Teeküche, ein Ruheraum usw. Die Räume für das Reichstelefon sind zusammen mit dem Telewerk zu planen.

Telezentralräume

Für teletechnische Anlagen, wie Regelungs- und Signalanlagen, werden im Gebäude ein oder mehrere Telezentralräume für u.a. folgende Funktionen angeordnet:

a) eine zentrale Kopplung an das Kreuzkopplungsstativ von den Regelungs- und Signalleitungen. Teils Hauptleitungen innerhalb des Gebäudes und eventuell teils äußeres Leitungsnetz (von der zentralen Überwachungszentrale)

b) Anordnung von Sicherungen, Relais usw. für Regelungs- und Signalanlagen

c) Anordnung von Stromversorgungsgeräten, wie Gleichrichter, Transformatoren und Batterien für Regelungs- und Signalanlagen sowie für teletechnische Anlagen. Sie sollten möglichst in einem separaten Batterieraum angeordnet werden

d) Anordnung von zentralen Einrichtungen für teletechnische Anlagen ohne separate Räume.

Der Raumbedarf der Telezentralräume, der sich aus den oben angeführten Bedingungen zusammensetzt, hängt direkt vom Umfang und von der Ausbildung der Anlagen ab und muß deshalb von Fall zu Fall festgelegt werden.

Batterieräume

Aufgrund des Umfangs der Notbeleuchtungsanlagen in Bibliotheksgebäuden kann es geeignet erscheinen, einen separaten Raum für die Notbeleuchtungsbatterien anzuordnen. Die Größe des Raums wird bestimmt vom Raumbedarf für Batterien und vom Ladegleichrichter, von Verteilungszentralen für ausgehende Gruppen, vom Stromunterbrecher und den Sicherungen für Batterien und Gleichrichter sowie von Apparaten und Schränken für Schutzausrüstungen.

Unter Umständen kann es vorteilhaft sein, alle Batterieausrüstungen in einen gemeinsamen Batterieraum einzuordnen, d.h. auch die für die Transformatorenstation, die für Regelungs- und Signalanlagen sowie die für die teletechnischen Anlagen.

Elektro-Nischen und Elektroschächte

Für die Verlegung der vertikalen Leitungen und für die Anordnung von zentralen Elektroeinrichtungen werden im Gebäude eine Anzahl Elektroschächte oder Elektro-Nischen vorgesehen.

Die Räume, die für die Verlegung vertikaler Leitungen zwischen verschiedenen Geschoßebenen und als Anordnung für die zentralen Elektroeinrichtungen vorgesehen wurden, werden als "Elektroschächte" bezeichnet, während Räume, die nur für das Anbringen von Elektroeinrichtungen verwendet werden, "Elektro-Nischen" genannt werden. Elektroschächte werden an den festen Teilen des Gebäudes angeordnet, wie z.B. an Treppenhäusern. Dasselbe gilt für die Elektro-Nischen. Hinsichtlich der Zahl, der Anordnung und der Dimensionierung der Elektroschächte und der Elektro-Nischen wurden im Abschnitt "Vertikale Kanalisation" weitere Angaben gemacht. Elektroschächte und/oder Elektro-Nischen können möglicherweise durch Elektroräume ersetzt werden.

Räume für Zentralen, Apparateschränke, Regelungstafeln u.a.mehr

In speziellen Räumen, wie Werkstätten, Buchbindereien, Heizungszentralen, Räume für Klimageräte und andere Arten von Maschinen, sind Flächen für Zentralen, Apparateschränke, Regelungstafeln usw. erforderlich.

Die Anordnung von zentralen Regelungstafeln für Regelungs- und Signalanlagen kann in dafür geeigneten Räumen aktuell werden, wenn keine zentralen Überwachungszentralen für mehrere Gebäude gemeinsam vorhanden sind.

Der Raumbedarf für diese Zentralen und Apparateschränke ist von Fall zu Fall, im Hinblick auf Umfang und Ausbildung der Anlage, zu beurteilen.

Raumbedarf für Feueralarmzentralen

Falls ein Gebäude mit automatischen Feueralarmanlagen versehen wird, sollten unmittelbar am Eingang eine Fläche für einen Zentralapparat, ein Rahmen für Orientierungspläne usw. vorgesehen werden. Der Raumbedarf hängt vom Umfang der Feueralarmanlage ab. Die Anordnung des Zentralapparats sollte zusammen mit der lokalen Feuerwehr bestimmt werden.

8. Kanalisation und bautechnische Maßnahmen

Horizontale Kanalisation

Im Hinblick auf die Flexibilität des Kraftstromversorgungssystems und der Installation für Kraftstrom-, Beleuchtungs- und teletechnische Anlagen ist es günstig, in Übereinstimmung mit dem Aufbau dieser Anlagenteile auch die horizontale Kanalisation in zwei Stufen zu errichten, d.h. eine Grund- und eine Ergänzungskanalisation auszuführen. Die Grundkanalisation besteht aus größeren Leitungsleitern für die Verlegung der Hauptkabelstränge und wird als feste Installation ausgeführt, ohne Rücksicht auf Zwischenwände. Die Gruppenleitungen werden als Ergänzungskanalisation verlegt, die z.B. aus kleineren Leitungsrinnen, aus Stahlprofilen oder aus geschlossenen Kanälen für die vertikale Leitungsführung besteht. Voraussetzung für die Errichtung eines Grundkanalisationssystems an der Decke ist, daß dort keine durch ein festes Leitersystem verursachten größeren bautechnischen Maßnahmen vorgenommen werden müssen bzw. der Grundriß in Räume für die verschiedenen Tätigkeiten der Bibliothek unterteilt wird.

Bei einer gegebenen Anordnung von Elektrizitätsräumen und Zentralen sowie einem gegebenen Aufbau des Hauptleitungssystems kann die Anordnung der Grundkanalisation folgendermaßen vor sich gehen:

Grundkanalisation 1: bestehend aus einem oder mehreren Strängen mit einer Anzahl größerer Leitungsleitern

Grundkanalisation 2: bestehend aus einer Leitungsleiter pro Versorgungsfeld, senkrecht zur Grundkanalisation 1

Grundkanalisation 3: bestehend aus mehreren Leitungsrinnen, senkrecht zur Grundkanalisation 2.

Die Abbildungen 80 - 82 stellen alternative Ausführungen für die Grundkanalisation 1 und 2 dar.

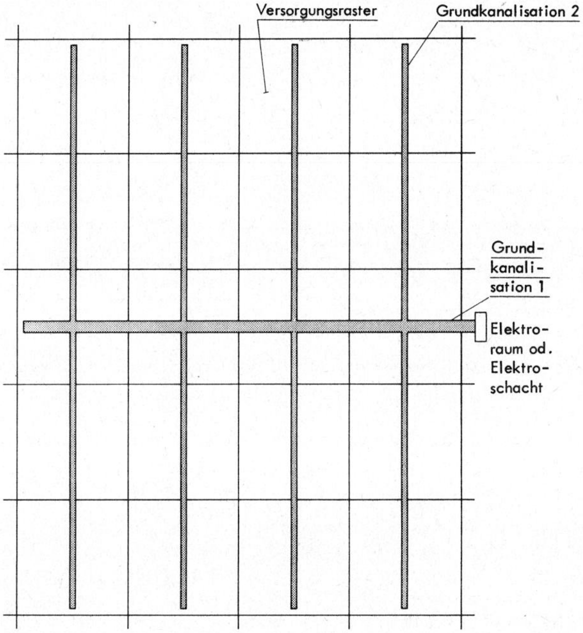

Abb.80 Grundkanalisation 1 und 2, Alternative 1

Die endgültige Ausbildung dieser Kanalisationstypen muß im Hinblick auf den Aufbau von Hauptleitungen, auf den künftigen Ausbau, auf Kosten und Flexibilität bei der entsprechenden Alternative sowie auf den der Gesamtfläche pro Geschoß bestimmt werden.

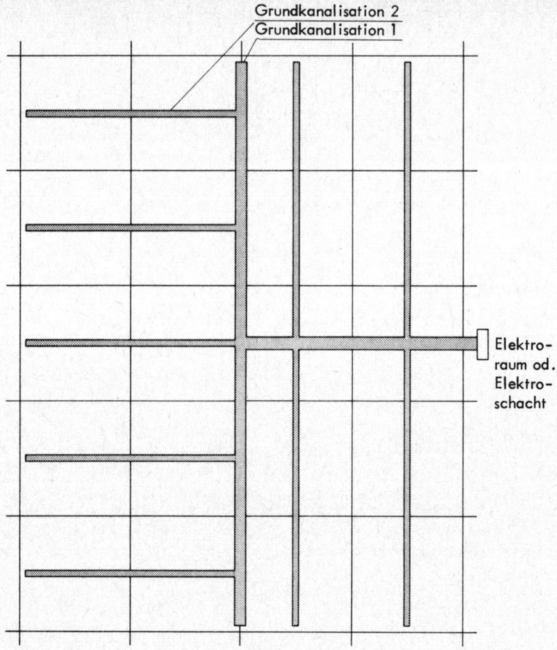

Abb.81 Grundkanalisation 1 und 2, Alternative 2

Bei einem gegebenen System für die Grundkanalisation 1 und 2 kann ein System für die Grundkanalisation 3 entworfen werden, indem vom Leitungssystem für Kraftstrom, Beleuchtung und teletechnische Anlagen innerhalb des entsprechenden Versorgungsfeldes ausgegangen wird. Als Ausgangspunkt kann der Achsabstand zwischen den Beleuchtungsarmaturen und den eventuellen Steckdosen an den Leseplätzen verwendet werden. Abbildung 83 stellt ein denkbares System für die Grundkanalisation 3 dar.

Der Umfang der Grundkanalisation 3 hängt vom Typ des Raumes ab und kann, falls es geeignet erscheint, als Ergänzungskanalisation ausgeführt werden.

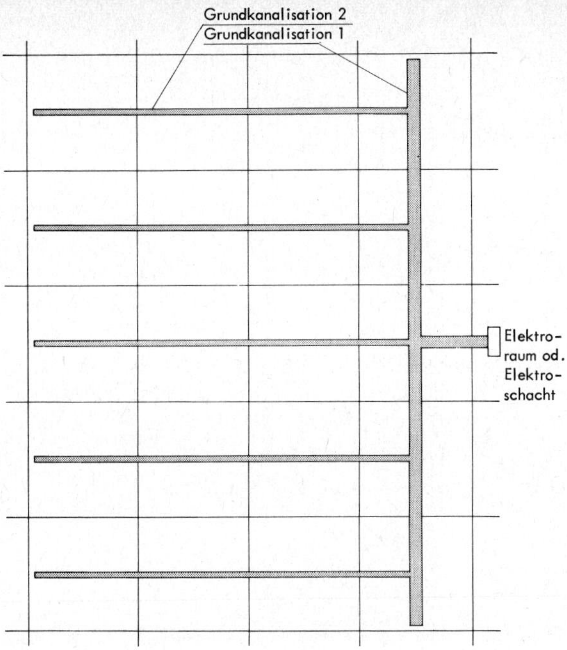

Abb.82 Grundkanalisation 1 und 2, Alternative 3

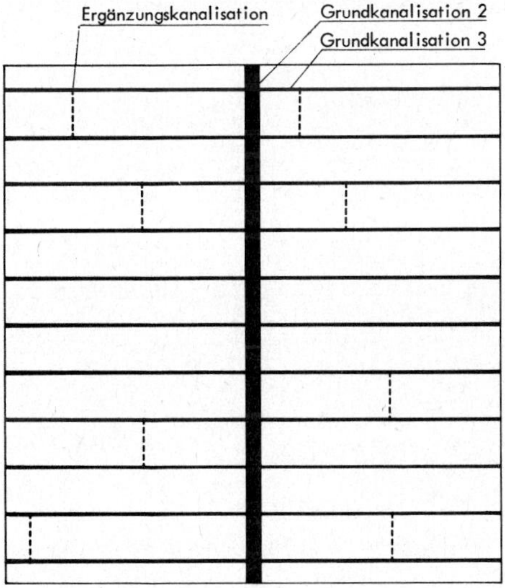

Abb.83 Grundkanalisation 2 und 3 sowie Ergänzungskanalisation in einem Versorgungsraster. Typenbeispiel

Die Ausführung der Ergänzungskanalisation ist abhängig von der spezifischen Anordnung der Räume bzw. der Einrichtung und muß deshalb später bestimmt werden. Alternative Lösungen können von Fall zu Fall merklich variieren und müssen separat für jedes Projekt untersucht werden.

Vertikale Kanalisation

Für die Verlegung von Leitungen zwischen verschiedenen Geschossen wird im Gebäude ein Vertikalkanalisationssystem angeordnet, das aus einer Anzahl Elektroschächte besteht. Die Anordnung und Ausbildung der Elektroschächte werden durch den Umfang und den Aufbau der Anlagen bestimmt. Jeder Elektroschacht kann enthalten:

a) Teile für das Reichstelefon
b) Teile für ein Montagestativ für teletechnische Ausrüstungen
c) Teile für die Ausstattung für Kraftstrom- und Beleuchtungsanlagen
d) Leitungsleitern für Haupt- und Gruppenleitungen usw.

Wanddurchführungen, Aussparungen und Durchbrüche

Umfang und Typ von Kabeldurchführungen in einer Bibliothek hängen direkt davon ab, welche feuerschutztechnischen Forderungen an das Gebäude gestellt werden, welche Konstruktion des Gebäudes (Ortbeton oder vorgefertigte Herstellung der Bauelemente) verwendet wurde, des weiteren von der Aufteilung in verschiedene Brandabschnitte, vom Typ der Ausführung der Räume für die verschiedenen Tätigkeitsgebiete der Bibliothek hinsichtlich Deckenhöhen, abgehängte Decken, Zwischenwände usw. sowie von der Ausbildung der Kanalisations- und Hauptleitungssysteme.

Von größter Bedeutung ist dabei die Aufteilung der Gebäude in verschiedene Brandabschnitte. Eine günstige Einteilung ist die, einerseits die Treppenhäuser als geschlossene Brandabschnitte zu betrachten, während andererseits die verschiedenen Geschoßebenen abgeschlossene Brandabschnitte bilden. Bei Verlegung von Leitungen zwischen verschiedenen Ebenen können brandsichere Durchführungen in zwei Arten ausgeführt werden.

a) Die Elektroschächte werden zum Zweck der Unterteilung in Brandabschnitte mit eingegossenen oder eingemauerten Rahmen in den Trägern versehen, wobei der Elektroschacht in jedem Geschoß dem Brandabschnitt des entsprechenden Geschosses zugehört. Für die Verlegung der Leitungen in einen Elektroschacht werden dort Löcher in den Wänden ausgespart. Die Türen zum Elektroschacht müssen in diesem Fall nicht feuerbeständig ausgebildet sein.

b) Für die Leitungsführung zwischen den Geschoßebenen und dem Elektroschacht werden in die Wände zu den Elektroschächten Rahmen für eine brandsichere Unterteilung einbetoniert oder eingemauert. Für die vertikale Leitungsverlegung in Elektroschächten werden Löcher in den Trägern ausgespart. Die Türen zu den Elektroschächten müssen in diesem Fall feuerbeständig ausgeführt werden.

Im Hinblick auf die Ausführung der Schachttüren ist die Alternative 1 vorzuziehen. Für die Verlegung von Leitungen zwischen zwei Brandabschnitten auf derselben oder auf zwei verschiedenen Ebenen gilt allgemein, daß Rahmen für brandsichere Abschnitte in Wänden oder in Trägern ausgeführt werden. Im Hinblick auf die Flexibilität des Bibliotheksgebäudes sollen Aussparungen in Trägern bzw. in Stützen möglichst vermieden werden.

Aussparungen im Fußboden und in Wänden von speziellen Elektroräumen, Elektrozentralen sowie Transformatoren- und Stellwerkräumen, die in der Regel in Ortbeton ausgeführt wurden, müssen aufgrund der Anordnung verschiedener Geräte (Stellwerkfächer, Zentralen, Transformatoren usw.), auf die Anzahl, den Typ und die Verlegung der Kabel ausgeführt werden.

Die übrigen Aussparungen für spezielle Zwecke, wie die Anordnung von Zentralapparaten für die Feuermeldung, Armaturen in abgehängten Decken, Kopplungsboxen in Wänden für das Telewerk oder beispielsweise teletechnische Anlagen, müssen in den entsprechenden Fällen auf die bautechnische Ausbildung des Gebäudes ausgeführt werden. Die Anzahl der Elektroschächte ist in erster Linie abhängig vom Elektroversorgungssystem und dessen Ausbildung. Bei der horizontalen Versorgung ist in der Regel eine kleine Anzahl von Elektroschächten und eine größere Anzahl von Elektro-Nischen erforderlich. Die Elektroschächte werden in einem solchen Fall im Prinzip als Leitungsschächte ausgeführt, während Elektro-Nischen für die Montage von Ausrüstungen, wie Zentralen, Kopplungsboxen usw., verwendet werden. Bei einer vertikalen Versorgung werden Elektroschächte als Leitungsschächte und für die Montage von Geräten verwendet. Anzahl und Anordnung der Schächte sind in diesem Fall von der Zahl der Geschoßebenen, von der Gesamtfläche pro Geschoß und von der Ausbildung des Kraftstromversorgungssystems abhängig.

Da Elektroschächte bei horizontaler Versorgung in erster Linie für die vertikale Leitungsführung vorgesehen sind, kann deren Anordnung für die horizontale Kanalisationsausbildung leicht bestimmt werden.

Die Größe der Elektro-Nischen richtet sich nach der Größe der Elektrozentralen und der übrigen Ausstattung, die ihrerseits von der maximalen Versorgungsfläche pro Zentrale abhängig ist. Dies bedeutet, daß die Ausbildung und die Anordnung der Elektro-Nischen von der definitiven Anordnung der Elektrozentrale bestimmt wird.

Übrige bautechnische Maßnahmen

Neben den Arbeiten, die in den vorstehenden Abschnitten aufgeführt wurden, können folgende Bauarbeiten vorkommen:

a) Montieren von Befestigungsvorrichtungen, wie Polyäthylenrohre, Eternitrohre, Ankerschienen, Hebehaken

b) Fußbodenkanäle und Leitungsrinnen im Boden

c) Elektroschließbleche und Fahrkontakte in Außentüren und Toren

d) Kanalisation in Fensterbrüstungen

e) Elektrofutter und Elektrosockel

f) Elektrorohre, Aussparungen und Durchbrüche in vorgefertigten Bauelementen

g) Sockel für ölisolierte Transformatoren

h) Fundamente und Pfähle

i) Vorrichtungen für Antennenmasten

j) Ausschachten und Wiedereinfüllen für Leitungen und Fundamente für Beleuchtungspfähle.

Transportanlagen

Im nachstehenden Text werden kurz alternative Transportsysteme beschrieben, die die Handhabung der Literatur und der Buchbestellungen innerhalb der Universitätsbibliothek erleichtern können. Für Buch- und Zeitschriftentransporte zwischen beispielsweise der Leihstelle und dem Magazin können folgende mechanische Transporteinrichtungen verwendet werden:

- Hochkant- und Kastentransportanlagen
- Fließbandtransportanlagen
- Kleinlastenaufzüge, Personen- oder Lastenaufzüge
- Rohrpost.

Die Buchbestellungen zwischen den genannten Einrichtungen werden am besten durch Rohrpost befördert.

1. Hochkant- und Kastentransportanlagen

Mit diesen beiden Typen werden sowohl vertikale als auch horizontale Transporte ausgeführt. Der Übergang von vertikalen zu horizontalen Transporten geschieht automatisch.

Horizontaltransportanlagen bestehen bei Verkehr in beiden Richtungen aus zwei parallelen Bandtransportanlagen. Der Vertikaltransport wird normalerweise durch einen Paternosteraufzug geschehen. Bei niedrigen Hebehöhen und niederer Transportfrequenz kann der Paternosteraufzug durch einen Pendelaufzug ersetzt werden. Bücher werden mit einem Lastenträger befördert. Für die Hochkanttransportanlagen soll die innere Lastträgerbreite von 100 mm nicht unterschritten werden. Der Versand wird auf dem Lastenträger durch Einstellen des Adressencodes seitens der Empfangsstation vorgenommen. Mit Hilfe eines elektronischen Steuerungssystems "sucht sich" das Versandgut die richtige Empfangsstation.

Absende- und Empfangsstation sind mit Pufferbahnen für abgehende bzw. ankommende Versandgüter versehen; dadurch erübrigt sich eine Überwachung. Optische und/oder akustische Signale melden das Eintreffen des Versandguts.

2. Fließbandtransportanlagen

Durch die Kopplung einer Anzahl Fließbänder kann eine Anlage für den Transport von Büchern ohne Lastenträger aufgebaut werden. Die Bücher können nur in eine Richtung geschickt werden, vom Magazin zur Leihstelle. Der Transport kann horizontal und zwischen Geschoßebenen mittels Steigung durchgeführt werden. Die Anlage ist ca. 2 m über dem Fußboden an der Decke aufgehängt.

3. Kleinlastenaufzüge, Personen- oder Lastenaufzüge

Mit diesen Aufzugstypen kann nur ein vertikaler Transport durchgeführt werden. Der horizontale Transport geschieht manuell mit Bücherwagen als Lastenträger. Auch für Kleinlastenaufzüge muß der Haltepunkt in Fußbodenhöhe angeordnet werden, um einen Transport von gesamten Bücherwagenlasten zu ermöglichen.

4. Rohrpost

Mit Rohrpost wird vertikaler und horizontaler Transport durchgeführt. Rohrpostanlagen werden zur Zeit in drei Systemen hergestellt:

a) Einrohrsystem mit durchgehenden Rohren in den Stationen
b) Einrohrsystem mit Stammrohren und Wechsel
c) Zweirohrsystem mit zentralem Wechsel.

Die zwei ersten Systeme eignen sich am besten für Anlagen bis zu 20 Stationen, während System 3 für größere

Anlagen passend ist. Die Adressierung wird entweder über Druckknöpfe oder Fingerschalter, die an den Stationen angebracht sind, vorgenommen oder durch Einstellen des Adressencodes seitens des Empfängers mit Kontaktringen an der Rohrpostpatrone. Diese Methode wird vor allem im Zusammenhang mit System 3 verwendet.

Der Lastenraum der Rohrpostpatrone muß eine innere Länge von mindestens 300 mm haben, damit DIN A 4-Formate längs zusammengefaltet werden können. Der innere Durchmesser sollte mit ca. 60 mm gewählt werden.

5. Daten und Maßangaben

Datenzusammenstellungen und Maßangaben für die beschriebenen Transportsysteme werden in einem späteren KBS-Bericht herausgegeben werden.

Beleuchtung

1. Allgemeines

Licht

Licht kann als elektromagnetische Strahlung beschrieben werden, die, wenn sie das Auge trifft, die lichtempfindlichen Organe beeinflußt und einen Sichteindruck verursacht. Die sichtbare Strahlung umfaßt einen Wellenlängenbereich von 3 800 bis 7 800 Ångström. Diese Strahlung ruft sowohl Licht- als auch Farbeindrücke hervor.

Wenn Licht vom sichtbaren Teil des Spektrums das Auge trifft, erfolgt eine Lichtbrechung in der Hornhaut und der Linse. Damit das Bild scharf wird, muß das Licht von der Hornhaut bis zur Netzhaut durch eine Reihe glasklarer Gewebe hindurchgehen. In der Netzhaut befinden sich zwei Zellentypen, die wie Fotozellen das Licht aufnehmen und elektrische Impulse in den Sichtnervensträngen bewirken. Diese Impulse werden zum Sichtzentrum im Gehirn geleitet, wo sie schließlich in ein Sichterlebnis umgewandelt werden. Es gibt zwei Arten von Sichtsinneszellen: Zapfen und Stäbchen. Die Zapfen benötigen mehr Licht, um stimuliert zu werden, und funktionieren z.B. am Tag. Sie bewirken die Sichtschärfe und das Farberlebnis. Die Stäbchen dagegen übernehmen die Sichtfunktionen bei niedrigem Beleuchtungsniveau. Sie haben eine höhere Lichtempfindlichkeit, vermitteln jedoch ein Schwarzweißbild von relativ schlechter Schärfe.

Sichtschärfe

Wenn praktische Beleuchtungsprobleme diskutiert werden, ist nur die Funktion der Zapfen interessant. Wenn ein Gegenstand fixiert wird, ist das Auge so ausgerichtet, daß das Bild auf den Teil der Netzhaut fällt, wo diese ihr höchstes optisches Auflösungsvermögen, ihre höchste Empfindlichkeit hat, etwas das in Sichtschärfe gemessen wird: das Vermögen, beispielsweise Kleinstbuchstaben ablesen zu können. In der Fachliteratur heißt es, daß das Auge 90 % seiner maximalen Sehschärfe bei einer Leuchtdichte von 500 cd/m^2 und 95 % bei 4 500 cd/m^2 erhält. Diese Werte sind bedeutend größer als die, die normalerweise bei unseren Sichtobjekten durch künstliche Beleuchtung erzielt werden.

Farbsehen

Die sichtbare Strahlung kann nicht mit dem Licht gleichgestellt werden. Licht ist sichtbare Strahlung in Relation zur Augenempfindlichkeit. Sichtbare Strahlung von verschiedenen Wellenlängen wird vom Auge als Licht von verschiedener Farbe aufgenommen. Das Tageslicht und die meisten künstlichen Lichtquellen vermitteln den Eindruck von Weiß. Das Auge kann in der Regel nicht erfassen, aus welchen Farben das Licht zusammengesetzt ist.

Wie erwähnt, ermöglichen die Zapfen auch das Farbsehen. Diese haben jedoch eine variierende Lichtempfindlichkeit in verschiedenen Teilen des Farbspektrums, mit einer maximalen Empfindlichkeit zwischen Grün und Gelb bei 5 500 Ångström. Diese Farbe ergibt somit den stärksten "Lichteindruck". Bei den Grenzbereichen des Farbspektrums, wie violett und rot, nimmt die Empfindlichkeit stark ab.

Kontrastempfindlichkeit

Mit der Kontrastempfindlichkeit des Auges ist dessen Vermögen gemeint, Unterschiede in der Leuchtdichte, z.B. in der zwischen einer Restfläche und deren Hintergrund, aufzufassen. Je mehr das Auge lichtadaptiert ist, desto größer ist seine Kontrastempfindlichkeit. In der Fachliteratur wird angegeben, daß das Auge 90 %

seiner normalen Kontrastempfindlichkeit bei 65 cd/m^2 und 95 % bei 350 cd/m^2 erreicht.

Einheiten und Definitionen

Die grundlegenden Begriffe innerhalb der Licht- und Beleuchtungstechnik sind:

- Lichtstrom
- Lichtstärke
- Beleuchtungsstärke
- Leuchtdichte.

Diese Begriffe basieren auf der international angenommenen Augenempfindlichkeitskurve für das lichtadaptierte Auge, auf der sogenannten Zapfenkurve.

Lichtstrom

Der Lichtstrom ist die Lichtmenge, die eine Lichtquelle pro Sekunde angibt. Der Lichtstrom, der Strahlungsstrom, ist nach der Empfindlichkeitskurve des Auges gewertet.

Einheit: lumen (lm)

Lichtstärke

Die Lichtstärke ist der in einen sehr kleinen Raumwinkel ausgestrahlte Lichtstrom.

Einheit: Candela (cd)

Beleuchtungsstärke

Die Beleuchtungsstärke ist das Verhältnis des auf eine Fläche fallenden Lichtstroms zur Fläche (1 Lux = 1 lumen/m^2).

Einheit: Lux (lx)

Leuchtdichte

Die Leuchtdichte oder Flächenhelle ist die Lichtstärke pro m^2 von der Projektion der leuchtenden Fläche auf eine Ebene senkrecht zur Sichtrichtung.

Einheit: Candela/m^2 (cd/m^2) bzw. Stilb (sb) = cd/cm^2

Lichtausbeute

Die Lichtausbeute einer Lichtquelle ist das Verhältnis zwischen dem abgegebenen Lichtstrom und der zugeführten Leistung.

Einheit: lumen/Watt (lm/W)

Farbtemperatur

Der Farbtemperaturbegriff basiert auf einem theoretischen Energiestrahler, der beschrieben wird als ein Körper, der bei allen Temperaturen ein Maximum von Strahlungsenergie aussendet. Die Farbtemperatur wird in Kelvingraden angegeben (^{o} K), eine Temperaturskala, die bei dem absoluten Nullpunkt - 273° C beginnt. 0° C ist also + 273° K.

Der Reflexionsfaktor, der Transmissionsfaktor und der Absorptionsfaktor für eine Fläche ist das Verhältnis zwischen dem reflektierten (zurückgeworfenen), transmittierten (durchgelassenen) bzw. absorbierten und gegen die Fläche rechtwinklig einfallenden Lichtstrom.

Lichtquellen

Die normalerweise vorkommenden Lichtquellen sind Glühlampen und Leuchtstoffröhren. Die Glühlampen vom Typ der normalen Gebrauchslampen haben eine mittlere Lebensdauer von ca. 1 000 Stunden, während die mittlere Lebensdauer von Leuchtstoffröhren ca. 9 000 Stunden beträgt.

Glühlampen gibt es entweder mit klarem, mattiertem Kolben oder mit einem pulverbeschichteten Kolben. Die klaren Lampen werden vorzugsweise in Kombination mit Aluminiumreflektoren für ein stark ausgerichtetes Licht verwendet.

Leuchtstoffröhren gibt es in verschiedenen Lichtfarben. Sie werden ausgewählt hinsichtlich des Anwendungsgebiets, der Farbgebung der Räume und aufgrund des Bedarfs an Farbwiedergabevermögen. Angaben über Farbwiedergabeindex, Farbtemperatur usw. sind aus den meisten Katalogen der Lampenhersteller zu ersehen.

Tabelle 9 Leuchtstoffröhren (einige gewöhnliche Typen)

LÄNGE (mm)	LEISTUNG (W)	LICHTSTROM (lumen)					
		SOGEN. GLÜH-LAMPEN-LEUCHT-STOFF-RÖHREN	WARM-WEISS LUXUS	WEISS-WARM-WEISS	SONNEN-WEISS	UNIVERSAL-WEISS	TAGES-LICHT
		2700° K	3000° K	3000 - 4200° K	4500° K		6400° K
590	20	700	750	1100	1100	1050	750
1200	40	1750	1900	3000	2900	2400	2000
1500	65	2800	3200	4800	-	3800	-
1500	80	-	3400	5300	5100	4450	-
2440	215	-	-	15500	-	-	-

Tabelle 10 Glühlampen

LEISTUNG (W)	LICHTSTROM (lumen) 220 Volt - 230 Volt	125 Volt - 130 Volt
40	440	490
60	730	810
75	970	1080
100	1380	1550
150	2100	2300
200	2950	3250
300	4800	5200

2. Dimensionierungsbedarf für verschiedene Raumtypen

Verhalten der Leuchtdichte

Es ist die Leuchtdichte, die wir sehen, sie ist daher der wesentlichste Faktor bei der Beleuchtungsplanung. Allzugroße Differenzen der Leuchtdichte im Gesichtsfeld setzen die Sehfunktionen herab und können leicht zu Müdigkeit führen.

Da mehr oder weniger alle Flächen in einem Raum das Licht reflektieren, müssen schon zu Beginn der Planung Einrichtung, Farbgebung der Räume, Lichtverteilung der Armaturen und Lichtfarbe der Lichtquellen aufeinander abgestimmt werden.

Bei der Planung muß darauf geachtet werden, daß Arbeitsobjekte die größte Leuchtdichte erhalten. Wo eine Allgemeinbeleuchtung keine ausreichend hohe Sichtobjektleuchtdichte und kein geeignetes Leuchtdichteverhalten ergeben kann, wird sie durch eine Arbeitsplatzbeleuchtung ergänzt. Um richtige Sichtbedingungen schaffen und einen guten Sichtkomfort erreichen zu können, sollen die Verhältnisse der Leuchtdichte im Raum innerhalb folgender Grenzwerte liegen:

3 - 1	zwischen dem Sichtobjekt und seiner nächsten Umgebung
10 bis 5 - 1	zwischen dem Sichtobjekt und dem peripheren Gesichtsfeld
20 - 1	zwischen Armaturen (oder Fenstern) und umgebenden Flächen.

Um diese Leuchtdichteverhältnisse zu erreichen, müssen Beleuchtung, Reflexionsvermögen der Flächen und Farbgebung aufeinander abgestimmt werden. Gewisse Normalwerte von Reflexionsvermögen werden z.B. laut IES, USA wie folgt empfohlen:

Decke	80 - 92 %
Wände	40 - 60 %
Fensterwände	80 - 92 %
Fußboden	20 - 40 %
Möbel und Einrichtungen	25 - 45 %

Flächen mit einem anderen Reflexionsvermögen können unter der Voraussetzung verwendet werden, daß die Beleuchtung die angegebenen Leuchtdichteverhältnisse erfüllen kann.

Blendung

Eine sehr wichtige Forderung an eine gute Beleuchtungsanlage ist, daß sie nicht blendet. Blendung entsteht bei zu großen Ungleichheiten der Leuchtdichte im Gesichtsfeld, d.h. wenn die Leuchtdichte im Gesichtsfeld wesentlich von der Adaptionsleuchtdichte abweicht. Diese ist im allgemeinen gleich der Mittelleuchtdichte im Gesichtsfeld. Generell kann gesagt werden, daß die Blendung die Sehleistung herabsetzt. Man unterscheidet zwei Arten der Blendung: direkte und indirekte Blendung.

Direkte Blendung

Diese Blendung wird durch Lichtquellen oder Armaturen verursacht. Normalerweise hat die Armatur einen Blendschutz, der die Lichtquelle nur schlecht abschirmt, oder die erleuchtete Fläche der Armatur steht gegen einen zu dunklen Hintergrund, so daß das Leuchtdichteverhältnis 20 : 1 zwischen Armatur und deren Hintergrund überschreitet. Allgemein kann man sagen, daß die Blendung geringer wird je mehr die Leuchtfläche sich außerhalb der Peripherie des Gesichtsfeldes befindet, einen je kleineren Gesichtswinkel sie aufnimmt und eine je geringere Leuchtdichte sie besitzt.

Indirekte Blendung

Diese Blendung wird von Reflexen und Spiegelungen von Lichtquellen oder Armaturen verursacht, die durch blanke Flächen auf der Arbeitsebene entstehen. Diese Form der Blendung ist bedeutend schwerwiegender als die direkte Blendung. Die indirekte Blendung verschlechtert die Kontraste beim Sichtobjekt und erzeugt Müdigkeit. Die Ursachen für diese Blendung können auf falsch angeordneten Armaturen mit fehlerhafter Lichtverteilung und zu blanken Flächen beruhen. Das Innenfeld hat immer eine größere Leuchtdichte als das Umfeld, aber niemals mehr als das 3 bis 4fache.

Für periphere Teile des Gesichtsfeldes darf die Leuchtdichte 1/10 des Innenfeldes nicht unterschreiten und zwischen Armaturen und deren Hintergrund darf das Leuchtdichteverhältnis die Zahl 20 nicht übersteigen. Um eine Blendung zu verhindern, müssen folgende Maßnahmen erfüllt werden:

a) eine gut abgeschirmte Armatur mit einer für das Anwendungsgebiet geeigneten Leuchtdichteverteilung verwenden

b) eine richtige Anordnung der Armatur im Verhältnis zu den normalen Blickrichtungen vorsehen

c) unabgeschirmte Lampen vermeiden

d) blanke, spiegelnde Flächen im Arbeitsbereich, z.B. an Arbeitstischen und Schreibmaschinentastaturen, ausschließen

e) blanke Arbeitsobjekte, blankes oder schimmerndes Papier und dgl. vermeiden

f) Jalousetten oder helle Gardinen vor dem Fenster (nach Einbruch der Dunkelheit) anbringen.

Bei steigender Beleuchtungsstärke erhöht sich die Forderung nach gut abgeblendeten Armaturen. Es gibt heute relativ einfache Methoden, um den Blendungsgrad bei einer Anlage berechnen und kontrollieren zu können. Die Methode, die normalerweise verwendet wird, ist die sogenannte BZ-Methode, eine Vereinfachung des britischen IES-Codes, außerdem die amerikanische "Scherenkurve" sowie Bodmann und Söllners "einfaches System zur Blendungskontrolle".

In neueren Lux-Tabellen wird neben der Beleuchtungsstärke auch die höchste zugelassene Blendungszahl für eine gegebene Sichtaufgabe genannt. Die Blendungszahlgrenzen unterscheiden sich voneinander um 3 Einheiten: 13, 16, 19 usw. Eine Erhöhung der Blendungszahl um 3 Einheiten bedeutet eine Verdoppelung des Blendungsgrades. Die Blendungszahl basiert auf der Summe des Zuschusses zur Blendung, die alle Lichtquellen im Raum ergeben.

Kontrastgebung

Die erste Maßnahme zur Verbesserung der Sichtbedingungen ist, den Kontrast und die Detailgröße zu verbessern.

Der Kontrast wird durch den Ausdruck definiert:

$$K = \frac{Lh - Lo}{Lh}$$

wobei Lh = die Leuchtdichte des Hintergrunds

Lo = Leuchtdichte des Objekts bedeutet.

Der Kontrast zwischen den verschiedenen Teilen des Sichtobjekts und dem Sichtobjekt und dessen Hintergrund ist von entscheidender Bedeutung für das Sehen. Um z.B. 1 % Verschlechterung des Kontrastes zu kompensieren, benötigt man 10 - 15 % Erhöhung der Beleuchtungsstärke. Die Einfallsrichtung des Lichts gegen das Sichtobjekt ist hier von großer Bedeutung. Der Kontrast kann z.B. damit verbessert werden, daß ein geeigneter Hintergrund angeordnet oder dem Licht eine geeignete Richtung zugewiesen wird. Wie gut die Kontrastgebung wird, hängt demnach von der Anordnung der Armaturen im Verhältnis zur Arbeitsebene ab und davon, wie das Licht der Armatur auf sie gerichtet wird. Es ist jedoch anzustreben, daß die Kontrastgebung des Sichtobjekts mindestens 75 % beträgt (relativer Kontrast hinsichtlich Maschinenschrift auf weißem Papier).

Lichtfarbe, Farbgebung

Die spektrale Zusammensetzung des Lichts ist von entscheidender Bedeutung dafür, wie die Farben eines Gegenstands aufgenommen werden. Es gibt Möglichkeiten, die Farbe einer Lichtquelle zu kontrollieren: bei Glühlampen geschieht es nach der Temperatur des Beleuchtungskörpers und bei Leuchtstoffröhren z.B. nach der Zusammensetzung des Leuchtpulvers.

Die Farbeigenschaften der Lichtquelle werden mit dem Begriff "Farbtemperatur" angegeben. Das Licht, das überwiegend langwellige Strahlungen, d.h. niedere Farbtem peraturen besitzt (z.B. Glühlampenlicht), wird als warm empfunden, dagegen wirkt Licht mit einer höheren Farbtemperatur (wie Leuchtstoffröhren vom Tageslichttyp) kälter. Bei einer höheren Beleuchtungsstärke wird ein weißeres, etwas kälter scheinendes Licht vorgezogen, während das wärmere Licht bei geringerer Beleuchtungsstärke gewählt wird (gemäß Kruithofs "Behaglichkeitskurve").

Wenn ein gutes Farbwiedergabevermögen gewünscht wird, werden Leuchtstoffröhren vom Luxus-Typ oder Glühlampen verwendet. Bei höheren Anforderungen an die Farbwiedergabe müssen Xenonlampen, Spezialleuchtstoffröhren oder Glühlampen mit genau angepaßten Filtern eingesetzt werden. Wenn jedoch keine speziellen Anforderungen an die Farbwiedergabe vorliegen, genügen weiße oder warm-weiße Leuchtstoffröhren, die auch am wirtschaftlichsten sind.

Die Lichtausbeute hat Bedeutung für die Dimensionierung der Anlage und ist ein Quantitätsbegriff, während die Farbwiedergabe als Qualitätsbegriff zu betrachten ist. Für eine Leuchtstoffröhre kann diese Qualität nach dem Farbwiedergabeindex der Lichtquellen ausgewählt werden.

Farben und Material für eine Einrichtung sollen in dem Licht ausgewählt werden, das später verwendet werden wird. Die Faktoren Gegenstandsfarbe und Lichtfarbe müssen also gleichzeitig und in ihrem Bezug aufeinander behandelt werden.

Modellierung des Lichts

Die Möglichkeit der Schattenbildung durch die Beleuchtung sollte einbezogen werden, weil eine gewisse Schattenbildung das Sehen erleichtern und zu einem besseren Raumerlebnis beitragen kann. Normalerweise kann diese Schattenbildung durch eine Kombination von gerichtetem und diffusem Licht zustande gebracht werden. Mit einem stärker gerichteten Licht wird eine erhöhte Schattenbildung erzielt. Bei Arbeiten, wie z.B. Erledigung von Zeichenaufgaben, ist eine gewisse Schattenbildung erforderlich, während wiederum andere Arbeiten eine vollständig diffuse Beleuchtung erfordern. Die Schattenbildung hat im Normalfall für die Sehleistung eine nur geringe Bedeutung.

Quantität

Die Beleuchtungsstärken, die in der schwedischen Lux-Tabelle empfohlen werden, gelten für Menschen mit normalem Sehvermögen und von mittlerem Alter (ca. 40 Jahre).

Wegen der Verschlechterung des Auges mit zunehmendem Alter muß für ältere Leute sowie für Menschen mit geringerem Sehvermögen bzw. mit Sehstörungen eine höhere Beleuchtungsstärke verwendet werden. Dafür ist in der Regel eine Zusatzbeleuchtung erforderlich. Erhöhte Beleuchtungsstärken verursachen erhöhte Wärmebelastungen im Raum. Deshalb ist eine Abstimmung zwischen Lüftung und Beleuchtung notwendig.

In der folgenden Zusammenstellung wurden die empfohlenen Beleuchtungsstärken für den normal sehenden Menschen, die Anforderungen an die Blendungszahl und an den Typ der Beleuchtung für die in der Bibliothek vorkommenden üblichen Räume aufgenommen.

Tabelle 11 Anforderungen von Bibliotheksarbeitsplätzen an die Beleuchtung [1)]

RAUMTYPEN	ERFORDERLICHE BELEUCHTUNGS-STÄRKE IM BETRIEBSZUSTAND	HÖCHSTE ZULÄSSIGE BLENDUNGSZAHL (NEU)	ALLGEMEIN-BELEUCHTUNG	LOKALISIERTE ALLGEMEIN-BELEUCHTUNG	ARBEITS-PLATZ-BELEUCHTUNG	BEMERKUNGEN
LESERÄUME						
Leseplatz	500 Lux	19 - 16	x		x	an bestimmten Tischen
Lesebox, geschlossen	500 Lux	19 - 16	x		x	
Studienzelle	500 Lux	16			x	
LEIHSTELLE						
Bücherregale	300 Lux	19		x		vertikale Beleuchtungsstärke
Arbeitsplatz Theke	500 Lux	19		x		
MAGAZIN						
Archivregale	300 Lux	19		x		vertikale Beleuchtungsstärke
Kompaktusregale	300 Lux	22	x			
BUCHBINDEREI						
Arbeitsplatz	500 Lux	19		x	x	
Arbeitsplatz für Ziselierung, Vergoldung etc.	1000 Lux	19		x	x	
BÜRORÄUME						
Schreibtisch	500 Lux	19		x		
ALLGEM. RÄUME						
Eingangshalle	150-300 Lux	-	x			
Flure	150 Lux	22	x			
Treppen	150 Lux	-		x		
Garderoben	150 Lux	-		x		

3. Beleuchtungssysteme für verschiedene Raumtypen

Leseplätze

Für die Leseplätze, bei denen das Sehen anstrengend sein kann, soll die Beleuchtung so angeordnet werden, daß die in den vorangegangenen Abschnitten dargestellten qualitativen und quantitativen Forderungen erfüllt werden. Der Schwierigkeitsgrad der Sehaufgaben kann u.a.

1) Auszug aus der Lux-Tabelle der Schwedischen Vereinigung für Lichtkultur (Svenska Föreningen för Ljuskultur)

durch die Qualität des Drucks, der Papiersorte, Buchstabengröße usw. stark variieren. Die Beleuchtung kann im Prinzip nach zwei Alternativen vorgenommen werden, entweder ausschließlich als Allgemeinbeleuchtung, so daß die Armaturen auf die Lesetische orientiert sind, oder als generellere Allgemeinbeleuchtung, die durch Armaturen an jedem Lesetisch ergänzt wird. Ausschließlich als Allgemeinbeleuchtung, bei der die Armaturen den Lesetischen zugeordnet sind, in einer sogenannten verdichteten Anordnung, werden Leuchtstoffröhrenarmaturen für 2-3 x 40 W bzw. 2-3 x 65 W dicht an der Decke oder verschiebbar auf Schienen montiert. Eine Beleuchtungsstärke auf dem Lesetisch von ca. 500 Lux erfordert eine Stromleistung von ca. 25 W/m^2 (Abbildung 84).

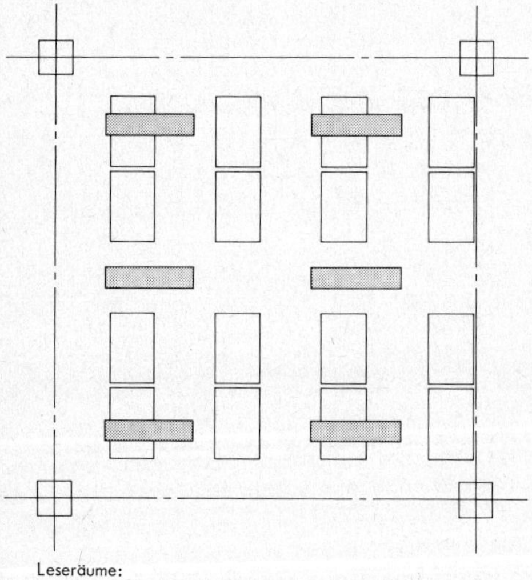

Leseräume:

Allgemeinbeleuchtung mit an der Decke montierten Leuchtstoffröhren-Armaturen für 3 x 40 W, ca. 500 Lux am Tisch, Leistung ca. 25 W/m^2.

Abb.84 Beleuchtungsalternative für Leseräume, Allgemeinbeleuchtung

Alternativ wird die Beleuchtung als Allgemeinbeleuchtung mit Leuchtstoffröhrenarmaturen für 2-3 x 40 W bzw. 2-3 x 65 W angeordnet. Das ergibt eine Beleuchtungsstärke von 150 - 300 Lux und eine zusätzliche Arbeitsplatzbeleuchtung am Tisch. Diese soll aus einer verstellbaren Glühlampenarmatur bestehen, die am Tisch zu befestigen ist. Auf diese Weise soll die bestmögliche Einstellung des Lichts erreicht und verhindert werden, daß am Nebentisch Arbeitende geblendet werden. Die Armatur soll einen tiefen Reflektor aufweisen, so daß die Glühlampe gut abgeschirmt ist, und eine Bestückung mit 75 W-Lampen erlauben (Abbildung 85).

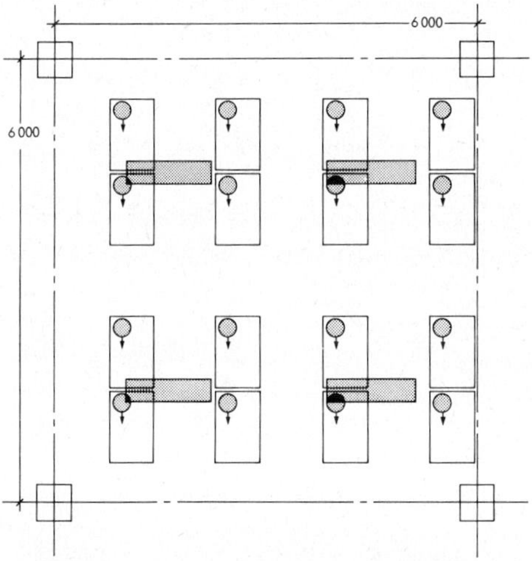

Leseräume:

Allgemeinbeleuchtung und Arbeitsplatzbeleuchtung am Tisch.
Allgemeinbeleuchtung durch an der Decke montierten Leuchtstoffröhren-Armaturen für 3 x 40 w, maximal 300 Lux, Leistung ca. 17 W/m^2.
Arbeitsplatzbeleuchtung durch drehbare Glühlampen-Armaturen für mindestens 75 W, evtl. am Tisch befestigt.

Abb.85 Beleuchtungsalternative für Leseräume, Allgemeinbeleuchtung und Arbeitsplatzbeleuchtung

Leseplätze in geschlossenen Räumen werden mit einer Arbeitsplatzbeleuchtung gemäß vorangegangener Beschreibung ausgestattet sowie mit einer Allgemeinbeleuchtung an der Decke.

In Studienzellen ist normalerweise keine Allgemeinbeleuchtung erforderlich, sondern die Beleuchtung besteht lediglich aus einer Arbeitsplatzbeleuchtung in Form von verstellbaren Glühlampenarmaturen, die am Tisch befestigt sind. Die Armaturen können vom bereits beschriebenen Typ, jedoch größere Modelle sein, die eine Bestückung mit 100 W-Glühlampen erlauben.

Leihstelle, Bücherregale

Eine hohe Vertikalbeleuchtungsstärke an den Bücherregalen ist eine dringende Forderung.

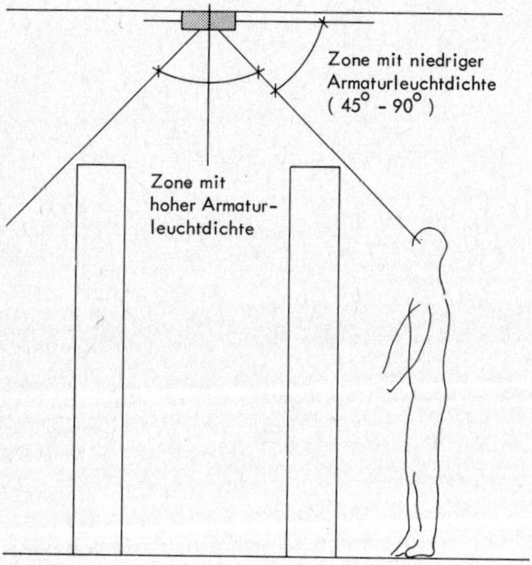

Bücherregale:

An der Decke montierte Armaturen, zwischen den Bücherregalreihen . Gute Abstimmung in der Zone 45° - 90° (von der Vertikalen = 0° gerechnet) ist notwendig. Die Gefahr der Blendung ist groß, wenn der Blick auf die oberen Regalreihen gerichtet wird.

Abb.86 Beleuchtungsalternative für Bücherregale, Armaturen an der Decke montiert

Es sollen sowohl die oberen als auch die unteren Regalreihen ausreichend beleuchtet werden und die Lichtverteilung weder in Längs- noch in Querrichtung blenden. Letzteres hängt teilweise mit der Montagehöhe der Armaturen über dem Boden zusammen (siehe Abbildung 86).

Die Beleuchtung kann im Prinzip nach zwei Alternativen angebracht werden. Armaturen an oder in Verbindung mit Regalen benötigen eine geringe Stromleistung (Watt/m^2) und ergeben eine hohe Vertikalbeleuchtungsstärke. Diese Lösung kann die Flexibilität reduzieren, da die versetzbare Einrichtung mit der Beleuchtung gekoppelt ist, sie ergibt jedoch einige bedeutende beleuchtungstechnische Vorteile.

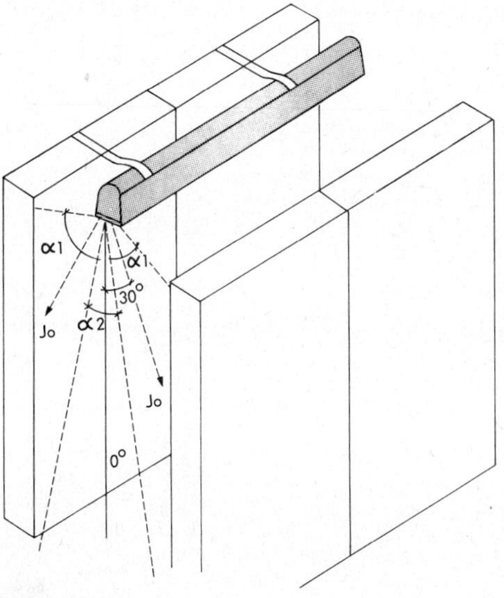

Bücherregale:

Leuchtstoffröhren-Armatur 1 x 40 W, alternativ 1 x 65 W, mit asymmetrischer Lichtverteilung, am Regal montiert.

α1 = Zone für hohe Armaturleuchtdichte

α2 = Zone für niedrige Armaturleuchtdichte

J o = maximale Lichtstärke

Abb.87 Beleuchtungsalternative für Bücherregale
Armaturen am Regal montiert

Leuchtstoffröhrenarmaturen für 1 x 40 W bzw. 1 x 65 W (je nach Regalmodul) werden in der Mitte zwischen jeweils zwei Regalen angebracht und an Rohrarme oder spezielle Konsolen montiert, die am Regal befestigt werden. Dabei soll der Rohrarm Bestandteil der Regaleinrichtung sein. Die Armatur soll eine speziell ausgebildete Spiegeloptik für asymmetrische Lichtverteilung besitzen, mit einer maximalen Lichtstärke bei 30°, gerechnet von der senkrechten Linie.

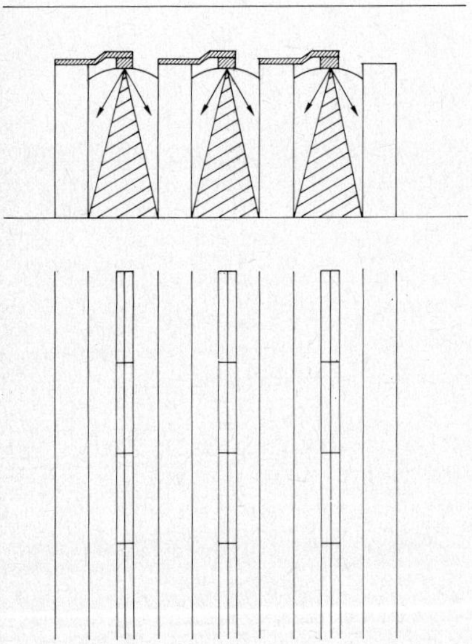

Bücherregale:

Leuchtstoffröhren-Armatur für 1 x 40 W, alternativ 1 x 65 W mit asymmetrischer Lichtverteilung, am Regal montiert. Die Länge der Leuchtstoffröhre wird dem Modul des Regals angepaßt.

Vorteil: Vollflexibles System; ergibt hohe Vertikalbeleuchtung auf die Bücherrücken.

Nachteil: Bei eventuellem Verschieben der Regale können Ergänzungen durch Deckenarmaturen notwendig werden.

Abb.88 Beleuchtungsalternative für Bücherregale, Armaturen am Regal montiert

Parallel zur Längsrichtung soll ein Blendschutz durch Querlamellen angeordnet werden; die Blendungszahl darf 19 in allen Richtungen nicht übersteigen. (Siehe Abbildungen 87 und 88.)

Alternativ wird die Beleuchtung in Form von Leuchtstoffröhrenarmaturen für 2 x 40 W bzw. 2 x 65 W (je nach Regalmodul) unmittelbar an der Decke angebracht oder als Pendel in Reihen zwischen die Regale abgehängt.

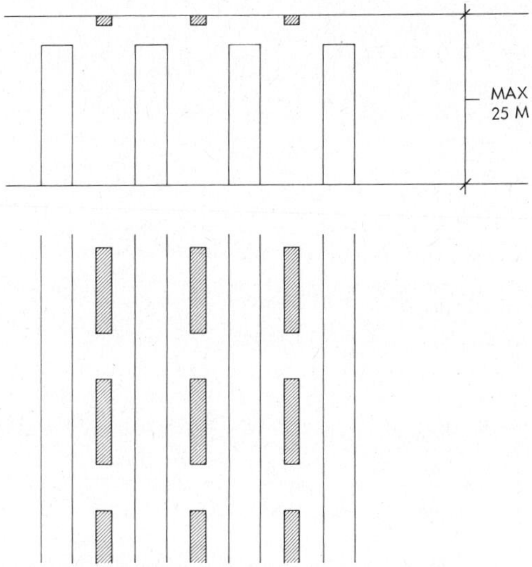

Bücherregale:

Leuchtstoffröhren-Armaturen für 2 x 40 W, alternativ für 2 x 65 W mit symmetrischer Lichtverteilung, direkt an der Decke montiert. Die Länge der Leuchtstoffröhre wird dem Regalmodul angepaßt.

Vorteil: System kann als Allgemeinbeleuchtung und als Regalbeleuchtung dienen.

Nachteil: Das System ist nur bis 3 m lichte Höhe anwendbar; es erlaubt keine Verschiebung der Regale. Hohe Vertikalbeleuchtung ist schwer zu erzielen.

Abb.89 Beleuchtungsalternative für Bücherregale, Armaturen an der Decke montiert

Bei Deckenhöhen bis zu ca. 2,50 m können die Armaturen direkt an die Decke oder an Schienen montiert werden. Für höhere Decken müssen die Armaturen an Pendeln abgehängt werden, damit die Armaturunterkante 2,10 - 2,40 m über dem Fußboden liegt (siehe Abb. 89).

Die Armaturen sollen eine speziell ausgebildete Spiegeloptik aufweisen, die eine asymmetrische Lichtverteilung mit einer maximalen Lichtstärke bei ca. 20 ° haben, gerechnet von der Senkrechten durch die Armatur. Parallel zur Längsrichtung soll ein Blendschutz durch Lamellen angeordnet werden. Die Blendzahl soll 19 in allen Richtungen nicht übersteigen.

Durch Anordnung der Aufhängevorrichtungen und der Elektroinstallation für die Beleuchtung in einem generellen Deckensystem kann unabhängig davon, ob der Raum für Bücherregale oder Leseplätze vorgesehen ist, die Anordnung der Armaturen dem aktuellen Bedarf angepaßt werden.

Magazinierung

Archivregale: Die Beleuchtung soll nach denselben Prinzipien und nach demselben System wie für die Bücherregale in der Leihstelle ausgeführt werden, die im vorangegangenen Abschnitt beschrieben wurde.

Kompaktusregale: Die Beleuchtung soll hier als Allgemeinbeleuchtung mit Leuchtstoffröhrenarmaturen ausgeführt werden, die senkrecht zu den Regalen angeordnet werden (siehe Abbildung 90).

Leuchtstoffröhrenarmaturen für 2 x 40 W-Röhren mit einer Lichtverteilung entsprechend der BZ-Klasse 3 - 4 werden empfohlen.

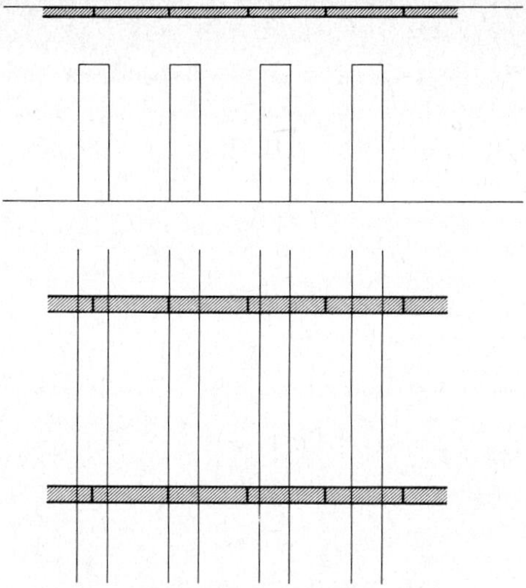

Leuchtstoffarmaturen für 2 x 40 W mit symmetrischer Lichtverteilung, direkt an der Decke montiert, rechtwinklig zu den Regalen.

Vorteil: Festes Beleuchtungssystem, erlaubt seitliches Verschieben der Regale.

Nachteil: Schlechte Vertikalbeleuchtung auf die Bücherrücken. Nur bei Deckenhöhen bis zu 3 m zulässig.

Abb.90 Beleuchtungsalternative für Kompaktusregale

Buchbinderei

Die Beleuchtung wird als Allgemeinbeleuchtung mit deckenmontierten Leuchtstoffröhrenarmaturen angeordnet, die auf die Arbeitsplätze orientiert sind. Bei den Arbeitsplätzen wird diese Beleuchtung durch eine Arbeitsplatzbeleuchtung in Form von verstellbaren Leuchtstoffröhren- oder Glühlampenarmaturen ergänzt.

Für die Allgemeinbeleuchtung wird eine Leuchtstoffröhrenarmatur für 2-3 x 40 W- bzw. 65 W-Röhren mit einer Lichtverteilung entsprechend der BZ-Klasse 2 - 3 empfohlen.

Für die Arbeitsplatzbeleuchtung wird eine verstellbare Glühlampenarmatur mit tiefem Reflektor vorgeschlagen, die die Glühlampe gut abschirmt und eine Bestückung mit 100 W-Glühlampen erlaubt. Alternativ können verstellbare Leuchtstoffröhrenarmaturen für 2 x 15 W-Leuchtstoffröhren verwendet werden.

Verwaltungsräume

Das Licht soll hier schräg von links oben auf den Arbeitsplatz fallen, so daß das Sichtobjekt die höchste Leuchtdichte erhält. Die Beleuchtung wird in Form von deckenmontierten Leuchtstoffröhrenarmaturen links von den Arbeitstischen und parallel zur normalen Blickrichtung vorgenommen. Über oder vor Arbeitsplätzen angeordnete Armaturen sollen vermieden werden, da sie eine indirekte Blendung in Form von Spiegelung auf der Tischplatte verursachen können. Je nach Deckenhöhe, Raumtiefe und Anordnung der Tische werden die Armaturen in ein, zwei oder drei parallelen Reihen an der Decke angebracht.

Leuchtstoffröhrenarmaturen für 2-3 x 40 W- bzw. 65 W-Röhren mit einer Lichtverteilung entsprechend der BZ-Klasse 2 - 3 werden empfohlen.

Allgemeine Räume

Eingangshallen: Allgemeinbeleuchtung in Form von deckenmontierten Leuchtstoffröhrenarmaturen ist für die Eingangshallen ausreichend. Falls verglaste Wände und Tafeln mit spiegelnden Flächen und ähnliches vorhanden sind, müssen die Armaturen so angeordnet werden, daß keine störenden Reflexe entstehen. Tafeln mit spiegelnden Flächen sollten vermieden werden.

Vor Treppen und Korridoren sollen die Armaturen so angebracht werden, daß mit Hilfe der Beleuchtung diese

Teile des Gebäudes akzentuiert werden können. Die Leuchtstoffröhrenarmaturen für die Allgemeinbeleuchtung müssen eine Lichtverteilung besitzen, die der BZ-Klasse 3 - 4 entspricht.

Hinweistafeln und andere Tafelanordnungen können durch Glühbirnen in Form von spotlights beleuchtet werden.

Flure: Die Leuchtstoffröhrenarmaturen werden auf Fluren am besten an der Decke, parallel zur Längsrichtung der Flure, und in einem Abstand von ca. 1/4 der Flurbreite angeordnet. Armaturen mit einer Lichtverteilung entsprechend der BZ-Klasse 3 - 4 werden empfohlen.

Treppen: Für Treppen muß u.a. aus Sicherheitsgründen die Beleuchtung so angeordnet werden, daß die Treppenläufe genügend hell sind und ein guter Kontrast zwischen den Trittstufen und den Setzstufen entsteht. Die Armaturenanordnung ist abhängig von der bautechnischen Ausbildung, die Lampen müssen aber leicht auswechselbar sein. Wegen der längeren Lebensdauer sollten Leuchtstoffröhren verwendet werden. Eine Lichtverteilung entsprechend der BZ-Klasse 3 - 4 ist ratsam.

4. Wärmeentwicklung und Belüftung von Armaturen

Die Lichtquellen wandeln den größten Teil der elektrischen Leistung in Wärme und nur einen geringen Teil in Licht um. Aber auch dieses geht allmählich in Wärme über, indem es die Temperaturen an den Flächen erhöht, die es absorbieren. Beleuchtungsleistungen von bis zu 25 W/m^2 bringen in der Regel kein Wärmeproblem mit sich. In Räumen, in denen höhere Beleuchtungsleistungen nötig werden können, wie z.B. in Rechenanlagen, kann das Wärmeproblem technisch dadurch gelöst werden, daß man die Belüftung und die Beleuchtung integriert.

In solchen Fällen werden die Beleuchtungsanlagen und die Lüftungsanlagen konstruktiv zusammengebaut, wobei man unter anderem die Abluft durch die Armaturen führt. Lichttechnisch ist dies ein Vorteil, da der kühlende Effekt der Abluft ein besseres Betriebsverhältnis für die Leuchtstoffröhren und damit einen besseren Lichtstrom bringt. Die Leistungsverteilung einer Armatur, ihre Wärmeanteile, die sie z.B. an den Raum abgibt, können je nach Montageart und Blendschutztypus variieren.

Die Armaturen können folgendermaßen mit den Lüftungsanlagen integriert werden:

a) Die Armaturen werden in die Decke eingelassen; die Abluft wird über die Armaturen direkt in den Zwischenraum von abgehängter Decke und konstruktiver Decke geführt, der dabei als Saugkammer verwendet wird.

b) Die Armaturen werden in die Decke eingelassen und an die Abluftkanäle angeschlossen; die Abluft wird über die Armaturen geführt.

c) Die Armaturen werden in die Decke eingelassen und gemäß Alternative a) oder b) wird die Abluft über die Armaturen geführt; zusätzlich wird über Spaltluftsprüher, die mit den Armaturen zusammengebaut worden sind, Zuluft durch die Armaturen geblasen, die in der Regel durch eine Längsseite der Armatur austritt.

d) In Räumen ohne abgehängte Decke werden die Armaturen direkt auf die Abluftkanäle montiert oder unter diese gehängt und mit einem Schlauch oder dgl. verbunden. Auch hier wird die Abluft über die Armaturen geleitet.

Falls nur einige Armaturen für das Einleiten der Abluft verwendet werden, während andere Armaturen unbelüftet bleiben, entstehen zwischen den Armaturen aufgrund der auftretenden Temperaturunterschiede Differenzen in den Lichtfarben.

Die Wärmemenge, die über eine solche Anlage abgeführt werden kann, hängt u.a. vom Luftstrom durch die Armatur und von der Konstruktion der Armatur ab.

Schallschutz

1. Allgemeines

In diesem Abschnitt werden spezielle Schallfragen von Universitätsbibliotheken behandelt.

Aktuelle Schallfragen sind hierbei:

Lärm, verursacht

- durch die festen Installationen des Hauses (beispielsweise Lüftungsanlagen)
- durch die Tätigkeiten innerhalb der entsprechenden Räume
- durch Lärmquellen außerhalb der Gebäude (hauptsächlich Verkehrsgeräusche)

Raumakustik

- Absorbenten zur Erhöhung der Schallverbreitungsverluste in gewissen Räumen, zur Verbesserung des Arbeitsmilieus bzw. zur Senkung des Lärmpegels in allgemeinen Räumen
- Maßnahmen für ein Zustandekommen optimaler Hörbarkeit

Schallisolierung

- Luftschallisolierung, um Lärmdämpfung und einen gewissen Geheimhaltungsgrad zu erreichen
- Trittschallisolierung zur Vermeidung von Störungen durch Verkehr, Stühlerücken usw.

Bibliotheksräume können auch vom Schallgesichtspunkt aus grob in folgende Raumgruppen unterteilt werden:

a) Verwaltung sowie

b) Innerer Dienst: Bürotätigkeit verschiedener Art mit Schallisolierungsforderungen bis zum Geheimhaltungsgrad

c) Technischer Dienst: dazu können auch Räume mit relativ starkem Lärm gehören und körperschallerzeugende Einheiten (Buchbinderei, Reproduktionszentrale). Mäßige Anforderungen an die Schallisolierung zwischen den Räumen innerhalb dieser Gruppe und hohe Anforderungen gegenüber den anderen Einheiten im Gebäude

d) Benutzerdienst: unterschiedliche Tätigkeiten, die aber funktionsmäßig zusammengehören und deshalb oft in einen gemeinsamen Raum verlegt werden

e) Leseräume: teils geschlossene Kleineinheiten (beispielsweise Forscherräume) mit Schallisolierungserfordernissen, teils größere Räume, wobei im allgemeinen mehrere Funktionen in denselben Raum verlegt werden (Leseräume, offene Sammlungen, Ausgabeflächen usw.)

f) Magazinierung: hauptsächlich Tätigkeiten ohne interne Schallisolierungsbedürfnisse

g) allgemeine Räume: Eingangshallen, Cafeterias usw. mit mäßigen Schallisolierungsbedürfnissen innerhalb dieser Raumgruppe.

2. Gebäudegebundene Teile, Flexibilität, Planlösungsfragen

Der Rohbau muß natürlich so ausgebildet sein, daß die Schallanforderungen innerhalb der entsprechenden Funktionsgruppen zu angemessenen Kosten realisiert werden können. Es ist hierbei im allgemeinen nicht wirtschaftlich angemessen, das Gebäude so auszuformen, daß der

Bedarf für jeden Raumtyp befriedigt werden kann. Es ist somit wichtig, daß im Stadium der Programmierung der Flexibilitätsgrad bestimmt wird. So ist normalerweise für den Büroraum im Zellentyp erforderlich, daß eine hohe Luftschallisolierung (bis zu Ia 48 dB) in jeder Wandlage (beispielsweise Achsmaß 12 M) erreicht werden kann, was spezielle Anforderungen an die Träger, an die Anschlußflächen in der Fassade und an die Ausbildung der Lüftungsanlage stellt, während innerhalb der Funktionsgruppe e) (größere Leseflächen) dieser Bedarf nur selten entsteht.

Wünschenswert ist, daß das Gebäude nach folgenden Prinzipien ausgebildet wird:

- Der Technische Dienst wird von den empfindlichen Raumtypen getrennt untergebracht, am besten im Untergeschoß, wo eventuelle spezielle bauliche Anforderungen leichter befriedigt werden können.

- Träger und Fußbodenbelag werden so gewählt, daß der Index für das Trittschallniveau Ii 68 dB in senkrechter Richtung erfüllt wird und auch in Seitenrichtung erfüllt werden kann.

- Fassaden, Anschlußflächen, Lüftungsanlagen usw. werden so ausgebildet, daß der Index für die Luftschallisolierung Ia 48 dB in normalen Trennwandlagen mit einem engen Modul (beispielsweise 12 M) für Zelleneinheiten (Verwaltung, Forscherräume usw.) und mit einem weiten Modul (beispielsweise 72 M) für die größeren Raumtypen erfüllt werden kann. Die Senkung des "maximalen horizontalen Normal-Wohnungsstandards" auf beispielsweise Ia 44 dB kann in gewissen Fällen berechtigt sein, falls die Planlösung entsprechend gewählt wurde. Die "Normal-Wohnungsanforderung" bedeutet folglich eine Umbaumöglichkeit bis zu diesem Standard, während die Trennwände normalerweise nach den aktuellen Detailplanlösungen dimensioniert werden.

Im nächsten Abschnitt werden detaillierte Gesichtspunkte für die entsprechenden Funktionsgruppen dargestellt.

3. Funktionsgruppen

a) Verwaltung
Reine Bürotätigkeit; die Anweisungen für die Bürotätigkeit sind direkt anwendbar.

b) Innerer Dienst
Auch für diese Funktionsgruppe können die Büroanweisungen angewendet werden.

c) Technischer Dienst
In der Reproduktionszentrale (auch in der Buchbinderei) gibt es, wie früher erwähnt, lärmerzeugende Geräte, weshalb diese Raumtypen mit Absorbenten versehen werden müssen. Bei geeigneter Planlösung (gradweiser Übergang von lärmerzeugenden zu ruheerfordernden Räumen) sollte eine niedrige Luftschallisolierung zwischen den Räumen gewählt werden können.

Auch der Bedarf an Trittschallisolierung ist innerhalb dieser Funktionsgruppe nur mäßig. Ein harter Fußbodenbelag kann somit vom Gesichtspunkt des Schalls akzeptiert werden, vorausgesetzt, daß die Trittschallisolierung zu den übrigen Funktionsgruppen paßt. Flure müssen, wie die Bürobereiche, mit Deckenabsorbenten versehen werden.

Speziell in der Buchbinderei können bauliche Maßnahmen erforderlich werden, damit in empfindlichen Gebäudeteilen keine Störungen auftreten.

d) Benutzerdienst

Ein Übergang zu "offenen Lösungen" für verschiedene Tätigkeiten innerhalb eines Raumes bedeutet, daß die Prinzipien des Großraums angewandt werden müssen:

- große Länge und Breite (quadratische Ausbildung oft günstiger als rechteckige; wünschenswertes Minimalmaß 20 m)
- mäßige Deckenhöhe (Größenordnung 3 - 4 m bis zur abgehängten Decke) sowie Deckenabsorbent (dichte oder offene abgehängte Decke) mit einem guten Effekt auch bei hohen Frequenzen
- weicher Textilbodenbelag von Wand zu Wand
- effektiver Absorbent auch an freien Wandflächen
- Lüftungslärmniveau (oder andere Lärmquellen), die eine gewisse Maskierung ergeben. Richtwert 40 bis 45 dB
- Layout, das einen großen Abstand zwischen Störquellen (wie Ausleihtheke mit Büromaschinen) und Silentiumflächen ergibt. Beispiel: Bücherregale werden als Schirmwände zwischen Ausleihflächen und Lese-/Gesprächsflächen aufgestellt
- Verwendung von Geräten (Kopiermaschinen, Büromaschinen usw.) mit geringer Lärmentwicklung.

e) Leseräume

Bei konventioneller geschlossener Planlösung mit nur vereinzelten Studien und Literatursuche im Lesesaal werden nur mäßige Forderungen an die akustische Dämpfung des Saals gestellt.

Eine Integrierung mehrerer Tätigkeitsarten kann unterdessen auch für die größeren Lesesäle funktional wünschenswert sein. In einem solchen Fall müssen ebenfalls die Großraumprinzipien angewendet werden.

Der Konflikt zwischen "konzentrationsanfordernden Flächen" und "störenden Flächen" ist jedoch groß, so daß Schallfragen (inklusive Diskussion bezüglich Detail-Layout) sehr frühzeitig während der Planung behandelt werden müßten.

Die akustischen Maßnahmen zielen darauf hin

- das "Allgemein-Lärmniveau" im Saal zu erhöhen, um die notwendige Schallniveausenkung zu vermindern; "Schallisolierung" zwischen Lärmquelle und Hörer
- die Ausbreitungsverluste im Saal zu erhöhen (Dämpfung mit erhöhtem Abstand) durch Einführung von Dach- und Wandflächen mit effektiven Schallabsorbenten
- den Abstand mittels Layout-Maßnahmen zu erhöhen und eine Abschirmung zwischen verschiedenen Funktionen zustande zu bringen
- spezielle Einheiten außerhalb des Lesesaals in separaten Räumen unterzubringen (beispielsweise lärmende Maschinen, Gesprächsgruppen, störungsempfindliche Personen).

Daraus kann gefolgert werden, daß der "ruhige" Lesesaal, mit einem geringen Hintergrundsniveau, nicht mit einem "multifunktionalen" Lesesaal kombiniert werden kann; ein hörbarer Lüftungsgeräuschpegel ist z.B. normalerweise notwendig, damit die erforderliche Maskierung erreicht wird (Richtwert ca. 40 dB).

Das Niveau des Verkehrslärms soll jedoch innerhalb des Gebäudes niedrig gehalten werden.

Die Ausführung der Möbel für Studienplätze sollte so sein, daß die Funktionstypen "einzelner Studienplatz" bzw. "Gruppenstudienfläche" klar erkennbar sind. Diese Flächen werden in großem Abstand (Richtwert mindestens 10 m) angeordnet und durch Bücherregale getrennt, die als Schirmwände dienen. Direkte Sicht von der Gruppenstudienfläche zu den Forscherplätzen ist nicht erwünscht.

Audiovisuelle Hilfsmittel, Kopiermaschinen, Büromaschinen usw. müssen so ausgebildet und angeordnet werden, daß sie keine Störungen verursachen. Die Möglichkeiten, solche Einheiten im Lesesaal unterzubringen, sind begrenzt. Auch wenn alle entsprechenden Maßnahmen getroffen worden sind, ist es möglich, daß speziell störanfällige Personen trotzdem Schwierigkeiten haben, einzelne Studienplätze zu benützen. Deshalb sollte, falls es die Raumdimensionen erlauben, eine "Silentiumzone" mit einer effektiveren Abschirmung zu den "Störzonen" angeordnet werden (Abstand, Abschirmmaßnahmen). Die Lesesäle sollen immer durch geschlossene Einheiten in Form von Forscherräumen, die auch zum Diktieren, für Schreibmaschinenarbeit usw. benutzt werden können, und durch Gruppenbzw. Gesprächsräume ergänzt werden. Die Schallisolierung zwischen diesen Räumen muß so hoch sein, daß normalerweise keine Störungen durch Schreibmaschinenarbeit, laut geführte Gespräche usw. auftreten. Kleinraumeinheiten sollten im Hinblick auf Einmann-/Zweimannbenutzung, auf Schreibmaschinenarbeit, Diktieren usw. generell mit Deckenabsorbenten versehen werden.

f) Magazinierung

Geschlossene Magazinräume bringen normalerweise keine Schallprobleme mit sich. Falls die Magazinflächen zum gemeinsamen Baukörper gehören, werden spezielle Anforderungen gestellt, damit Kompaktussysteme keine Körperschallstörungen verursachen.

g) Allgemeine Räume

Im Normalfall sind Deckenabsorbenten erforderlich, um dadurch das Störungsniveau in der entsprechenden Einheit zu senken. Der Schallisolierungsbedarf innerhalb der Funktionsgruppen ist niedrig (normalerweise besteht Bedarf an dichten Trennwänden nur in Besprechungsräumen).

h) Übrige Raumtypen

Zu den Bibliotheksgebäuden gehören oft auch andere Raumtypen, wie z.B. größere oder kleinere Lehrräume, Musikräume, Sprachlaboratorien usw.

Es sollte beobachtet werden, ob der "maximale Normalstandard" des Bibliotheksgebäudes für mehrere dieser Raumtypen ausreichend ist; spezielle Maßnahmen für das Tragwerk, die Erhöhung der Geschoßhöhe usw. kann folglich notwendig werden.

Dies gilt auch für Lüftungsräume, Apparateräume usw. und für die Versorgung des Hauses. Der Umfang und die Anordnung dieser Raumtypen muß deshalb in einem frühen Zeitpunkt der Planung bestimmt werden.

4. Vorschlag für Zielsetzungswerte

In der folgenden Tabelle werden Vorschläge für Zielsetzungswerte gemacht. Im Programmstadium der Planung wird eine Überarbeitung der Bedarfswerte erforderlich, wobei die Angaben in der Tabelle als Richtwerte gelten.

Aufstellung der Tabelle

Generell gilt, die Konstruktion, die Anschlußdetails usw. sollen so dimensioniert sein, daß der Index für die Luftschallisolierung Ia = 48 dB in Vertikalrichtung erreicht wird und der Umbau jeder Wand diese Schallisolierung wieder zuläßt. Durch geeignete Lösungen mit abgeschlossenen Hauptgeschossen können die Isolierungsanforderungen in der Horizontalrichtung vermindert werden.

Tabelle 12 Vorschlag für Zielsetzungswerte

RAUMTYPEN	STATIONÄRER LÄRM VON KLIMAANLAGEN USW. N	dB	VERKEHRSLÄRM, TAGESEFFEKTIV-NIVEAU dB	AKUSTIK	LUFTSCHALLISOLIERUNG la dB ZU ANDEREN RÄUMEN	FLURE TÜR/WAND	TRITTSCHALLISOLIERUNG VON RÄUMEN	VON FLUREN U. HALLEN	BEMERKUNGEN
a) VERWALTUNG	SIEHE KBS-ANWEISUNGEN NR. 10								
b) INNERER DIENST	SIEHE KBS-ANWEISUNGEN NR. 10								
c) TECHNISCHER DIENST									
Hausmeisterei	30 - 35	35 - 40	40	1)	25-40 2)	20 / 35			1) 100%, FALLS LÄRM-ERZEUGENDE MASCHINEN VORHANDEN SIND.
Buchbinderei 3)	35	40	45	100%	25-44 2)	20 / 35			
Reprozentrale 3)	35	40	45	100%	25-44 2)	20 / 35			
Flure	40	45		50%					
d) BENUTZERDIENST	4)	4)	40	4)	25-40 2)	20 / 35	73	68	
e) LESERÄUME									2) ABHÄNGIG VON DER PLANLÖSUNG
LESESAAL									
nur einzelne Studien	30	35	35	100%	25-40 2)	20 / 35	73	68	
mehrere Funktionen im Raum	4)	4)	35	4)	25-40 2)	20 / 35	73	68	3) BUCHBINDEREI UND REPROANLAGE SIND ABGESONDERT, z.B. IM U G UNTERZUBRINGEN.
Gruppenräume, Schreibmaschinenräume	30	35	35	100%	44	30 / 35	73	68	
FORSCHERZELLEN	30	35	35	100%	40	30 / 35	73	68	4) SIEHE ABSCHNITT " SPEZIELLE ANFORDERUNGEN AN GROSSRÄUME "
f) MAGAZIN									
Magazinabfertigungsstelle	30 - 35	40 - 45	45		2)	2)			
geschlossene Sammlungen, Archivmagazin	35	40	45		2)	2)			
g) ALLGEMEINE RÄUME									
Eingangshalle	35	40	50	100%	2)	2)			
Besprechungs- und Rauchräume	30 - 35	35 - 40	40	100%	2)	2)	2)	2)	
Toiletten	SIEHE KBS-ANWEISUNGEN NR. 13								
h) ÜBRIGE RÄUME									
Lehrräume	SIEHE KBS-ANWEISUNGEN NR. 12								
Übrige	SPEZIALPROGRAMME SIND IN VORBEREITUNG. IN ANWENDBAREN FÄLLEN SIND DIE RICHTWERTE DER KBS-ANWEISUNGEN ZU VERWENDEN.								

Für Spezialräume (wie Unterrichtsräume) ist in gewissen Fällen ein höherer Schallisolierungsstandard erforderlich.

Erklärungen zu den Bezeichnungen in der Tabelle

Spalte 1: Stationärer Lärm
Der höchste zugelassene Wert für Geräusche, die durch die allgemeine Belüftung, durch Aggregateräume und durch andere Lärmquellen außerhalb der Räume verursacht werden. Entweder die angegebene Lärmzahl (noise rating number N) oder das angegebene Schallniveau in dB soll unterschritten werden, wobei jede Art von Störungsquellen für sich gemessen wird (schwedische Baunormen beachten). Die Zielsetzung soll in allen Aufenthaltszonen erfüllt werden, jedoch nicht in kürzerem Abstand als 1 m von der Lärmquelle entfernt. Das Schalldruckniveau von Lärm mit impulsartigem Charakter soll mindestens 5 dB unter der entsprechenden N-Kurve im betreffenden Oktavband liegen. Die Werte gelten auch als Richtwerte für Lärm aus anderen Räumen.

Spalte 2: Verkehrslärm
Das höchste Tageseffektivniveau (6 - 18 Uhr) für den mittleren Jahrestagesablauf. Als Unterscheidung zu früher verwendeten Maximalwerten, die nur bei einzelnen Passagen (maximal 1 % der Zeit) überschritten werden dürfen, wird hier der Tageseffektivwert analog zum Vorschlag der Planungsbehörde Schwedens (Planverket) für Verkehrslärmnormen angegeben. Für jeden Verkehrsfall ist der Tageseffektivwert geringer als der "1 %-Wert". Der Unterschied erreicht eine Größenordnung bis zu 10 dB.

Spalte 3: Akustik
X %: Die Räume sollen mit Absorbenten versehen werden, die einen Absorptionsfaktor größer als 0,5 zwischen

500 und 3 150 Hz haben. Die Absorbenten werden an der Decke und/oder an den Wänden angebracht. Die erforderliche Mindestfläche, ausgedrückt in % der Deckenfläche, wird angegeben. (Vergleiche SBN-67 34:025.)

Spalte 4: Luftschallisolierung Ia dB
Die Anforderungen an den Index für die Luftschallisolierung entspricht den Angaben in den Kapiteln 34:023 und 34:2 der schwedischen Baunormen.

Spalte 5: Trittschallisolierung Ii dB
Die Anforderungen an den höchsten Index für das Trittschallniveau entspricht den Angaben in den Kapiteln 34:024 und 34:2 der schwedischen Baunormen.

Spezielle Anforderungen an Großräume

Für die Fälle, in denen sich schallmäßig verschiedene Funktionen in demselben Saal befinden (beispielsweise Ausleihe, Information, Lesetische), werden spezielle akustische Anforderungen an den Raum gestellt. Eine Spezialermittlung im Stadium der Programmierung sollte stets auf dem Funktionsprogramm basieren, wobei auch Prinzipien hinsichtlich des Layout und der Einrichtung behandelt werden und eine Auflistung der Störquellen innerhalb des Saales geschehen sollten (z.B. durch audiovisuelle Geräte, Büromaschinen).

Folgende Richtwerte werden für Großräume mit stark unterschiedlicher Tätigkeit angegeben:

Stationärer Lärm (Lüftungsanlagen usw.)

Der höchste zulässige Wert ist die Lärmzahl N 35 bzw. 40 dB.
Für Lärmabgabe von Lüftungsgeräten gilt der geforderte Wert als Richtwert, wobei um 5 dB höhere Werte akzeptiert und um 5 dB niedrigere Werte nicht unterschritten werden sollen.

Raumdimensionen, Absorbenten

Als geringstes Grundmaß sind 20 x 20 m wünschenswert, jedoch nicht generelle Forderung. Für Decken und Wandabsorbenten werden folgende Minimalforderungen gestellt:

Deckenflächen: Die gesamten Deckenflächen, abgesehen von Armaturen, Lüftungsgeräten, Decken usw., sollen eine so gute Absorption ergeben, daß die in der Tabelle 12 unter a) angegebenen Forderungen erfüllt werden. Nicht absorbierende Flächen sollen über die gesamte Deckenfläche verteilt werden und dürfen höchstens 20 % der Fläche ausmachen. Die Absorptionsforderungen gelten im Prinzip auch für Lösungen mit "offenen" untergehängten Decken, wobei zur Deckenfläche auch Trägerflächen usw. gerechnet werden.

Wandflächen: Zugängliche Wandflächen werden mit Absorbenten verkleidet, die den in der Tabelle 12 unter b) aufgeführten Anforderungen entsprechen.

Absorptionsanforderungen

Der Schallabsorptionsfaktor, mit den Raummethoden im Laboratorium gemessen, der die Anforderungen gemäß dem schwedischen Standard ISOR 354 erfüllt, soll mindestens folgende Werte erreichen:

Tabelle 13

TERZBAND, MITTELFREQUENZ	250	315	400	500	630	800	1 000 - 6 000 Hz
FORDERUNG ABSORPTIONS-FAKTOR α %							
a) DECKENABSORBENT	50	60	70	80	80	80	80
b) WANDABSORBENT				50	60	70	80

Bodenbelag

Der Bodenbelag soll aus einem weichen Teppich bestehen, der von Wand zu Wand reicht.

ANHANG B

TEIL 1:

AUTOMATISIERTES ZEITSCHRIFTENSYSTEM

aus: PERIODICASYSTEM
Statskontoret, Utredningsavdel-
ning 3, 1970

Voraussetzungen für ein automatisiertes Zeitschriftensystem

Bei einer Bewertung der Alternativen, die sich zur Zeit für eine maschinelle Registrierung von Zeitschriften anbieten, zeigt sich, daß ein System der Zeitschriften-Registrierung, das auf die zukünftige Entwicklung Rücksicht nehmen muß, als on-line-Datensystem mit Bildschirm eingerichtet werden muß.

Für die Überwachung ergeben die Zeitschriften-Lieferungen oft ein sehr verwirrendes Bild. Das Personal muß relativ oft in die Behandlungs-Routinen eingreifen, um Entscheidungen zu treffen. Es ist deshalb zum Beispiel sehr schwierig, mit einem Datensystem einfacher Ausbildung, das keine sehr schnellen manuellen Eingriffe erlaubt, alle Anforderungen zu erfüllen, die an ein Kontrollsystem gestellt werden können. Die Bildschirmmethode gibt dem Bibliotheks-Personal wesentlich größere Möglichkeiten, die Geschehnisse zu überwachen, die die Zeitschriften-Lieferungen beeinflussen können. Dadurch werden die Entscheidungsunterlagen verbessert und die Möglichkeiten beträchtlich erweitert, die Beschlüsse durchzuführen.

Off-line-Datensysteme arbeiten mit einem Überwachungsregister auf Lochkarten, das unpraktisch zu bedienen ist. Mit einem on-line-System sind solche Register entbehrlich.

In seinen Hauptzügen würde ein System der genannten Art folgendermaßen aussehen:

Sämtliche Angaben, die für die Zeitschriften-Kontrolle benötigt werden, sind in einem Kontrollregister auf Direkt-Akzess-Speichern registriert.
Das Kontrollregister kann entweder mit einem Katalog über den Zeitschriftenbestand der Bibliothek gleichgeschaltet

oder separat sein. Die ständige Benutzung des Kontrollregisters läßt es sinnvoll erscheinen, dieses von dem größeren Bestandsregister getrennt zu halten.

In der Abteilung, die die Verantwortung für die Zeitschriften-Lieferungen und Kontrollen hat, ist ein Daten-Terminal mit Bildschirm installiert, das one-line an das Register gekoppelt ist. Die Grundangaben über die Zeitschriften laufen vom Bestellungsregister des Erwerbssystems über das Katalogsystem zum Zeitschriften-Kontrollregister. Die Übermittlung der Daten geschieht automatisch, wenn das erste Exemplar der Zeitschrift geliefert wird. Im Erwerbs- und Katalogisierungs-System findet in diesem Zeitabschnitt auch eine Ergänzung der Angaben im Datenposten statt.

Die Zeitschriftenkontrolle ist im Prinzip ein Zweig der Erwerbsabteilung. Wenn das erste Exemplar der Zeitschrift eingegangen ist, übernimmt das Zeitschriften-Kontrollsystem die Verantwortung für die kontinuierliche Lieferungsüberwachung.

Wenn zum Beispiel eine Zeitschriftennummer eingeht, ruft der Bibliothekar mit Hilfe einer Identitätsbezeichnung die Datenposten für die aktuellen Zeitschriften vom Kontrollregister ab, auf dem Bildschirm erscheint dann eine Lieferungshistorie. Mit Hilfe der Funktionstaste führt der Bibliothekar die Bezeichnung für die neue Nummer, den Band und die laufende Nummer im Datenposten ein. Diese Fakten werden sofort auf dem Datenschirm registriert und damit im Datenposten für die Zeitschriften im Kontrollregister auf dem direkten Akzess-Speicher. Der Bibliothekar kann gleichzeitig feststellen, welche dazwischen liegenden Zeitschriftennummern fehlen und kann weitere Maßnahmen ergreifen. Mit Hilfe des Datenprogramms findet bei geeigneten Gelegenheiten ein Durchgang sämtlicher Zeitschriftendatenposten statt, wobei die Daten über eintreffende Lieferungen mit den vorweg codierten Angaben über gewünschte und ausgeschriebene Lieferungstermine verglichen werden. Bei Bedarf wird dann automatisch ein Verzeichnis über die Reklamationen und über Verspätungen von Lieferungen hergestellt, das an die Herausgeber oder an die Zeitschriftenzentrale geschickt werden kann. Die Reklamationen selbst werden ebenfalls automatisch als versandfertige Briefkarten hergestellt.

Das Datensystem kontrolliert auch automatisch, wann die Zeitschriften fertig zum Einbinden sind und stellt darüber eine Mitteilung her. Die Angaben stützen sich auf die Registrierung der eingegangenen Nummern sowie auf die Berichte über angekommene Nummer, Titelblätter und Index.

Informationslisten, die den gesamten Bestand umfassen oder Listen, die den Eingang von gewissen Nummern anzeigen, können auch selektiv und in der gewünschten Sortierungsordnung durch das Datensystem hergestellt werden. Das Datensystem wird als ein zentrales Register für die Bibliotheken innerhalb einer Region eingerichtet. Bei der Meldung einer eingegangenen Zeitschriftennummer kann das System dann zum Beispiel Adressenzettel herstellen, um die Verteilung an die angeschlossenen Bibliotheken zu erleichtern.

Das große Problem bei der Lieferungskontrolle von Zeitschriften ist das unregelmäßige Erscheinen von Zeitschriften, sowie die Tatsache, daß die Zeitschriften oft mit mehr Heften oder weniger Heften herauskommen, als für eine bestimmte Zeitperiode vorgesehen war.

Außerdem werden oft zwei Nummern zu einer Doppelnummer zusammengefaßt, oder es kommen Spezialhefte mit einer anderen Numerierung heraus. Die Zeitschriften können auch

Hefte haben, die in Bänden organisiert sind, die über die Jahresgrenzen hinaus laufen oder sogar mehrere Bände, die während eines Jahres parallel laufen oder einander überschneiden. Diese Tatsachen machen es unmöglich, ein Datenprogramm mit einer zufriedenstellenden Flexibilität zu konstruieren. Das Problem kann deshalb nur gelöst werden, indem man der menschlichen Entscheidung Platz einräumt und Möglichkeiten für manuelle Eingriffe in das Datensystem schafft. Um Unterlagen für die Entscheidungsfindung zu bekommen, müssen relevante Faktoren leicht zugänglich sein, in diesem Fall beim Eingang einer Zeitschriftennummer.

Für ein Zeitschriften-Kontrollsystem können diese Bedingungen auf rationelle Weise nur dann zustandekommen, wenn das System auf on-line-Basis begründet ist und zum Bildschirm-Terminal Zugang hat.

Lieferungsüberwachung

Das Zeitschriften-Kontrollsystem hat die Hauptaufgabe, kontinuierlich die Lieferungen von laufenden Zeitschriften zu überwachen. Ein Bibliothekar zeigt über das Bildschirm-Terminal dem System an, welche Hefte geliefert worden sind, welche Titelblätter und Indizes eingegangen sind und welche Lieferungsbescheide im übrigen hereingekommen sind. Aufgrund der Grundangaben, die in den Datenposten registriert sind, initiiert das Computer-Programm automatisch Kontrollen der Lieferungen und stellt gleichzeitig automatische Mahnungen über Lieferungsverspätungen her.

Für die Lieferungsüberwachung benötigt man Angaben über:

1. Periodizität

   Um die Periodizität festzustellen benötigt man:

   1a) das Lieferungsschema

   1b) Kalender des aktuellen Jahres

   1c) Startdatum

2. Numerierungs-Prinzip

   Um das Numerierungs-Prinzip festzustellen benötigt man:

   2a) Ausgabe-Muster

   2b) Startnummer

3. Lieferungszeit

   Um die Lieferungszeit festzustellen benötigt man:

   3a) Angaben über den Herausgabetag

   3b) Angaben über die Transportzeit vom Ausgabeort.

Die Angaben erhält man auf folgende Weise:

1a) Lieferungsschema

Ein Lieferungsintervall wird vom Zeitschriftenheft hergeleitet.
Beispiel: Kommt monatlich heraus.

1b) Kalender für das aktuelle Jahr.

Der Jahreskalender ist im Datenspeicher vorhanden.

1c) Startdatum

Wird vom Bibliothekar beschlossen.
Beispiel: 28. 2. 1970

2a) Ausgabe-Muster ("publication patterns")

Das Numerierungsprinzip wird hergeleitet und ein gewisses Muster wird ausgewählt.
Beispiel: "PATTERN 4"

2b) Startnummer

Wird vom Bibliothekar entschieden.
Beispiel: Band 1, Heft 2.

3a) Angaben über den Erscheinungstag.

Werden aus dem Zeitschriftenheft entnommen.
Beispiel: Den 28. jeden Monats.

3b) Angaben über die Transportzeit vom Erscheinungsort.

Werden vom Bibliothekar entschieden.
Beispiel: 60 Tage.

Außerdem wird eine Frist für Mahnungen beschlossen.

Zusammenfassung:
Die Zeitschrift wird jeden Monat herausgegeben.
Feste Anzahl pro Band, fest Anzahl von Heften pro Zeitperiode.
Bandnumerierung pro Halbjahr; neuer Zyklus jedes Jahr.
Kontinuierliche Numerierung der Hefte.
Das erste Beispiel ist Band 1, Heft 2, kommt heraus den 28.2.70, soll eintreffen am 29.4.70.

Beispiel der Berichterstattung und Lieferungs-Tableau

Der Arbeitsgang für den Bibliothekar am Terminal ist folgender:

1. Der Bibliothekar erhält ein neu eingegangenes Zeitschriftenheft und stellt dessen Identitätsbezeichnung fest.
2. Er drückt die Taste LIEF und wählt die Identitätsbezeichnung der Zeitschrift. Ein Lieferungstableau erscheint auf dem Bildschirm.
3. Der Bibliothekar führt die Nummernbezeichnung des neuen Heftes ein.

In der folgenden Tabelle ist ein Beispiel eines Lieferungstableaus abgebildet.

In der Systembeschreibung sind mehrere Beispiele von Lieferungstableaus angeführt.

Die Voraussetzungen für das Beispiel sind:

Erscheinungsperiode:	Jede Woche
Normale Lieferung:	Die nächste Woche
Mahnungstermin:	10 Tage nach normaler Lieferung (das gleiche gilt für Titelblatt und Index)

Das Beispiel ist in Tabellenform aufgestellt, damit Änderungen übersichtlicher werden.

Tabelle Lieferungstableau

World of Science

Id: 56231 zuletzt erschienen:

Best: 2 EX		Band	Heft	Zusage	Ersch.	Ex.
Erwartet wird:						
Band	Heft	206	618	01.05	05.05	
209	628	206	619	08.05	09.05	
Zugesagt:		206	620	15.05	15.05	
10.07		207	621	22.05	22.05	
wird ange-		207	622	29.05	01.06	
mahnt:		207	623	05.06	07.06	
20.07		208	624	12.06	12.06	
		208	625	19.06	03.07	1
		208	626	26.06	30.06	
		209	627	03.07	08.07	

Angemahnt:

Band	Heft	Trans.	Zusage	Mahnung	EX.
205	616	08.07	15.07	25.07	2
207	TB	03.07		13.07	2
208	625	08.07	15.07	25.07	1

Zugesagt:

Band	Heft	Trans.	Zusage	Mahnung	EX.
209	629	08.07	22.07	01.08	2

Sonstiges:

Sondernummer: Band 206 H. 619 Z.E. 12.05 EX.2

Lieferung eines Zeitschriften-Heftes

(Ein Exemplar ist bestellt)

Manuelle Maßnahmen:

Der Bibliothekar drückt die Taste LIEF und wählt die Identitätsbezeichnung der Zeitschrift auf der Tastatur. Auf dem Schirm erscheinen folgende Angaben (Lieferungstableau):

1. wann das nächste Heft erwartet wird
2. welches Heft als letztes eingegangen ist sowie der Zeitpunkt für die Lieferung
3. welches Heft reklamiert wurde oder vorzeitig ausgeliefert wurde sowie Angaben darüber, wann die Reklamationen gemacht wurden und evtl. Antworten.

Der Bibliothekar wählt die Nummernangabe für das eingegangene Heft. Auf dem Schirm erscheint als Ergebnis:

a) Eingegangenes Heft = erwartetes Heft

Die Nummer des eingegangenen Heftes wird eingeführt. Eine neue Nummer und ein neues Datum erscheinen für "erwartetes Heft".

Maßnahme	Datum	zuletzt eingegangen	erwartet wird			angemahnt, zugesagt				
			Nr.	Zusage	Mahnung	Nr.	Trans.	Zusage	Mahnung	Ex.
LIEF. ID	11.07	25 26 27	28	10.07	20.07					
28		26 27 28	29	17.07	27.07					

b) Das eingegangene Heft sollte früher ausgeliefert werden und ist folglich reklamiert.
Die Nummer des eingegangenen Heftes wird eingeführt.
Die Feststellung über die Reklamation verschwindet.
Bei "erwartetes Heft" tritt keine Änderung ein.

Maßnahme	Datum	zuletzt erschienen	erwartet wird			angemahnt, zugesagt				
			Nr.	Zusage	Mahnung	Nr.	Trans.	Zusage	Mahnung	Ex.
LIEF. ID	11.07	25 27 28	29	17.07						
26		26 27 28	29	17.07						

c) Das eingegangene Heft ist zu früh ausgeliefert worden.
Die Nummer des eingegangenen Heftes wird eingeführt.
Die frühzeitige Lieferung wird notiert.
Bei "erwartetes Heft" tritt keine Änderung ein.

Maßnahme	Datum	zuletzt erschienen	erwartet wird			angemahnt, zugesagt					
			Nr.	Zusage	Mahnung	Nr.	Trans.	Zusage	Mahnung	Ex.	Sonst.
LIEF. ID	11.07	25 26 27	28	10.07	20.07						
29		26 27 29	28	10.07	20.07						29 schon am 11.07 geliefert

Lieferung von Zeitschriftenheften

(Mehrere Exemplare sind bestellt und werden an eine "Unter-Bibliothek" verteilt).

Manuelle Maßnahmen:

Der Bibliothekar drückt die Taste LIEF und wählt die Identitätsbezeichnung der Zeitschrift auf der Tastatur. Auf dem Schirm erscheinen folgende Angaben (Lieferungstableau):

1. wann das nächste Heft erwartet wird und wieviele Exemplare bestellt sind
2. welche Hefte zuletzt eingegangen sind sowie der Zeitpunkt für die Lieferungen
3. welche Hefte reklamiert sind oder frühzeitig geliefert wurden, sowie Angaben darüber, wann reklamiert wurde und evtl. Antworten sowie die Anzahl der Exemplare, die fehlen oder frühzeitig geliefert wurden.

Der Bibliothekar wählt nun die Nummernangabe für das eingegangene Heft, drückt die Taste EX und wählt die Anzahl der eingegangenen Exemplare. Auf dem Schirm erscheint als Ergebnis:

a) Eingegangenes Heft = erwartetes Heft
Anzahl der ausgelieferten Exemplare = Anzahl der bestellten Exemplare. Die Nummer des eingegangenen Heftes wird eingeführt. Eine neue Nummer und ein neues Datum erscheinen für das "erwartete Heft".

Maßnahme	Datum	zuletzt eingegangen	erwartet wird			angemahnt, zugesagt					Sonstiges
			Nr.	Zusage	Mahnung	Nr.	Trans.	Zusage	Mahnung	Ex.	
LIEF. ID	10.07	25 26 27	28	10.07	20.07						Bestellt: 8 Exempl. komplette Lieferung 28
28 Ex 8		26 27 28	29	17.07	27.07						

b) Eingegangenes Heft = erwartetes Heft

Zu wenige Exemplare wurden geliefert. Die Nummer des eingegangenen Heftes wird eingeführt. Eine neue Nummer und ein neues Datum erscheinen für das "erwartete Heft". Nummer und Anzahl der fehlenden Hefte werden notiert. Die Frage "Soll eine Mahnung sofort herausgehen?" erscheint auf dem Bildschirm.

Die Entscheidung des Bibliothekars richtet sich nach dem Lieferungsbild der Zeitschrift (pflegen die Lieferungen rechtzeitig einzutreffen? Wann sollte die Ankunft des Heftes normalerweise angemahnt werden?) Wenn die Taste JA gedrückt wird, wird eine Mahnung ausgeschrieben und die Mahnung wird notiert. Wenn NEIN gewählt wird, kann der Bibliothekar entweder ein geeignetes Mahnungsdatum für die verbleibenden Exemplare wählen oder das Datensystem dieses Datum automatisch festsetzen lassen (aufgrund von Grundangaben über Mahnungsperioden für diese Zeitschrift).

Maßnahme	Datum	zuletzt eingegangen	erwartet wird			angemahnt, zugesagt					Sonstiges
			Nr.	Zusage	Mahnung	Nr.	Trans.	Zusage	Mahnung	Ex.	
LIEF. ID	10.07	25 26 27	28	10.07	20.07						Bestellt: 8 Ex.
28 Ex 5		26 27 28	29	17.07	27.07	28	10.07		20.07	3	

Danach erscheint die Frage "normales Verteilungsschema?" Wenn die Antwort JA ist, sorgt das Datensystem dafür, daß notiert wird, wohin die angekommenen Exemplare verteilt werden, und daß die richtigen Adressen-Etiketten ausgeschrieben werden. Ist die Antwort NEIN, wird das Verteilungsschema der Zeitschrift auf dem Schirm gezeigt und der Bibliothekar kann über die Tastatur selbst bestimmen, wohin die Exemplare geschickt werden sollen.

Verspätete und verfrühte Lieferungen werden behandelt, wie schon geschildert, aber die Anzahl der Exemplare, die von dem Geschehen berührt sind, wird berücksichtigt.

Der Lieferungsbescheid kommt

Manuelle Maßnahmen:

Der Bibliothekar drückt die Taste "Lieferungsbescheid" und wählt die Identitätsbezeichnung der Zeitschrift auf der Tastatur. Auf dem Schirm erscheinen folgende Angaben (Lieferungstableau):

1. wann das nächste Heft erwartet wird
2. welches Heft zuletzt eingegangen ist sowie der Zeitpunkt für die Lieferungen
3. welche Hefte reklamiert wurden oder frühzeitig ausgeliefert wurden, sowie Angaben darüber, wann reklamiert wurde und evtl. Antworten.

Der Bibliothekar wählt die Nummer für das betreffende Heft sowie den eigentlichen Lieferungsbescheid.

Drei Fälle können hier auftreten:

a) Wenn die Lieferung zu einem gewissen Datum versprochen wurde, wird dieses Datum gewählt und das Datensystem setzt ein Datum für die nächste Mahnung ein. Ausgangspunkt ist der versprochene Lieferungstag.

Maßnahme	Datum	zuletzt eingegangen	erwartet wird			angemahnt, zugesagt				
			Nr.	Zusage	Mahnung	Nr.	Trans.	Zusage	Mahnung	Ex.
BESCH. ID	11.07	25 27 28	29	17.07	27.07	26	06.07		16.07	
26 20.07		25 27 28	29	17.07	27.07	26	11.07	20.07	30.07	

b) Wenn der Lieferungsbescheid nicht eindeutig ist, z.B. "die Lieferung geschieht in Kürze", oder "Ende des Verlags", wird auf der Tastatur kein Datum gewählt und das Datensystem setzt das Mahnungsdatum fest. Ausgangspunkt ist das Datum des Tages.

Maßnahme	Datum	zuletzt eingegangen	erwartet wird			angemahnt, zugesagt				
			Nr.	Zusage	Mahnung	Nr.	Trans.	Zusage	Mahnung	Ex.
BESCH. ID	11.07	25 27 28	29	17.07	27.07	26	06.07		16.07	
26		25 27 28	29	17.07	27.07	26	11.07		21.07	

c) Wenn der Lieferungsbescheid aussagt, daß das betreffende Heft eingestellt ist oder aus einem anderen Grund niemals ausgeliefert werden wird, drückt der Bibliothekar die Taste NEIN, statt ein Datum zu wählen; dadurch wird notiert, daß die Zeitschriftennummer endet.

Maßnahme	Datum	zuletzt eingegangen	erwartet wird			angemahnt, zugesagt				
			Nr.	Zusage	Mahnung	Nr.	Trans.	Zusage	Mahnung	Ex.
BESCH. ID	11.07	25 27 28	29	17.07	27.07	26	06.07		16.07	
26 NEIN		25 27 28	29	17.07	27.07	26	wird eingestellt			

Nachdem der Bibliothekar eine der drei oben beschriebenen Handlungen ausgeführt hat, erscheint auf dem Schirm das Ergebnis des Vorganges. Für verspätete Exemplare wird evtl. das vorhergehende Mahnungsdatum geändert, für verfrühte Lieferungen wird der Lieferungsbescheid notiert, aber Änderungen der Angaben "erwartetes Heft" treten in diesem Falle nicht ein. Falls hingegen der Lieferungsbescheid die erwartete Nummer betrifft, werden die Angaben auf dieselbe Weise notiert, aber eine neue Nummer und ein neues Datum für das "erwartete Heft" erscheinen auf dem Bildschirm.

Lieferungsüberwachung und Mahnung

Die Mahnung über eine Lieferung geht normalerweise für sämtliche Zeitschriften automatisch heraus. Es gibt jedoch eine Möglichkeit, separate Mahnungen über einzelne Zeitschriften oder Hefte auszufertigen. Die automatische Mahnung, die sämtliche Zeitschriften betrifft, wird in vollautomatische und halbautomatische Routinen eingeteilt. In beiden Fällen geht das Datensystem die Zeitschriften durch, für welche das Mahnungsdatum am betreffenden Tag oder früher eingetroffen ist. Im vollautomatischen Fall werden sodann die Mahnungen versandfertig im Klartext ausgeschrieben. Hier kann selbstverständlich der Bibliothekar die Mahnungen, die aus verschiedenen Gründen nicht hinausgeschickt werden sollen, zurückhalten. Im halbautomatischen Fall stellt das Datensystem eine Liste der mahnungsreifen Zeitschriften her, wonach der Bibliothekar nähere Angaben über die Zeitschriften, die aus irgend einem Grunde näher untersucht werden sollen, bevor die Mahnung herausgeht, einholen kann, während verbleibende Mahnungen ohne Kontrolle hinausgehen.

a) Vollautomatische Mahnung

Manuelle Maßnahmen:
Der Bibliothekar drückt die Taste MAHNUNG nieder und wählt die Buchstaben ZEIT. Das Datensystem startet hier einen Durchgang durch sämtliche Zeitschriften

und stellt fest, für welche eine Mahnung aktuell ist. Die Mahnungen werden auf versandfertige Blankette in Briefkartenformat ausgeschrieben. Wenn die ganze Routine abgeschlossen ist, erscheint darüber eine Mitteilung auf dem Bildschirm.

Maßnahme	Datum	zuletzt eingegangen	erwartet wird			angemahnt, zugesagt				
			Nr.	Zusage	Mahnung	Nr.	Trans.	Zusage	Mahnung	Ex.
--	20.07	26 27 29	28	10.07	20.07					
MAHN.Z		26 27 29	30	24.07	03.08	28	20.07		30.07	

b) Halbautomatische Mahnung

Manuelle Maßnahmen:

Der Bibliothekar drückt die Taste MAHNUNG und wählt sodann die Buchstaben DET. Das Datensystem stellt fest, welche Zeitschriften angemahnt werden sollen und präsentiert ein Verzeichnis darüber.
Der Bibliothekar wählt die Zeitschriften aus, die etwas genauer überprüft werden müssen, wählt die Identitätsbezeichnung, und auf dem Bildschirm erscheinen dieselben Angaben wie bei der Lieferung der Zeitschriften. Wenn die Auffassung des Bibliothekars über das Mahnungsdatum mit der des Datensystems übereinstimmt, drückt er auf die Taste JA und die nächste Identitätsbezeichnung kann gewählt werden. Wenn die Auffassung des Bibliothekars über das Mahnungsdatum nicht mit der des Datensystems übereinstimmt, wählt der Bibliothekar statt dessen die Nummer des betreffenden Heftes sowie das neue Mahnungsdatum, das er festgestellt hat und drückt die Taste NEIN. Die Mahnung geht dann nicht an diesem Tag heraus, sondern zu einem späteren Zeitpunkt. Wieder kann eine neue Identitätsbezeichnung gewählt werden. Wenn das Datensystem sämtliche Zeitschriften präsen-

tiert hat, an denen der Bibliothekar interessiert ist, drückt der Bibliothekar wieder die Taste MAHNUNG und die Buchstaben REST, wobei das Datensystem dafür sorgt, daß automatische Mahnungen für die verbleibenden Zeitschriften herausgehen, d.h. solche, auf die der Bibliothekar glaubte nicht näher eingehen zu müssen.

c) Separate Mahnung

Manuelle Maßnahmen:
Der Bibliothekar drückt die Taste MAHNUNG und wählt die Identitätsbezeichnung für die Zeitschrift. Auf dem Bildschirm erscheint das Lieferungstableau. Die Nummer für das Heft, das angemahnt werden soll, wird gewählt. Eventuell werden auch Angaben über die Anzahl der Exemplare, die angemahnt werden sollen, eingegeben.

Maßnahme	Datum	zuletzt eingegangen	erwartet wird			angemahnt, zugesagt				
			Nr.	Zusage	Mahnung	Nr.	Trans.	Zusage	Mahnung	Ex.
MAHN. ID	11.07	25 27 28	29	17.07	27.07	26	06.07		16.07	
26		25 27 28	29	17.07	27.07	26	11.07		21.07	

In sämtlichen Fällen sorgt das Datensystem dafür, daß das Mahnungsdatum notiert und daß das nächste Mahnungsdatum mit dem Datum des Tages als Ausgangspunkt eingesetzt wird. Eine Ausnahme bilden selbstverständlich die Sonderfälle, in denen der Bibliothekar selbst das Datum für die nächste Mahnung bestimmt.

Das vom Datensystem festgestellte Mahnungsdatum wird immer im Hinblick auf die Transaktionen für die aktuelle Nummer des Zeitschriftenheftes festgesetzt. Für gewisse

Zeitschriften kann jedoch ein Mahnungsdatum im Hinblick auf das Datum festgesetzt werden, zu dem die späteste Transaktion überhaupt für die betreffende Zeitschrift stattfindet. Dabei wird nicht berücksichtigt, welches Heft betroffen ist. Wenn der Bibliothekar das von der Maschine festgestellte Datum ändert, wird die Änderung nur für den aktuellen Fall beachtet, während im übrigen die Mahnungsfrist gilt, die in den Grundangaben angegeben wurde. Es gibt jedoch auch Routinen für die Änderung dieser Mahnungsperiode.

Achtung:

Das Datum des Tages muß niemals mit Hilfe der Tastatur gewählt werden, sondern es wird automatisch vom Datensystem festgestellt und an der richtigen Stelle eingesetzt.

Lieferung von Sondernummern und Doppelnummern

a) Sondernummern

Manuelle Maßnahmen:
Der Bibliothekar drückt die Taste LIEF und wählt auf der Tastatur die Identitätsbezeichnung der Zeitschrift. Auf dem Schirm erscheint das Lieferungstableau. Der Bibliothekar wählt ein E (Extranummer) und führt die Bezeichnung der Sondernummer ein. Diese Bezeichnung muß den Angaben des Zeitschriftenheftes genau entsprechen, $27\frac{1}{2}$ wird also 27 1/2 geschrieben. Auf dem Schirm erscheinen nun die Angaben über die Sondernummer: Bezeichnung und Ankunftsdatum. Die übrigen Angaben werden nicht beeinflußt. Das Datensystem notiert jedoch

die logische Einordnung der Nummer, d.h. zwischen Nummer 27 und 28, folglich 27,5.

Maßnahme	Datum	zuletzt eingegangen	erwartet wird			angemahnt, zugesagt					Sonstiges
			Nr.	Zusage	Mahnung	Nr.	Trans.	Zusage	Mahnung	Ex.	
LIEF. ID	11.07	25 26 27	28	10.07	20.07						
E 27 1/2		25 26 27	28	10.07	20.07						Sondernr. 27 1/2 erschienen am 11.07

b) Doppelnummern

Manuelle Maßnahmen:
Die Taste LIEF wird gedrückt und die Identitätsbezeichnung wird gewählt; auf dem Bildschirm erscheint das Lieferungstableau. Die Taste D und die Bezeichnung für die Doppelnummer wird geschrieben, z.B. 28/29. Das Datensystem ordnet die Nummern in die richtige Ordnungsfolge ein und berichtigt bei Bedarf die Angaben über das "erwartete Heft". Falls z.B. Nummer 28 erwartet wird und eine Doppelnummer 28/29 erscheint, wird das nächste erwartete Heft die Nummer 30.

Maßnahme	Datum	zuletzt eingegangen	erwartet wird			angemahnt, zugesagt					Sonstiges
			Nr.	Zusage	Mahnung	Nr.	Trans.	Zusage	Mahnung	Ex.	
LIEF. ID	11.07	25 26 27	28	10.07	20.07						
D 28/29		27 28 29	30	24.07	03.08						Doppelnummer 28/29

<u>Lieferung des Titelblattes und des Index</u>

Das Titelblatt und der Index können separat geliefert werden oder dem Zeitschriftenheft beigegeben sein. Das Datensystem kontrolliert, wann ein Band komplett ist und fordert zu dem entsprechenden Zeitpunkt die Lieferung des Titelblattes bzw. des Index an.

Manuelle Maßnahmen:

Der Bibliothekar drückt die Taste LIEF und wählt die Identitätsbezeichnung der Zeitschrift auf der Tastatur; auf dem Schirm erscheint das Lieferungstableau. Der Bibliothekar wählt die Nummer des aktuellen Heftes. Ein Durchgang durch die Angaben geschieht auf die normale Weise. Wenn der Band komplett ist, entscheidet das Datensystem mit Hilfe der Grundangaben, ob Titelblatt bzw. Index vorhanden sein sollen oder nicht, ob diese der Nummer beigefügt sein sollen, deren Lieferung angemeldet ist oder ob sie separat geliefert werden sollen, entweder automatisch oder auf Anforderung.

Zwei Fälle sind unten aufgeführt:

a) Der Band ist komplett. Das Titelblatt soll beigefügt werden.
Nachdem der Bibliothekar die Taste LIEF gedrückt und die Identitätsbezeichnung sowie die Nummer des aktuellen Heftes eingegeben hat, wird das Geschehnis notiert und die Mitteilung erscheint: "Band komplett. Ist Titelblatt beigefügt?".
Der Bibliothekar drückt dann entweder die Taste JA, wodurch notiert wird, daß das Titelblatt geliefert ist oder die Taste NEIN, wodurch eine Mahnung zur Lieferung des Titelblattes hinausgeht und die Mahnung notiert wird.

Maßnahme	Datum	zuletzt eingegangen	erwartet wird			angemahnt, zugesagt					Sonstiges
			Nr.	Zusage	Mahnung	Nr.	Trans.	Zusage	Mahnung	Ex.	
LIEF. ID	11.07	25 26 27	28	10.07	20.07						
28		26 27 28	29	17.07	27.07						Band komplett. Ist Titelblatt beigefügt?
NEIN		26 27 28	29	17.07	27.07	TB	11.07		21.07		Mahnung wegen Titelblatt geht hinaus.

b) Der Band ist komplett. Das Titelblatt wird separat geliefert, d.h. auf Bestellung zugeschickt. Nachdem die Taste LIEF gedrückt und Identität und Nummer des Heftes eingegeben sind, werden diese Angaben notiert. Es erscheint folgender Text auf dem Bildschirm: "Band komplett. Titelblatt wird gesondert publiziert. Falls beigefügt, Taste T drücken. Falls Bestellung gewünscht, Taste JA drücken. Falls nicht gewünscht, Taste NEIN drücken. Der Preis beträgt 2 Kr."

Als Antwort wird entweder notiert, daß das Titelblatt geliefert ist und der Band folglich bereit zum Binden ist, oder es wird notiert, die Bestellung des Titelblattes möge herausgehen, der Band sei bereit zum Binden.

"T"

Maßnahme	Datum	zuletzt eingegangen	erwartet wird			angemahnt, zugesagt					Sonstiges
			Nr.	Zusage	Mahnung	Nr.	Trans.	Zusage	Mahnung	Ex.	
LIEF. ID	11.07	25 26 27	28	10.07	20.07						
28		26 27 28	29	17.07	27.07						kompletter Band. Titelblatt wird gesondert publiziert, falls beigefügt, T antworten. Falls Bestellung erwünscht, JA antworten. Falls nicht erwünscht, NEIN antworten. Preis 2.- Kr.
T		26 27 28	29	17.07	27.07						kompletter Band, Titelblatt

"JA"

Maßnahme	Datum	zuletzt eingegangen	erwartet wird			angemahnt, zugesagt					Sonstiges
			Nr.	Zusage	Mahnung	Nr.	Trans.	Zusage	Mahnung	Ex.	
LIEF. ID	17.07	25 26 27	28	10.07	20.07						
28		26 27 28	29	17.07	27.07						kompletter Band. Titelblatt wird gesondert publiziert, falls beigefügt, T antworten. Falls Bestellung erwünscht, JA antworten. Falls nicht erwünscht, NEIN antworten. Preis 2.- Kr.
JA		26 27 28	29	17.07	27.07	T	11.07		21.07		Bestellung des Titelblattes geht hinaus.

Die Verfahrensweise für die Lieferung des Index ist dieselbe, die Taste T wird jedoch durch die Taste I ersetzt.

c) Notierung der Lieferung von Titelblatt oder Index

Die Notierung kann entweder vollkommen getrennt von der Registrierung der eingehenden Hefte oder in Verbindung damit geschehen.

Manuelle Maßnahmen:

Der Bibliothekar drückt die Taste LIEF und gibt auf der Tastatur die Identitätsbezeichnung der Zeitschrift ein; auf dem Schirm erscheint das Lieferungstableau. Soll die Lieferung des Titelblattes notiert werden, so ist die Taste T und die Bandbezeichnung zu drücken. Für den Index drückt man entsprechend die Taste I. In beiden Fällen wird notiert, daß Titelblatt bzw. Index eingegangen sind, wobei gleichzeitig auf dem Bildschirm mitgeteilt wird, daß der Band komplett ist, d.h. daß Titelblatt und Index sowie sämtliche zum Band gehörenden Hefte eingegangen sind und der Band zum Binden bereit ist.

<u>Verschiebung des Zeitschemas für Lieferungen</u>

Wenn Lieferungen verspätet eingehen oder wenn bestimmte Heftnummern auslaufen sollen, treffen im Prinzip für die folgenden Lieferungen zwei verschiedene Fälle zu:

Entweder kommt nur ein Heft verspätet, während die übrigen zum Fälligkeitstermin eintreffen, oder sämtliche Hefte werden um eine gewisse Zeitperiode verschoben, behalten jedoch ihre Intervalle. Es ist jedoch auch möglich, daß die Auslieferung ganz unregelmäßig geschieht und nicht länger einem regelmäßigen Lieferschema folgt.

Eine eventuelle Nummernverschiebung im Lieferungsschema kann zum Beispiel nur bis zum Jahresende oder bis auf weiteres gelten. Der letztere Fall kann aktuell werden, wenn eine Zeitschrift durch die Jahre hindurch laufende Nummern hat.

Ferner wird auch kontrolliert, wie das Einbinden zum Beispiel dadurch beeinflußt wird, daß die Zahl der Hefte verändert wird, die einen Band bilden sollen.

Das Datensystem wird mit dem Bibliothekar über das Zeitschriftenterminal kommunizieren, indem es im Hinblick auf die Grundangaben, die für die aktuellen Zeitschriften vorliegen, Fragen stellt. Je nach der Antwort des Bibliothekars auf die Fragen des Datensystems entscheidet dieses, ob die Anwendung der Normalroutine gewünscht wird, oder ob der Bibliothekar dem System eigene Angaben zur Steuerung der künftigen Lieferungen mitzuteilen wünscht.

Wenn die Mitteilung über Verspätungen der Lieferungen oder ausgebliebene Lieferungen das Datensystem erreicht, präsentiert der Schirm folgende Frage: "Soll eine Schemaverschiebung eintreten? JA oder NEIN antworten." Wenn der Bibliothekar die JA-Alternative wählt, wird eine Fragenroutine gestartet, die folgendem Flußdiagramm folgt:

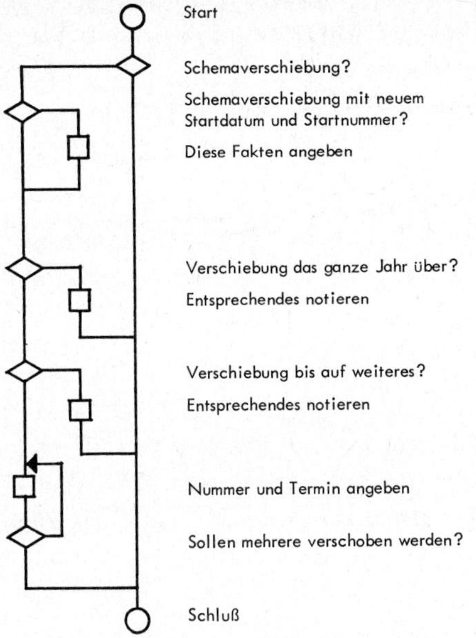

Die Systemlogik wird am besten durch folgendes Beispiel illustriert:

Man hat eine Wochenzeitschrift mit folgendem Lieferungsschema: In der 27. Woche soll Heft 27, in der 28. Woche Heft 28 geliefert werden, usw.
Nehmen wir an, Heft 28 entfällt.

Fall a)
Im Normalfall wird Heft 29 weiterhin in der 29. Woche erscheinen, usw.

Fall b)
Sämtliche Lieferungen verschieben sich um eine Woche, d.h.

Heft 29 erscheint in der 30. Woche, Heft 30 erscheint in der 31. Woche, usw.

Fall c)

Heft 29 wird später geliefert, in der 30. Woche. Sonst passieren keine Lieferungsverschiebungen.

Fall d)

Unregelmäßige Verschiebungen zu Beginn, danach keine Verschiebungen. Heft 29 wird um 2 Wochen aufgeschoben, somit in der 31. Woche geliefert. Die Hefte 30 und 31 werden um jeweils eine Woche verschoben, also in der 31. bzw. 32. Woche geliefert. Ab Heft 32 treten keine weiteren Lieferungsverschiebungen ein.

Fall e)

Heft 29 verspätet sich um 2 Wochen, die folgenden Hefte um je 1 Woche.

Die folgende Tabelle illustriert die Beispiele:

27. Woche	28	29	30	31	32	
Heft 27	28	29	30	31	32	
Fall a)	-	29	30	31	32	etc.
Fall b)	-	-	29	30	31	etc.
Fall c)	-	-	29,30	31	32	
Fall d)	-	-	-	29,30	31,32	
Fall e)	-	-	-	29,30	31	etc.

Manuelle Maßnahmen:

Der Bibliothekar drückt die Taste "Lieferungsbescheid" und gibt die Identitätsbezeichnung ein. Folgendes Schema erscheint:

Maßnahme	Datum	zuletzt eingegangen	erwartet wird			angemahnt, zugesagt				
			Nr.	Zusage	Mahnung	Nr.	Trans.	Zusage	Mahnung	Ex.
		25 26 27	28	10.07	20.07					

Der Bibliothekar tippt die Nummer des Heftes und drückt die Taste NEIN, um dem System zu berichten, das Heft werde nicht geliefert. Auf dem Bildschirm erscheint die Frage: "Änderung der Zahl der Hefte, die zu einem Band gehören?".
Der Bibliothekar drückt die Taste NEIN.

Auf dem Bildschirm erscheint die Frage: "Schemaverschiebung? JA oder NEIN antworten". Das Schemabild hat sich so geändert:

a)

Maßnahme	Datum	zuletzt eingegangen	erwartet wird			angemahnt, zugesagt				
			Nr.	Zusage	Mahnung	Nr.	Trans.	Zusage	Mahnung	Ex.
		25 26 27	29	17.07	27.07	28	entfällt			

Wenn der Bibliothekar nun die Frage mit NEIN beantwortet, geschieht keine Korrektur im Lieferungsschema, sondern das Datensystem geht über zu den Fragen, die den Inhalt des Bandes betreffen. Das ist der Normalfall, Fall a).

Fall b)
Auf dem Bildschirm steht die Frage: "Schemaverschiebung? JA oder NEIN antworten". Folgende Konversation entsteht nun zwischen Bibliothekar und Datensystem:

Der Bibliothekar drückt die Taste JA.
Bildschirm: "Soll neues Startdatum und Startnummer angegeben werden?"
Der Bibliothekar drückt die Taste NEIN.
Bildschirm: "Verschiebung während des ganzen Jahres?"
Der Bibliothekar drückt die Taste NEIN.
Bildschirm: "Gesamte Verschiebung bis auf weiteres?"
Der Bibliothekar drückt die Taste JA.

Auf dem Bildschirm erscheint folgender Wortlaut: "Das Lieferungsschema hat sich um 1 Woche für sämtliche Hefte verschoben. Die Verschiebung gilt bis auf weiteres".

Auf dem Schirm steht nun folgendes Lieferungsschema:

b)

Maßnahme	Datum	zuletzt eingegangen	erwartet wird			angemahnt, zugesagt				
			Nr.	Zusage	Mahnung	Nr.	Trans.	Zusage	Mahnung	Ex.
		25 26 27	29	24.07	03.08	28	entfällt			

Fall c)

Die Routine b) läuft ab, bis auf dem Schirm die Frage erscheint: "Gesamte Verschiebung bis auf weiteres?"
Der Bibliothekar drückt die Taste NEIN.
Bildschirm: "Heftnummer und Lieferungszeiten der Lieferungen angeben, die verschoben werden sollen".
Der Bibliothekar tippt die Heftnummer, d.h. 29, sowie die Lieferungsverschiebung W 1 (= 1 Woche).
Bildschirm: "Keine Lieferungsverschiebung außer Heft 29, das um eine Woche verschoben wird".

Das Lieferungsschema sieht so aus:

c)

Maßnahme	Datum	zuletzt eingegangen	erwartet wird			angemahnt, zugesagt				
			Nr.	Zusage	Mahnung	Nr.	Trans.	Zusage	Mahnung	Ex.
		25 26 27	30	24.07	03.08	28	entfällt			
						29	11.07	24.07	03.08	

Auf dem Bildschirm erscheint außerdem die Frage: "Sollen mehrere Nummern verschoben werden?"
Der Bibliothekar drückt die Taste NEIN.

Fall d)

Der Bildschirm stellt die Frage: "Schemaverschiebung? JA oder NEIN antworten".

Auf dem Bildschirm erscheint folgendes Schema:

d)

Maßnahme	Datum	zuletzt eingegangen	erwartet wird			angemahnt, zugesagt				
			Nr.	Zusage	Mahnung	Nr.	Trans.	Zusage	Mahnung	Ex.
		25 26 27	29	17.07	27.07	28	entfällt			

Die Meldung der Lieferungsbescheide für die 3 Hefte, die nicht dem normalen Schema folgen, geschieht,wie unter der Rubrik "Lieferungsbescheid" beschrieben.

Für jedes der drei betreffenden Hefte drückt der Bibliothekar die Taste "Lieferungsbescheid" und die Heftnummer sowie das Lieferungsdatum. Nach jeder Einspeisung erfolgt eine Berichtigung des "erwarteten Heftes". Wenn die Berichtigung für alle drei Hefte geschehen ist, gibt der Schirm folgende Aufstellung wieder:

Maßnahme	Datum	zuletzt eingegangen	erwartet wird			angemahnt, zugesagt				
			Nr.	Zusage	Mahnung	Nr.	Trans.	Zusage	Mahnung	Ex.
		25 26 27	32	07.08	17.08	28	entfällt			
						29	11.07	31.07	10.08	
						30	11.07	31.07	10.08	
						31	17.07	07.08	17.08	

Fall e)

Routine b) ist durchgelaufen, auf dem Bildschirm erscheint folgender Wortlaut: "Das Lieferungsschema ist um 1 Woche für sämtliche Hefte verschoben. Die Verschiebund gilt bis auf weiteres".

Das Schema sieht so aus:

e)

Maßnahme	Datum	zuletzt eingegangen	erwartet wird			angemahnt, zugesagt				
			Nr.	Zusage	Mahnung	Nr.	Trans.	Zusage	Mahnung	Ex.
		25 26 27	29	24.07	03.08	28	entfällt			

Heft 29 soll um 2 Wochen verschoben werden. Es gilt die Beschreibung "Der Lieferungsbescheid kommt". Der Bibliothekar drückt die Taste "Lieferungsbescheid" und tippt 29 und W 2. Folgendes Schema erscheint auf dem Bildschirm:

Maßnahme	Datum	zuletzt eingegangen	erwartet wird			angemahnt, zugesagt				
			Nr.	Zusage	Mahnung	Nr.	Trans.	Zusage	Mahnung	Ex.
		25 26 27	30	31.07	10.08	28	entfällt			
						29	11.07	24.07	03.08	

Außerdem wird die Frage gestellt: "Mehrere Lieferungsbescheide?".

Der Bibliothekar drückt die Taste NEIN.

Änderungen im normalen Bandinhalt

Bei ausgebliebenen oder eingestellten Lieferungen können Abweichungen von der in den Grundangaben festgelegten Zahl der Hefte, die einen Band bilden sollen, eintreten.

Beispiel:

Die Ausgabe von Nr. 28 ist eingestellt.
Ein Normalband enthält drei Hefte: Die Hefte 28, 29 und 30 sollten einen Band bilden.

	Der Band soll umfassen	Nächster Band	
Fall a)	29, 30	31, 31, 33	usw.
Fall b)	29, 30, 31	32, 33, 34	usw.
Fall c)	29, 30	31, 32	usw.

Manuelle Maßnahmen:

Auf dem Bildschirm erscheint die Frage:
"Änderung der Anzahl der Hefte, die zu einem Band gehören?"
Der Bibliothekar drückt die Taste JA.
Bildschirm: "Ein Band pflegt drei Hefte zu enthalten. Das ausgelassene Heft 28 sollte zusammen mit Heft 29 und Heft 30 einen Band bilden. Soll der Band dieses Mal reduziert werden?"

Fall a)
Der Bibliothekar drückt die Taste JA.
Die normale Bandbildung wird somit fortgesetzt.

Fall b)
Der Bibliothekar drückt die Taste NEIN.
Bildschirm: "Soll die Verschiebung bis auf weiteres fortgesetzt werden?"
Der Bibliothekar drückt die Taste NEIN.
Bildschirm: "Soll die Verschiebung bis Jahresschluß fortgesetzt werden?" Der Bibliothekar drückt die Taste JA.
Die Bandbildung wird mit drei Heften pro Band fortgesetzt, die Nummernserie wird bis Jahresschluß verschoben.

Fall c)
Die Routine b) ist durchgelaufen, bis auf dem Bildschirm die Frage auftaucht: "Soll die Verschiebung bis Jahresende fortgesetzt werden?"
Der Bibliothekar drückt die Taste NEIN.
Bildschirm: "Neue Daten für die Bandbildung angeben. Wird die Zahl der Hefte pro Band geändert? NEIN antworten oder Anzahl angeben".
Der Bibliothekar drückt die Taste 2.
Bildschirm: "Wird die Anzahl der Bände pro Jahr geändert? NEIN antworten oder Anzahl angeben".
Der Bibliothekar drückt die Tasten 1 und 8.

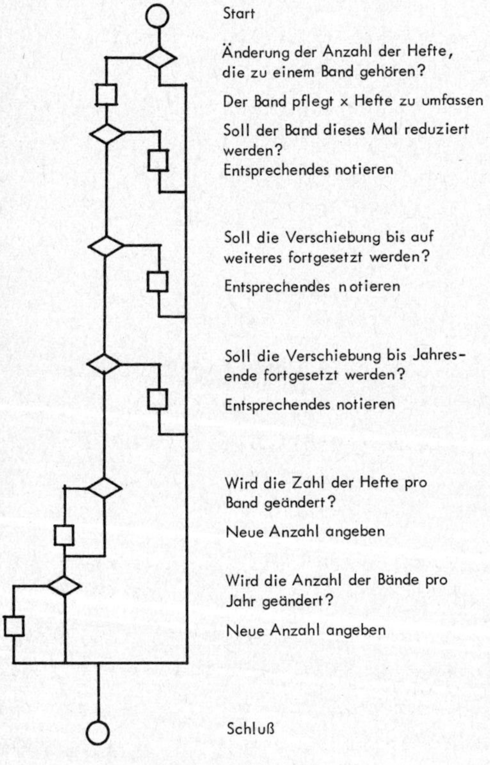

Einbindekontrolle

Die Einbindekontrolle wird automatisch vom Datensystem übernommen. Grundlage dafür sind die eingespeisten Angaben über die eingegangenen Zeitschriftenhefte, Titelblätter und Indizes nach Vergleich dieser Fakten mit den Grundangaben, die für jede Zeitschrift vorhanden sind.

Manuelle Maßnahmen:

Ein Durchgang sämtlicher Zeitschriften zur Feststellung, welche einbindereif sind, wird initiiert, indem der Bibliothekar den Knopf EINBIND drückt und die Buchstaben ZEIT tippt. Sämtliche Zeitschriften werden kontrolliert und Listen der einbindereifen Zeitschriften werden hergestellt, die Angaben über Rückentitel, Band- und Heftnumerierung, Typ des Bandes und evtl. Angaben über den Buchbinder enthalten. Auch hier kann der Durchgang der Zeitschriften entweder halbautomatisch oder separat pro Zeitschrift geschehen, wie es in der Beschreibung der Mahnungsroutine dargestellt wurde.

Vornumerierungskontrolle

Die Vornumerierungskontrolle geschieht vollautomatisch. Das Datensystem geht sämtliche Zeitschriften durch und stellt fest, ob eine neue Vornumerierung stattfinden soll.

Manuelle Maßnahmen:

Die Routine wird initiiert, indem der Bibliothekar die Taste VORN drückt und danach die Buchstaben ZEIT wählt. Das Datensystem startet dann einen Durchgang und präsentiert das Resultat in Form einer Bestellung einer neuen Vornumerierung. Auch hier kann entweder ein halbautomatischer Durchgang stattfinden, oder ein separater Durchgang jedes einzelnen Exemplars nach den Richtlinien, die in der Beschreibung der Mahnungsroutine aufgestellt wurden.

Die Vornumerierungsbestellungen werden automatisch entweder dem Herausgeber der Zeitschrift oder der Zeitschriftenzentrale zugesandt, je nach den Grundangaben, die für die Zeitschrift registriert sind.

ANHANG B

TEIL 2:

AUTOMATISIERTES KATALOGISIERUNGSSYSTEM

aus: KATALOGISERINGSSYSTEM
Statskontoret, Utredningsavdelning 3, 1970

Zeichenerklärungen:

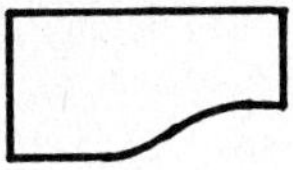

AUSDRUCKE des Reihenschreibens, der Terminal-Schreibmaschine oder MITTEILUNGEN auf dem Bildschirm

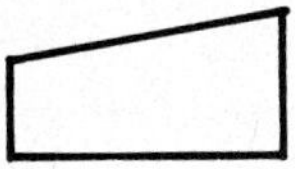

EINGABEN über die Tastatur des Terminals

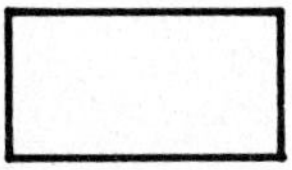

Computer

Direktspeicher

Magnetband

Kommunikation

Mitteilungstexte:

"F-KAT"	Bezeichnung des Funktionssystems
"ERGÄNZEN"	Gibt den Text exakt an, wie er registriert wird
SBN ID-DATEN	Gibt die Bezeichnung der registrierten Fakten an. Statt SBN wird die Buchnummer registriert.

Abkürzungen:

AKB	Akzessionskatalog über Bücher, Tagungsschriften usw.
B-Dienst	Bibliotheks-Dienst (Bibliotekstjänst)
BR	Buchregister
ER	Erwerbsregister
ID-DATEN	Identifizierungsdaten. Sammelbegriff für: Verfassername, Titel, Auflage, Erscheinungsjahr
KAT-PROD.	Katalogprodukte
LC	Library of Congress
MARC	MAchine Readable Catalog. System der Library of Congress zur Übermittlung von Katalogdaten. Wird hier als Bezeichnung für alle Katalogdaten verwendet, die in maschinenlesbarer Form vom Ausland bezogen werden.
NB-PROD.	Nationalbibliographische Produkte
RR	Reichsregister
SBN	Standardbuchnummer. Wird hier als Bezeichnung für alle im System vorkommenden Typen von Buchnummern verwendet
SSN	Standard Serials Number

Definitionen:

Code	Alphabetischer Code für Zeitschriftentitel
Steuerdaten	Daten, die die datenmaschinelle Bearbeitung beeinflussen

Voraussetzungen für ein automatisiertes Katalogisierungssystem

Literatur des Auslands

Schweden wird in Bibliotheksregionen mit Zentren an den derzeitigen Universitäts-Bibliotheken eingeteilt. Jede Bibliotheksregion verfügt über einen eigenen Computer, der an sämtliche untergeordneten automatisierten Bibliotheken on-line über Terminals angeschlossen ist. Über ein Tele-Kommunikationsnetz werden die Bibliotheksregionen mit dem zentralen Bibliotheks-Computer des Landes und über diesen mit den anderen automatisierten Bibliotheksregionen im Land verbunden. Das System muß außerdem eine direkte Verbindung mit Bibliotheken ermöglichen, die keine Daten-Terminals besitzen, aber Zugang zu Telex-Ausstattung haben. Das Katalogisierungssystem betrifft folgende Datenregister:

a) innerhalb jeder Region

- ein Buchregister, das neben der Buchnummer die bibliographischen Angaben enthält, die für die Identifizierung des Buches und für das Ausleihsystem notwendig sind
- das Erwerbsregister, das Angaben über die bestellten oder gelieferten Bücher enthält, die in der Bibliothek bearbeitet werden
- das Kontrollregister für Zeitschriften, das u.a. Angaben für die Lieferungs- und Einbindekontrolle enthält.

b) auf Reichsebene

- das Reichregister mit vollständigen Katalogdaten und Standortdaten über sämtliche Bücher, die in den schwedischen Forschungsbibliotheken vorhanden sind

- das "MARC"-Register, das vollständige Katalogdaten über ausländische Bücher enthält, die in den ausländischen bibliographischen Zentralen katalogisiert werden und die in maschinenlesbarer Form angeschafft werden.

Das Terminal, das im Erwerbssystem verwendet wird, ist in der Katalogisierungsabteilung der Bibliothek aufgestellt. Das Terminal besteht aus einem Bildschirm mit Tastatur, einer Schreibmaschine und einem Direktspeicher. Die Mitteilungen, die aufbewahrt werden sollen, werden auf der Schreibmaschineneinheit ausgeschrieben.

Bildschirme mit dazugehörender Tastatur werden für die Kommunikation mit dem Datensystem verwendet. Die Tastatur besteht aus einer gewöhnlichen Schreibmaschinentastatur und einer Anzahl spezieller Funktions-Tasten.
An die speziellen Funktions-Tasten sind in der Regel zwei Funktionen angeschlossen. Wenn eine solche Taste gedrückt wird, wird das Datensystem veranlaßt, auf dem Datenschirm ein Formular auszulegen, das für eine bestimmte Routine vorgesehen ist und diese Routine auszuführen. Das Formular enthält Felder mit Führungstexten für sowohl IN- und OUT-Daten.

Im Katalogisierungssystem gibt es folgende Funktions-Tasten:

F - KAT	=	Katalogisierung in einer Arbeitsfolge
P - KAT	=	Vorläufige Katalogisierung
S - KAT	=	Abschließende Katalogisierung
AKD	=	Automatische Kontrolle von Datenposten
DDR	=	Datierung von Datenregistern.

Schwedische Literatur

Das Katalogisierungssystem für schwedische Literatur ist zum Unterschied von entsprechenden ausländischen Literatursystemen ein zentralisiertes System. Das System baut auf on-line-Technik auf, und die Katalogangaben werden auf Terminals registriert, die in Katalogisierungsabteilungen aufgestellt sind. Die Terminals sind mit den gleichen Einheiten ausgestattet, die im vorhergehenden Punkt beschrieben worden sind, d.h. einem Datenschirm mit Tastatur und Funktions-Tasten, einer Schreibmaschine und einem kleineren Direktspeicher für die Speicherung von Datenposten zwischen verschiedenen Phasen in der Katalogisierung arbeit.
Anerkannte Datenposten werden in einem besonderen Teil des Reichsregisters gespeichert.
Das System setzt voraus, daß die Katalogisierung auf solche Art geschieht, daß sowohl die Produkte der nationalbibliographischen als auch der Bibliothekskataloge von denselben Datenposten hergestellt werden können.

Die beiden automatischen Katalogsysteme für schwedische und ausländische Literatur sind zusammengekoppelt. Bibliotheken, die automatisiert und an das Bibliothekssystem angeschlossen sind, können auf diese Weise auch für schwedische Literatur Katalogdaten aus dem Reichsregister entnehmen.

Die Buchnummer von internationalem Typ - ISBN, International Standard Book Number - wird auch in Schweden eingeführt werden. Für die Zuteilung von Buchnummern-Serien, für die Kontrolle von verwendeten Nummern und für die Beratung ist ein Organ erforderlich, das zu einem Register über die schwedische Buchproduktion Zugang hat. Dieses Register muß auf solche Art organisiert sein, daß sowohl die Buchnummer und geeignete bibliographische Angaben, als auch Suchdaten verwendet werden können. Im Katalogisierungssystem für den schwedischen Druck gibt es ein Register genau dieses Typs. Die Kontrollfunktion wurde deshalb dem System angepaßt. Das Kontrollorgan hat damit auch seinen natürlichen Platz in der Zentralredaktion für den schwedischen Druck erhalten.

Katalogisierung von ausländischer Literatur

In einem automatisierten Katalogisierungssystem können der Arbeitsgang und die Arbeitsverteilung variieren. Ein qualifizierter Katalogisierer kann sich z. B. an den Datenschirm des Terminals setzen und in einer Arbeitsfolge eine vollständige Katalogisierung ausführen, die folgende Arbeitsmomente umfassen kann:

Suche im Datensystem nach Katalogdaten für die Publikation, die katalogisiert werden soll, Real- und Deskriptiv-Katalogisierung sowie die abschliessende Kontrolle.

Eine andere Möglichkeit besteht darin, die Arbeit auf verschiedene Personen zu verteilen. Bei einer solchen Arbeitsverteilung kann ein Gehilfe des Katalogisators die Katalogdaten einsammeln, die es eventuell im System gibt, und diese ergänzen oder eine ganz neue Beschreibung registrieren sowie eventuell eine vorläufige Real-Katalogisierung durchführen. Die abschließende Ergänzung und die Kontrolle werden danach von einem Katalogisator durchgeführt, der für die Richtigkeit der Katalogangaben verantwortlich ist.

Zwischen diesen Arbeitsphasen werden Datenposten in einem Direktspeicher gespeichert, der an das Terminal angeschlossen ist.Datenposten, die ganz neue Katalogdaten enthalten, müssen - bevor sie endgültig im Datensystem gespeichert werden - in Hinsicht auf den formellen Aufbau der Posten kontrolliert werden. Diese Kontrolle wird vom Regional-Computer ausgeführt, der die Posten vom Direktspeicher des Terminals einliest, analysiert und die entdeckten Fehler registriert. Die Datenposten werden wieder beim Terminal gespeichert, und eine Fehlerliste wird ausgeschrieben und zum Terminal geschickt.

Wenn die Katalogisierung in zwei Momenten ausgeführt wird - die vorläufige und die abschließende - wird die automatische Kontrolle zwischen den beiden Arbeitsphasen ausgeführt. Sobald die abschließende Katalogisierung durchgeführt werden soll, ist ein Protokoll über formale Fehler vorhanden. Alle Fehler können dann bei dieser Gelegenheit berichtigt werden.

Katalogisierung in einer Arbeitsfolge

Die erste Aufgabe des Katalogisators ist, vom Datensystem Katalogdaten für das Buch, die Zeitschrift usw. einzusammeln, die katalogisiert werden sollen. Wenn das Buch eingekauft ist, liegt ihm eine Kopie der Bestellung bei. Diese Kopie weist den Katalogisator darauf hin, daß das Buch im Erwerbssystem registriert ist. In diesem Fall wird die Order-Nummer als primäres Suchdatum verwendet. Wenn das Buch auf andere Weise als durch Einkauf erworben wurde, wählt der Katalogisator in erster Linie die Buchnummer und in zweiter Linie das bibliographische Element als Suchdatum.

Der Katalogisator leitet die Routine ein, indem er die Funktions-Taste F - KAT drückt und die Suchdaten auf der Tastatur des Bildschirms eintippt. Das Datensystem antwortet unmittelbar damit, daß es das für die Routine festgestellte Formular auf dem Bildschirm ausweist und danach die Suche nach den Katalogdaten startet. Wird die Order-Nummer als Suchdatum verwendet, so wird zuerst das Erwerbs- und sodann das Buchregister in der eigenen Region kontrolliert. Danach wird der zentrale Computer eingeschaltet. Dieser sucht im Reichs- und im MARC-Register. Das MARC-Register wird nur befragt, wenn der gesuchte Posten nicht im Reichsregister aufgenommen ist. Bestehen die Suchdaten aus einer Buchnummer oder aus bibliographischen Elementen, beginnt die Suche im Buchregister und wird über das Reichs-, das MARC- und das Erwerbsregister fortgesetzt. Die Suche wird jedoch abgebrochen, sobald die gesuchten Datenposten in einem der Register auf Reichsebene angetroffen werden.

In den folgenden Punkten a) bis e) werden Order-Nummern als primäre Suchdaten und in f) die Buchnummer als primäres Suchdatum verwendet.

a) Die Buchnummer ist im Erwerbsregister registriert. Aus dem Erwerbsregister entnimmt der Regional-Computer die Buchnummer, die Identifizierungsdaten, Angaben über die Bibliothek, den Preis, die Anzahl der bestellten und der ausgelieferten Exemplare. Die Suchdaten wechseln von der Order- zur Buchnummer über. Die Suche wird entsprechend dem Schema fortgesetzt, ohne daß weitere Resultate erzielt werden. Der Computer übermittelt die Information aus dem Erwerbsregister zum Bildschirm und fordert den Katalogisator auf: "Ergänzen und richtigstellen". Über die Tastatur ergänzt der Katalogisator die Information auf dem Bildschirm mit Angaben, die für die fortgesetzte maschinelle Bearbeitung (Steuerdaten) notwendig sind: mit Klassifikationen und Fachworten, mit bibliographischen Elementen und der Standortsignatur, und berichtigt eventuelle Fehler.

Sobald die Ergänzung zu Ende geführt ist, speichert das Datensystem den Posten im Direktspeicher des Terminals und teilt über den Datenschirm mit: "Datenposten gespeichert".

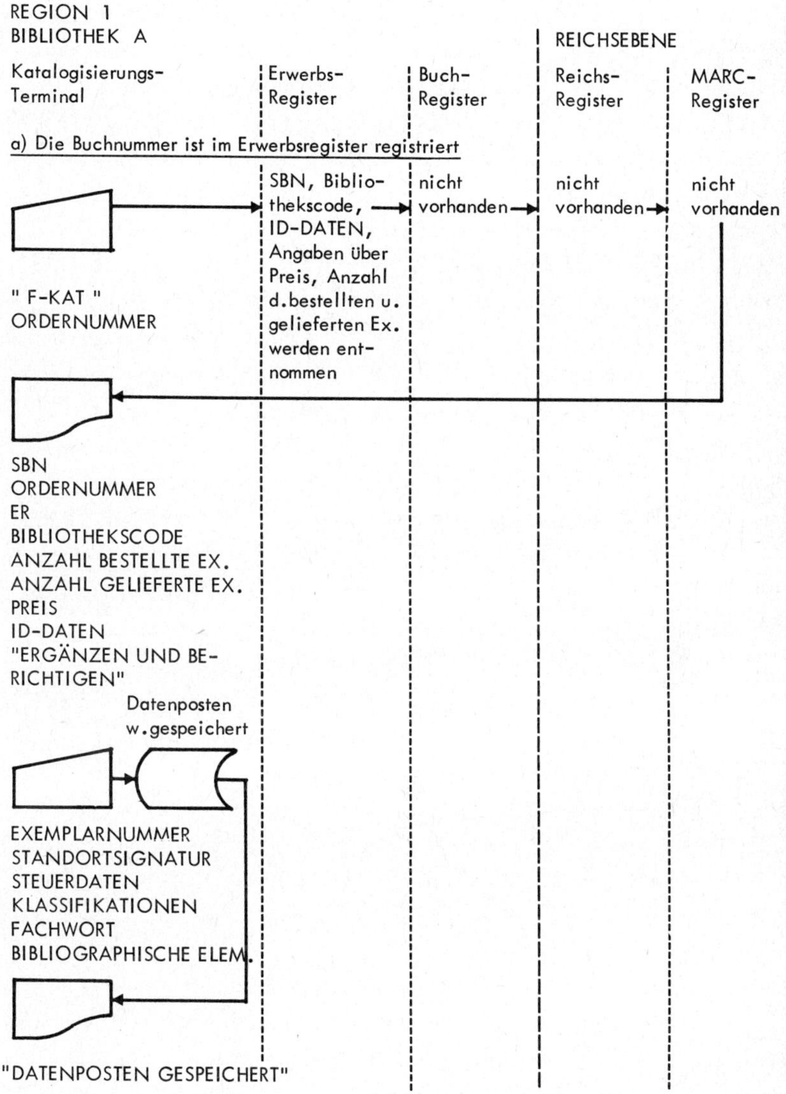

b) Die Buchnummer ist im Erwerbs- und MARC-Register vorhanden.
Aus dem Erwerbsregister entnimmt der regionale Computer die Buchnummer, Angaben über die Bibliothek, den Preis und die Anzahl der bestellten und ausgelieferten Exemplare. Die Suchdaten wechseln zur Buchnummer über und die Suche wird programmgemäß fortgesetzt. Die Buchnummer wird im MARC-Register angetroffen und der gesamte Datenposten wird entnommen. Sämtliche Daten werden zusammen mit der Mitteilung "ergänzen und richtigstellen" dem Bildschirm übermittelt.

Der Katalogisator schreibt die ergänzten Informationen ein - Steuerdaten, Klassifikation, Fachworte, bibliographische Elemente, Standortsignatur und Exemplarnummer - und führt eventuelle Berichtigungen durch.
Der Posten wird im Direktspeicher des Terminals gespeichert und auf dem Bildschirm wird mitgeteilt: "Die Datenposten sind gespeichert".

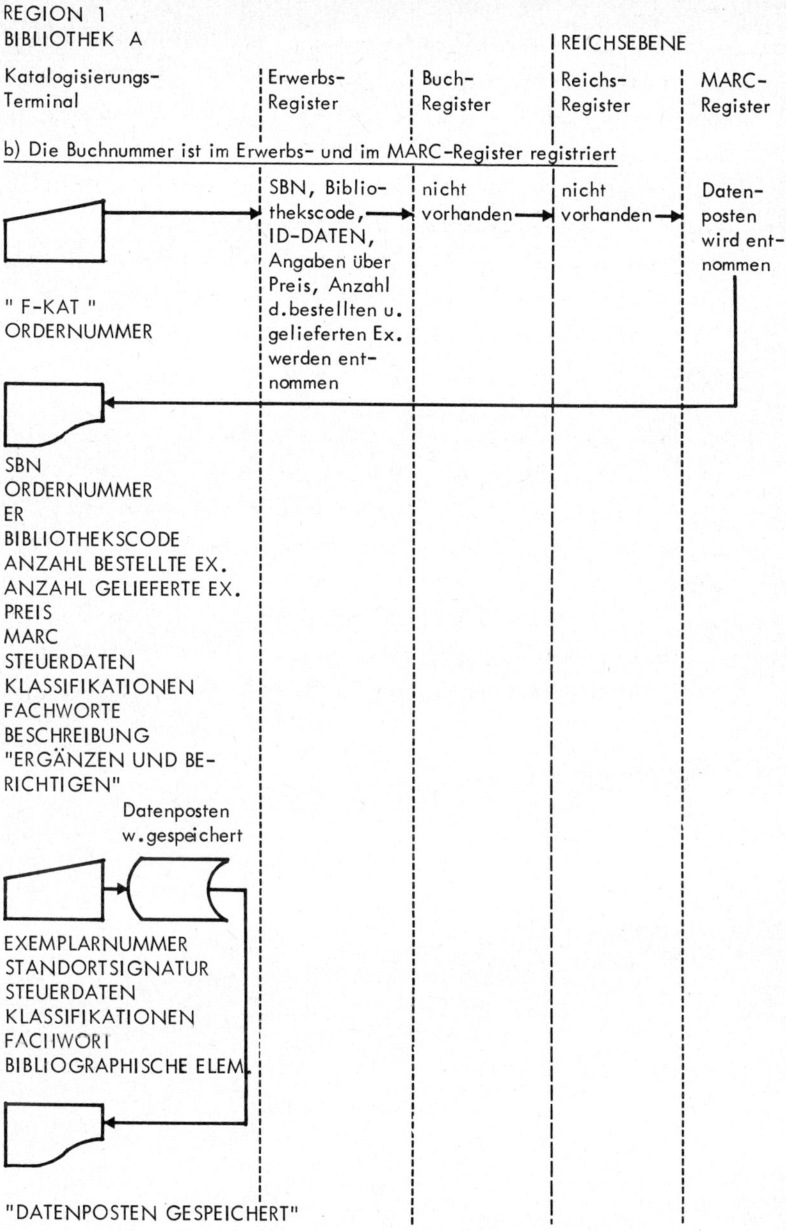
REGION 1
BIBLIOTHEK A
REICHSEBENE
Katalogisierungs-Terminal
Erwerbs-Register
Buch-Register
Reichs-Register
MARC-Register
b) Die Buchnummer ist im Erwerbs- und im MARC-Register registriert
SBN, Bibliothekscode, ID-DATEN, Angaben über Preis, Anzahl d.bestellten u. gelieferten Ex. werden entnommen
nicht vorhanden
nicht vorhanden
Datenposten wird entnommen
" F-KAT "
ORDERNUMMER
SBN
ORDERNUMMER
ER
BIBLIOTHEKSCODE
ANZAHL BESTELLTE EX.
ANZAHL GELIEFERTE EX.
PREIS
MARC
STEUERDATEN
KLASSIFIKATIONEN
FACHWORTE
BESCHREIBUNG
"ERGÄNZEN UND BE-
RICHTIGEN"
Datenposten
w.gespeichert
EXEMPLARNUMMER
STANDORTSIGNATUR
STEUERDATEN
KLASSIFIKATIONEN
FACHWORT
BIBLIOGRAPHISCHE ELEM.
"DATENPOSTEN GESPEICHERT"

c) Die Buchnummer ist im Erwerbs- und Reichsregister vorhanden.

Aus dem Erwerbsregister entnimmt der regionale Computer die Buchnummer, Angaben über die Bibliothek, den Preis und die Anzahl der bestellten und ausgelieferten Exemplare. Die Suchdaten wechseln von der Order- zur Buchnummer über, und die Suche wird programmgemäß fortgesetzt. Die Buchnummer wird im Reichsregister angetroffen, und der ganze Datenposten wird entnommen. Sämtliche Daten, die entnommen werden, werden zusammen mit der Mitteilung "ergänzen" zum Bildschirm überführt.
Der Katalogisator kontrolliert die Katalogisierung und findet sie ohne Anmerkung. Er ergänzt sie mit der Standortsignatur und den Angaben über die Exemplarnummer. Das Datensystem speichert den Posten in dem Direktspeicher des Terminals und teilt mit: "Datenposten gespeichert".

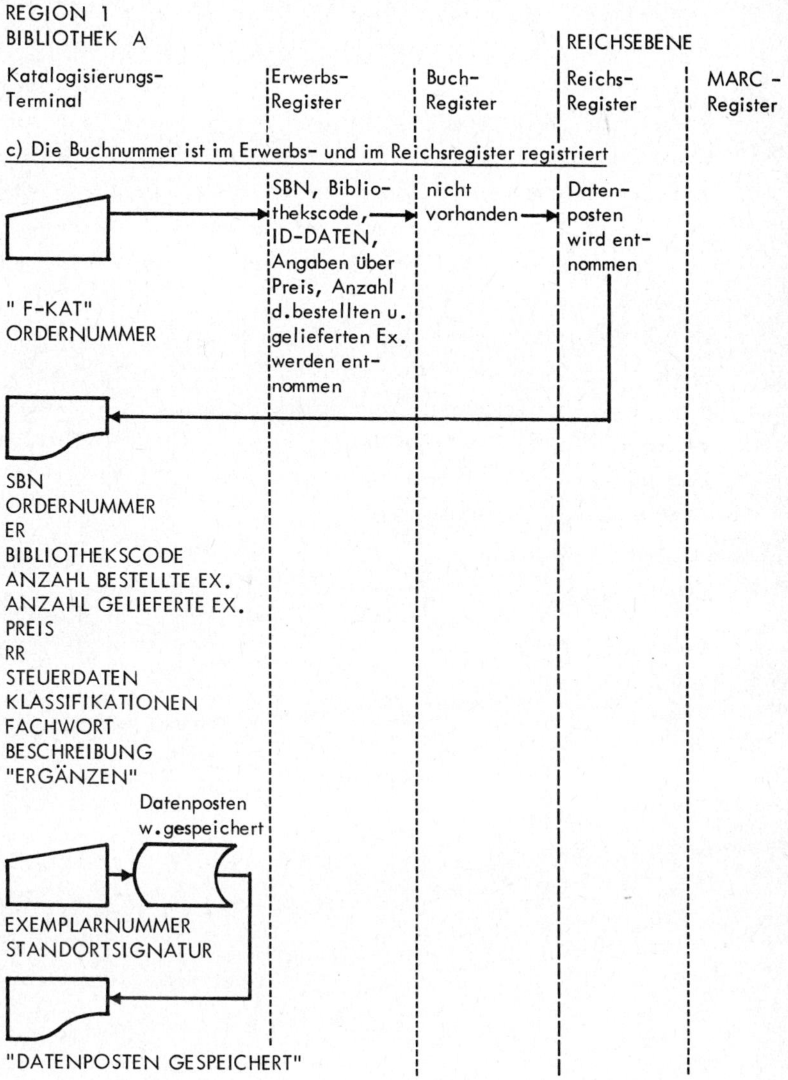
REGION 1
BIBLIOTHEK A
REICHSEBENE
Katalogisierungs-Terminal
Erwerbs-Register
Buch-Register
Reichs-Register
MARC - Register
c) Die Buchnummer ist im Erwerbs- und im Reichsregister registriert
SBN, Bibliothekscode, ID-DATEN, Angaben über Preis, Anzahl d.bestellten u. gelieferten Ex. werden entnommen
nicht vorhanden
Datenposten wird entnommen
" F-KAT"
ORDERNUMMER
SBN
ORDERNUMMER
ER
BIBLIOTHEKSCODE
ANZAHL BESTELLTE EX.
ANZAHL GELIEFERTE EX.
PREIS
RR
STEUERDATEN
KLASSIFIKATIONEN
FACHWORT
BESCHREIBUNG
"ERGÄNZEN"
Datenposten w.gespeichert
EXEMPLARNUMMER
STANDORTSIGNATUR
"DATENPOSTEN GESPEICHERT"

d) Die Buchnummer ist im Erwerbs-, Buch- und Reichsregister vorhanden.
Aus dem Erwerbsregister entnimmt der regionale Computer die Buchnummer, Angaben über die Bibliothek, den Preis und die Anzahl der bestellten und ausgelieferten Exemplare.
Die Suchdaten wechseln automatisch von der Order- zur Buchnummer über, wonach die Suche fortgesetzt wird. Die Buchnummer wird im Buchregister angetroffen. Der Computer stellt fest, daß die Buchnummer von derselben Bibliothek registriert wurde, die die Suche ausführt. Der Computer entnimmt die Exemplarnummer, die verwendet werden darf.
Nachdem das Buch im Buchregister registriert ist, muß es auch im Reichsregister enthalten sein. Vom Reichsregister wird der gesamte Datenposten entnommen. Alle gesammelten Daten werden zusammen mit der Aufforderung "ergänzen" zum Datenschirm übermittelt.

Der Katalogisator kontrolliert die Katalogisierung, findet sie ohne Anmerkung und tippt schließlich die Standortsignatur auf der Tastatur ein.

Der Datenposten wird danach im Direktspeicher des Terminals gespeichert und das Datensystem teilt mit: "Die Datenposten sind gespeichert".

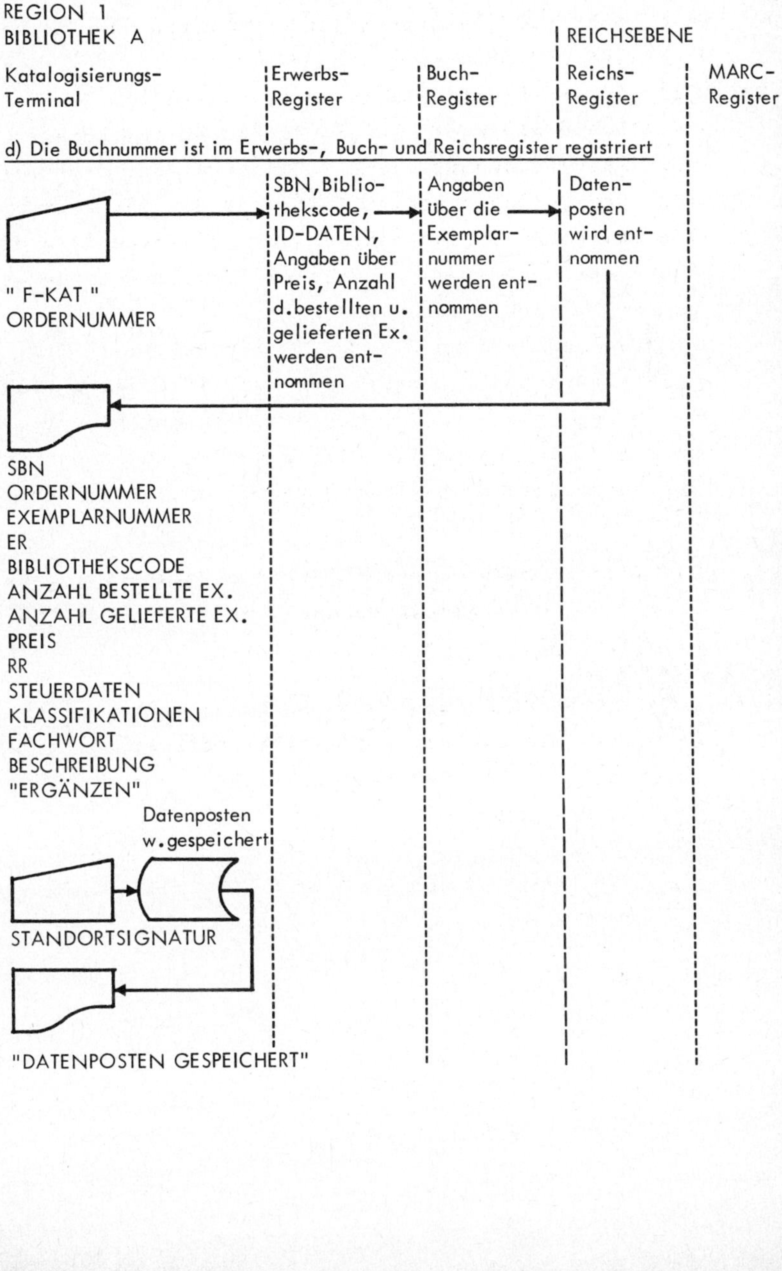
REGION 1
BIBLIOTHEK A
REICHSEBENE
Katalogisierungs-Terminal
Erwerbs-Register
Buch-Register
Reichs-Register
MARC-Register
d) Die Buchnummer ist im Erwerbs-, Buch- und Reichsregister registriert
SBN, Bibliothekscode, ID-DATEN, Angaben über Preis, Anzahl d.bestellten u. gelieferten Ex. werden entnommen
Angaben über die Exemplarnummer werden entnommen
Datenposten wird entnommen
" F-KAT "
ORDERNUMMER
SBN
ORDERNUMMER
EXEMPLARNUMMER
ER
BIBLIOTHEKSCODE
ANZAHL BESTELLTE EX.
ANZAHL GELIEFERTE EX.
PREIS
RR
STEUERDATEN
KLASSIFIKATIONEN
FACHWORT
BESCHREIBUNG
"ERGÄNZEN"
Datenposten w.gespeichert
STANDORTSIGNATUR
"DATENPOSTEN GESPEICHERT"

e) Das Buch ist ohne Buchnummer im Erwerbsregister, aber mit Buchnummer im Reichsregister registriert.

Der regionale Computer stellt während seiner Suche im Erwerbsregister fest, daß der gesuchte Posten keine Buchnummer für das bestellte Buch enthält. Aus dem Register werden folglich die ID-Daten, Angaben über die Bibliothek, den Preis und die Anzahl der bestellten und ausgelieferten Exemplare entnommen.
Diese Daten werden auf dem Bildschirm zusammen mit folgendem Text ausgewiesen: "SBN schreiben, wenn sie im Buch vorhanden ist", "NEIN schreiben, wenn sie fehlt".

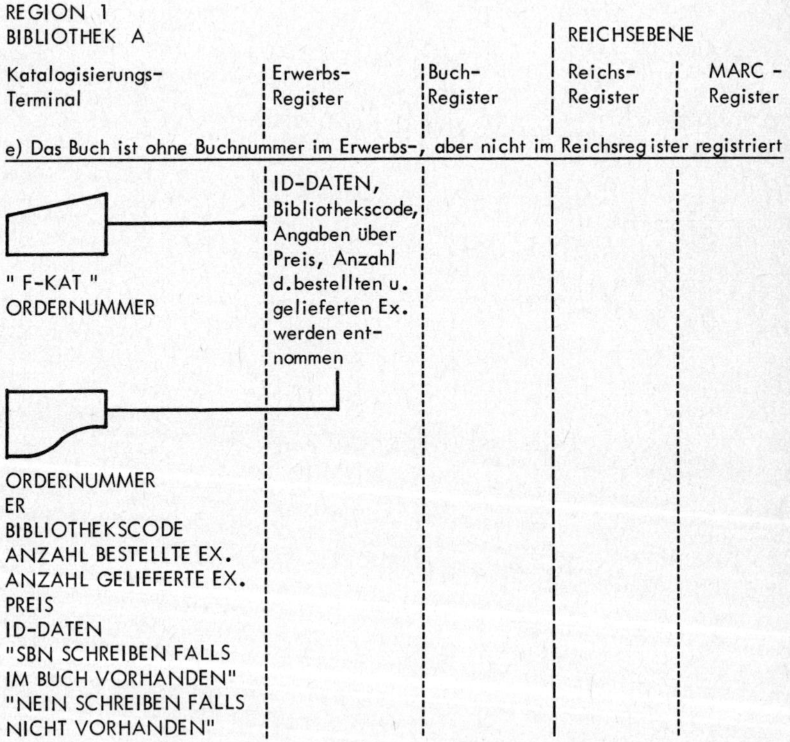

Alternative I - Die Buchnummer ist im Buch vorhanden.

Der Katalogisator tippt die Buchnummer ein. Der regionale Computer nimmt sie zu den Suchdaten und kontrolliert das Buchregister ohne Resultat. Die weitere Suche wird dem zentralen Computer überlassen, der die Buchnummer findet. Der Datenposten wird dabei über den regionalen Computer auf den Bildschirm des operierenden Terminals übermittelt und vom Katalogisator kontrolliert. Dieser schreibt die Exemplarnummer und die Standortsignatur ein. Der Datenposten wird zum Direktspeicher des Terminals überführt. Über den Bildschirm wird mitgeteilt:"Datenposten gespeichert".

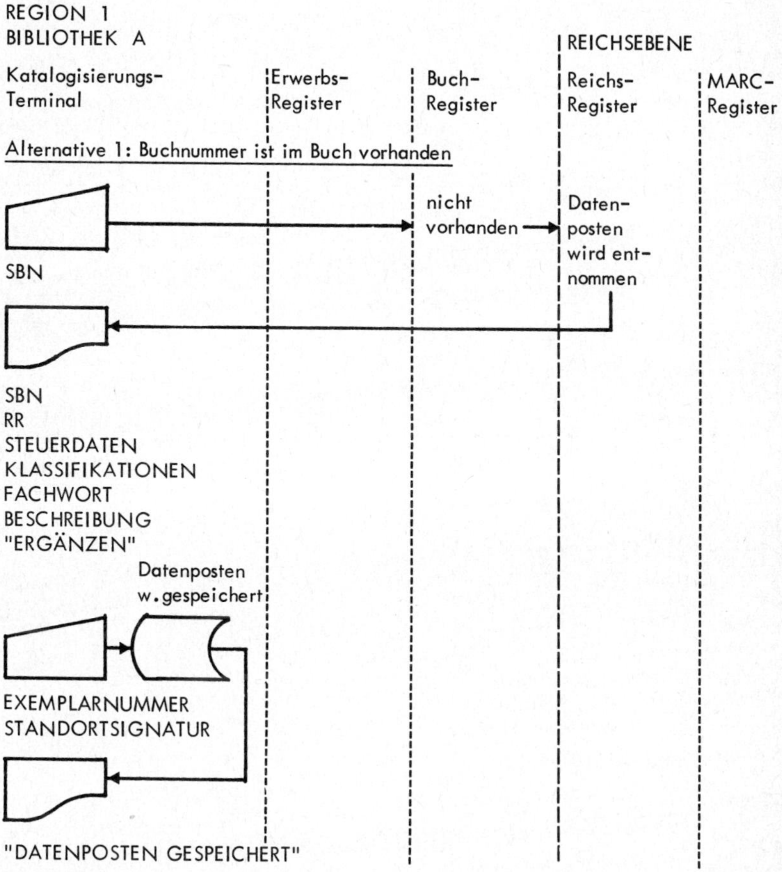

Alternative II - Die Buchnummer fehlt auch im Buch.

Der Bibliothekar tippt mit Hilfe der Tastatur ein großes NEIN auf dem Bildschirm ein.
Das Datensystem präsentiert daraufhin unmittelbar folgende Mitteilung: "Kontrollieren und die ID-Daten richtigstellen".

Sobald die Kontrolle und die evtl. Richtigstellung ausgeführt wurde, bekommt der Computer das Klarzeichen, um die Suche fortzusetzen, die nun mit Hilfe von bibliographischen Angaben aus den ID-Daten (Verfasser, Name und Titel) als Suchdaten ausgeführt wird. Zuerst wird das Buchregister ohne Resultat untersucht. Die Suche wird dem zentralen Computer übertragen, der einen "Treffer" im Reichsregister erzielt. Der gesamte Datenposten wird über den regionalen Computer zum richtigen Terminal überführt und auf dem Bildschirm ausgewiesen. Gleichzeitig wird folgende Mitteilung präsentiert: "Falls dies der richtige Posten ist, schreibe Exemplar-Nummer, Standortsignatur und evtl. andere Ergänzungen", "falls dies der falsche Posten ist, schreibe NEIN".

Der Katalogisator kontrolliert den Posten und stellt fest, daß es der richtige ist. Er akzeptiert die Katalogisierung und tippt die Exemplar-Nummer und die Standortsignatur ein.

Das Datensystem speichert den Posten im Direktspeicher des Terminals und teilt mit: "Datenposten gespeichert".

Falls das Datensystem ein NEIN zur Antwort bekommt, wird der zentrale Computer aufs neue eingeschaltet und die Suche geht im Reichsregister weiter. Falls der gesuchte Posten dort nicht gefunden wird, wird die Suche nach Schema entweder fortgesetzt, bis der richtige Posten gefunden wird, oder es wird festgestellt, daß er im Datensystem nicht vorhanden ist.

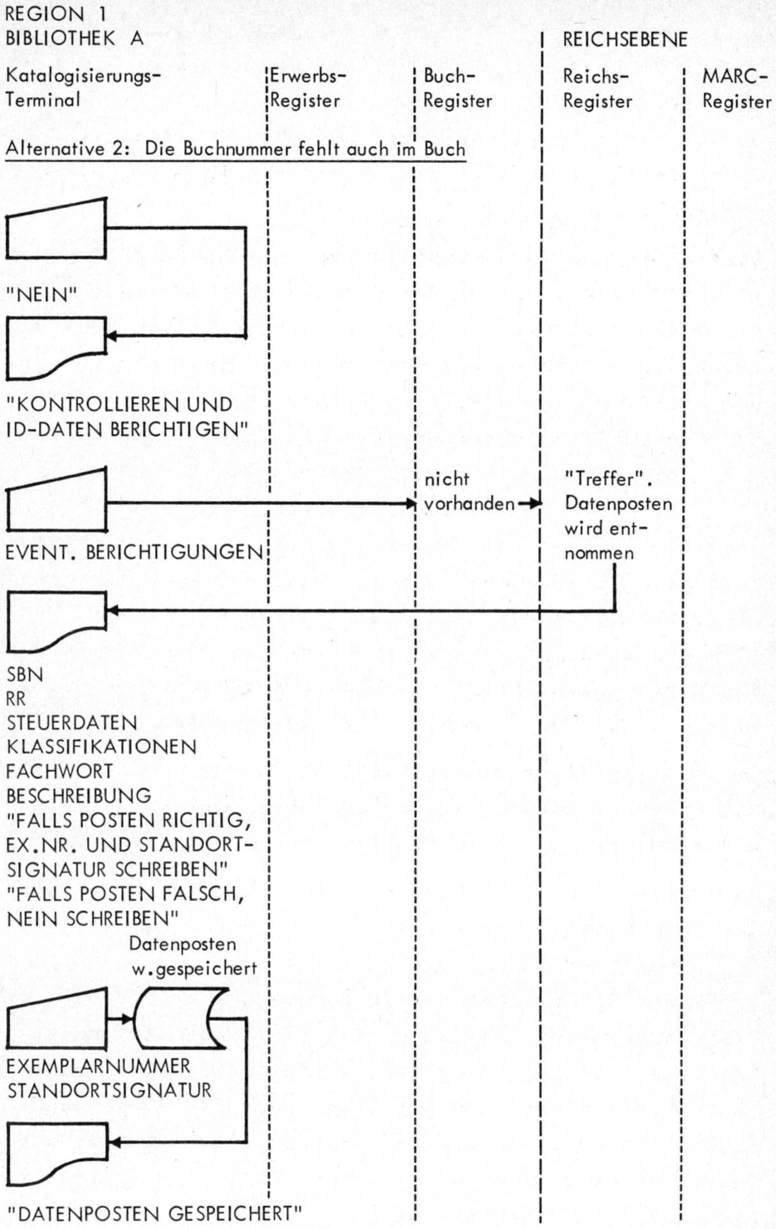
REGION 1
BIBLIOTHEK A
REICHSEBENE
Katalogisierungs-
Terminal
Erwerbs-
Register
Buch-
Register
Reichs-
Register
MARC-
Register
Alternative 2: Die Buchnummer fehlt auch im Buch
"NEIN"
"KONTROLLIEREN UND
ID-DATEN BERICHTIGEN"
nicht
vorhanden
"Treffer".
Datenposten
wird ent-
nommen
EVENT. BERICHTIGUNGEN
SBN
RR
STEUERDATEN
KLASSIFIKATIONEN
FACHWORT
BESCHREIBUNG
"FALLS POSTEN RICHTIG,
EX.NR. UND STANDORT-
SIGNATUR SCHREIBEN"
"FALLS POSTEN FALSCH,
NEIN SCHREIBEN"
Datenposten
w.gespeichert
EXEMPLARNUMMER
STANDORTSIGNATUR
"DATENPOSTEN GESPEICHERT"

f) Die Buchnummer ist im Buch- und im Reichsregister enthalten.

Das Buch, das katalogisiert werden soll, ist ein Geschenk an die Bibliothek.
Der Katalogisator drückt wie gewöhnlich die Funktionstaste F-KAT und tippt die Suchdaten ein. Der regionale Computer beginnt im Buchregister zu suchen. Er findet die Buchnummer dort und stellt fest, daß die Bibliothek schon ein Exemplar dieses Buches besitzt. Der Bibliotheks-Code und die Angaben über die Exemplar-Nummer werden erhoben. Danach wird der zentrale Computer eingeschaltet. Dieser sucht im Reichsregister, trifft die Buchnummer an und entnimmt den gesamten Datenposten. Über den regionalen Computer wird er zusammen mit der Buchregister-Information und der Mitteilung "ergänzen" zum Bildschirm des Terminals übermittelt.
Der Katalogisator tippt die Standortsignatur und die Bemerkung, daß das Buch ein Geschenk ist, ein.
Der Datenposten wird im Direktspeicher des Terminals gespeichert und über den Bildschirm wird mitgeteilt: "Datenposten gespeichert".

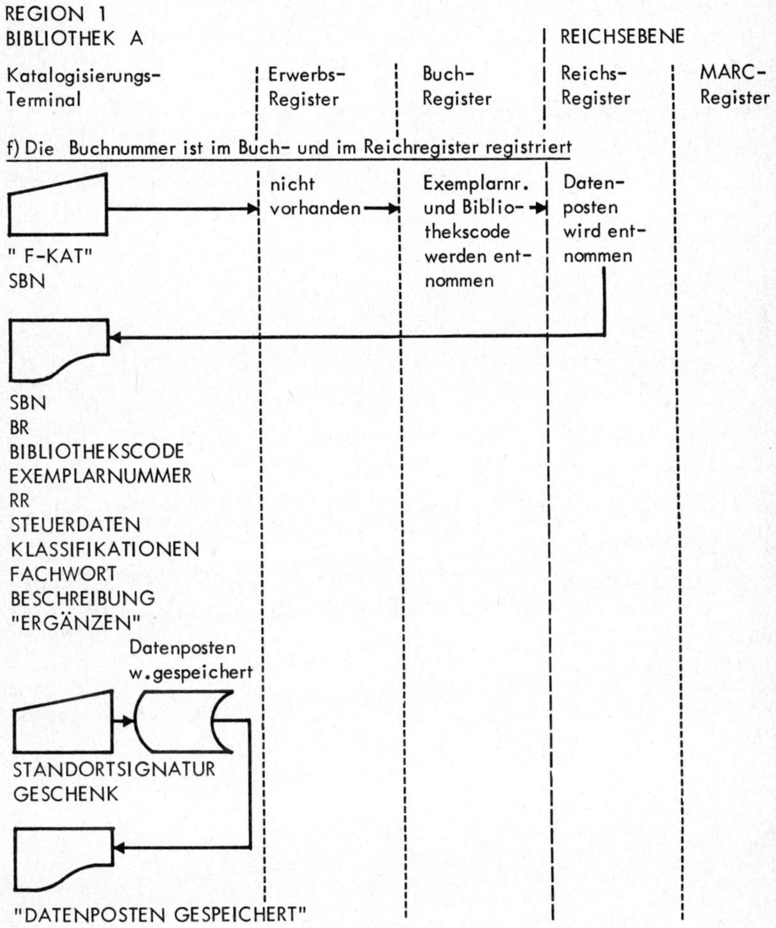
REGION 1
BIBLIOTHEK A
REICHSEBENE
Katalogisierungs-Terminal
Erwerbs-Register
Buch-Register
Reichs-Register
MARC-Register
f) Die Buchnummer ist im Buch- und im Reichregister registriert
nicht vorhanden
Exemplarnr. und Bibliothekscode werden entnommen
Datenposten wird entnommen
" F-KAT"
SBN
SBN
BR
BIBLIOTHEKSCODE
EXEMPLARNUMMER
RR
STEUERDATEN
KLASSIFIKATIONEN
FACHWORT
BESCHREIBUNG
"ERGÄNZEN"
Datenposten w.gespeichert
STANDORTSIGNATUR
GESCHENK
"DATENPOSTEN GESPEICHERT"

Katalogisierung in aufgeteilter Arbeitsfolge

Vorläufige Katalogisierung:

Das Buch, das katalogisiert werden soll, ist gekauft.

Der Katalogisator leitet die Routine ein, indem er die Funktionstaste P-KAT drückt und die Suchdaten auf der Tastatur des Bildschirms eintippt.

Aus dem Erwerbsregister entnimmt der regionale Computer die Buchnummer, die ID-Daten, die Angaben über die Bibliothek, den Preis, die Anzahl der bestellten und der gelieferten Exemplare. Die Suchdaten werden automatisch von der Order- auf die Buchnummer umgestellt. Die Suche geht nach dem Schema weiter, ohne daß die Buchnummer angetroffen wird. Der regionale Computer übermittelt die dem Erwerbsregister entnommene Information auf den Bildschirm und fordert den Katalogisator auf:"Ergänzen und berichtigen".
Über die Tastatur ergänzt der Katalogisator die Information auf dem Schirm durch Steuerdaten, die für die weitere maschinelle Bearbeitung notwendig sind, d.h. durch Klassifikationen und Fachworte, durch bibliographische Angaben, durch die Standortsignatur und die Exemplarnummer.
Damit der Katalogisator, der die endgültige Katalogisierung ausführen soll, von vornherein die Klassifizierung kontrollieren kann, wird das Datensystem veranlaßt, eine Mitteilung auszuschreiben, die die Order-, die Buch- oder eine andere Kontrollnummer sowie die Klassifikationen und die Fachworte enthält. Die Mitteilung wird in das Buch gelegt.

Als letzte Maßnahme der Routine speichert das Datensystem den Posten im Direktspeicher des Terminals und teilt mit: "Datenposten gespeichert".

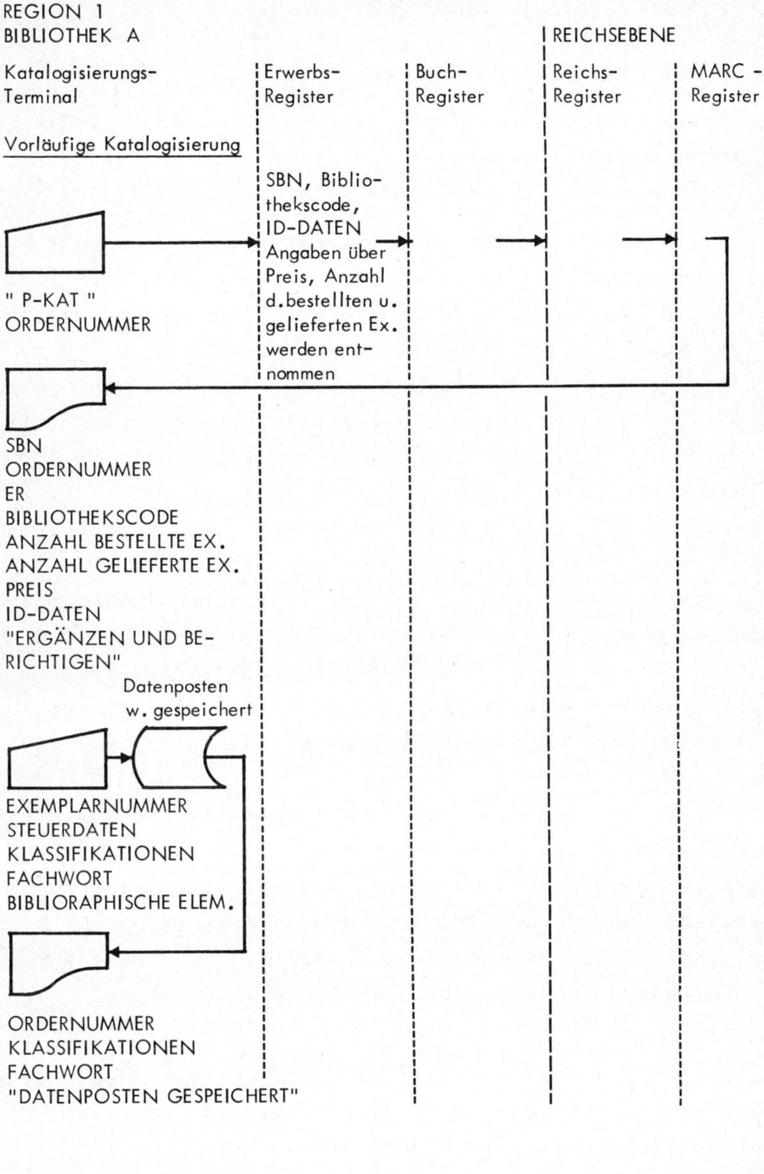
REGION 1
BIBLIOTHEK A
REICHSEBENE
Katalogisierungs-Terminal
Erwerbs-Register
Buch-Register
Reichs-Register
MARC - Register
Vorläufige Katalogisierung
SBN, Bibliothekscode, ID-DATEN Angaben über Preis, Anzahl d.bestellten u. gelieferten Ex. werden entnommen
" P-KAT "
ORDERNUMMER
SBN
ORDERNUMMER
ER
BIBLIOTHEKSCODE
ANZAHL BESTELLTE EX.
ANZAHL GELIEFERTE EX.
PREIS
ID-DATEN
"ERGÄNZEN UND BERICHTIGEN"
Datenposten w. gespeichert
EXEMPLARNUMMER
STEUERDATEN
KLASSIFIKATIONEN
FACHWORT
BIBLIORAPHISCHE ELEM.
ORDERNUMMER
KLASSIFIKATIONEN
FACHWORT
"DATENPOSTEN GESPEICHERT"

Abschließende Katalogisierung

Diese Routine ist eine Fortsetzung der vorne beschriebenen Routine. Sie wird von dem Katalogisator ausgeführt, der für das Schlußprodukt verantwortlich ist.

Bevor die maschinelle Bearbeitung begonnen wird, hat sich der Katalogisator auf die Aufgabe einerseits dadurch vorbereitet, daß er die Fehlerliste studierte,die das Datensystem während der Kontrolle der neuen Posten zusammengestellt hat (siehe oben) und andererseits dadurch, daß er im voraus die Klassifikationen und Fachworte kontrolliert hat, die bei der vorläufigen Katalogisierung registriert wurden.

Die Routine wird vom Katalogisator gestartet, indem er die Funktionstaste S-KAT drückt und die Ordernummer auf der Tastatur des Bildschirms eintippt.

Das Datensystem entnimmt den Posten vom Datenspeicher des Terminals und weist ihn auf dem Schirm zusammen mit der Aufforderung "ergänzen und richtigstellen" aus.
Der Katalogisator, der in seiner vorbereitenden Untersuchung festgestellt hat, daß keine formalen Fehler transportiert wurden, und daß die ausgeführte Klassifizierung korrekt ist, findet auch die deskriptive Katalogisierung ohne Anmerkung. Als einzige Maßnahme tippt der Katalogisator in diesem Fall die Standortsignatur ein.

Der Datenposten wird aufs neue im Datenspeicher des Terminals gespeichert und auf dem Bildschirm wird mitgeteilt: "Datenposten gespeichert".

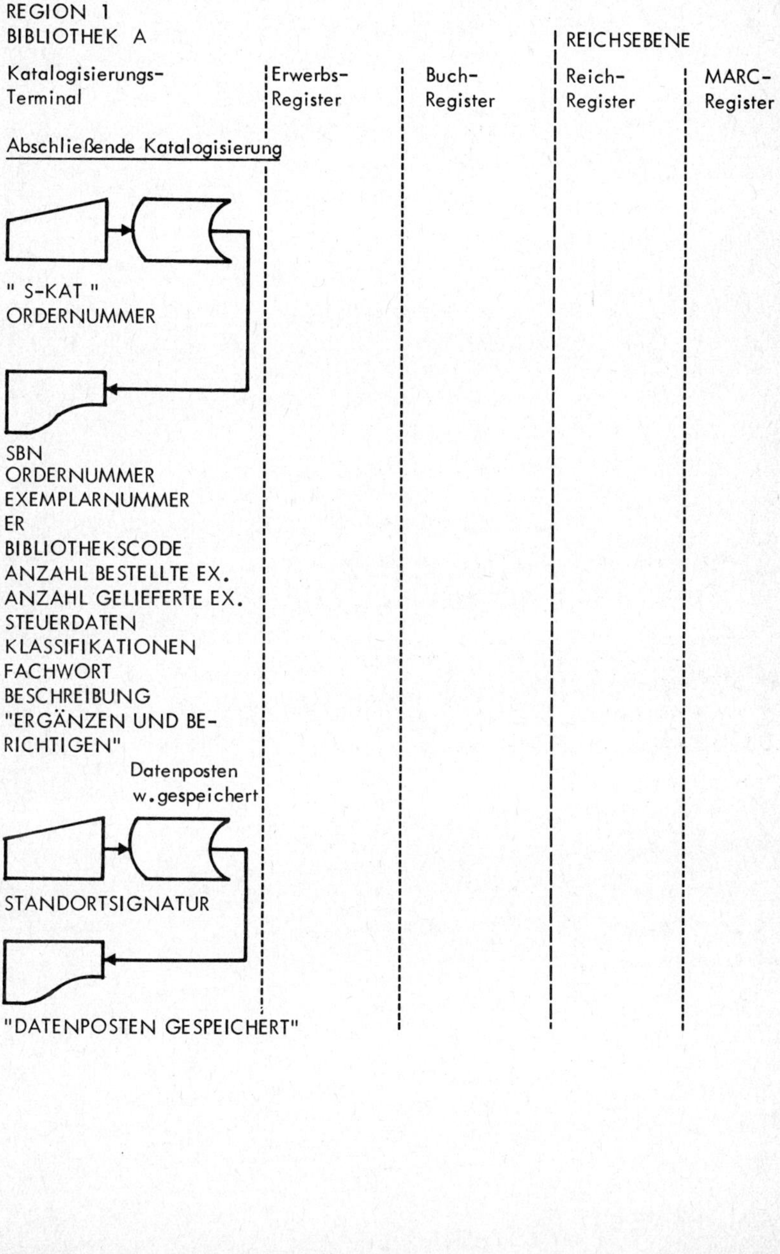
REGION 1
BIBLIOTHEK A
REICHSEBENE
Katalogisierungs-Terminal
Erwerbs-Register
Buch-Register
Reich-Register
MARC-Register
Abschließende Katalogisierung
" S-KAT "
ORDERNUMMER
SBN
ORDERNUMMER
EXEMPLARNUMMER
ER
BIBLIOTHEKSCODE
ANZAHL BESTELLTE EX.
ANZAHL GELIEFERTE EX.
STEUERDATEN
KLASSIFIKATIONEN
FACHWORT
BESCHREIBUNG
"ERGÄNZEN UND BE-
RICHTIGEN"
Datenposten
w.gespeichert
STANDORTSIGNATUR
"DATENPOSTEN GESPEICHERT"

Automatische Kontrolle neuer Datenposten

Neue Datenposten müssen im Hinblick auf evtl. formale Fehler kontrolliert werden.
Wenn diese Routine eingeleitet werden soll, drückt der Katalogisator die Funktionstaste AKD. Der regionale Computer entnimmt vom Speicher des Terminals Posten um Posten, kontrolliert sie und registriert evtl. Fehler. Nach durchgeführter Kontrolle werden die Posten aufs neue beim Terminal gespeichert. Wenn sämtliche Posten kontrolliert worden sind, wird auf dem Reihenschreiber der Datenzentrale eine Fehlerliste ausgeschrieben. An das Terminal wird berichtet: "Die Datenposten sind behandelt", und "Fehlerliste ausgeschrieben".

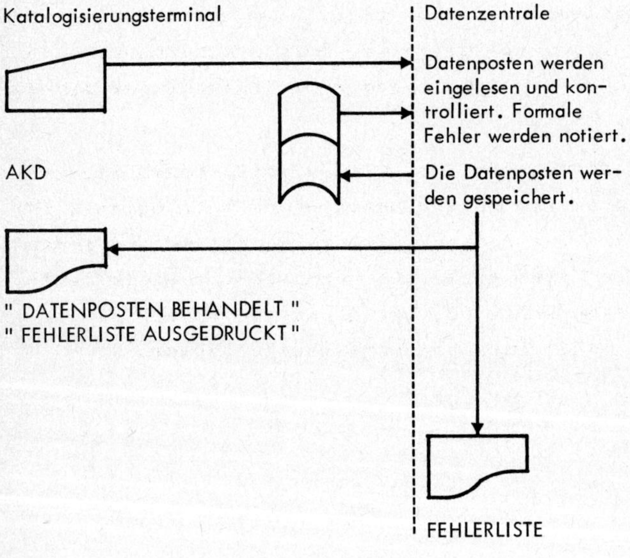

Datierung von Datenregistern und Herstellung von Buchkarten

Wenn eine gewisse Menge anerkannter Datenposten fertiggestellt worden ist, beginnen die Routinen, durch die sämtliche betroffenen Datenregister aufdatiert und Buchkarten hergestellt werden. Ein Teil der Datenposten enthält jedoch noch keine Buchnummer, und bevor eine Aufdatierung dieser Posten geschehen kann, müssen sie mit einer solchen Nummer versehen werden. Um zu verhindern, daß ein Buchtitel mehr als eine Buchnummer zugeteilt bekommt, muß die Zuteilung zentral aus besonderen Nummern-Serien geschehen, die für diesen Zweck gebildet wurden. Die Nummern können automatisch kontrolliert werden. Der entscheidende Beschluß darüber, ob einem Posten eine Nummer aus diesen Serien zugeteilt werden soll oder ob es sich um einen Dupletten-Posten handelt, wird jedoch vom verantwortlichen Bearbeiter gefaßt, nachdem die Kontrollen im Reichsregister durchgeführt sind.

Welches Register aufdatiert werden soll, hängt einerseits teilweise davon ab, ob die Datenposten Katalogdaten für ein Buch oder für eine Zeitschrift enthalten und andererseits davon, ob die Katalogisierung ein Exemplar einer Teil- oder Schlußlieferung betrifft. Das Abhängigkeitsverhältnis geht aus der folgenden Entscheidungstabelle hervor.

Nr.	Maßnahme	1	2	3	4
1	Buch	J	J	N	N
2	Zeitschrift	-	-	J	J
3	Teillieferung	J	N	J	N
4	Schlußlieferung	-	J	-	J
1	Reichsregister aufdatieren	x	x	x	x
2	Buchregister aufdatieren	x	x	x	x
3	Erwerbsregister aufdatieren	-	x	-	x
4	Zeitschriften-register auf-datieren	-	-	x	x

Die Größe der Informationsmenge, die bei der Aufdatierung transportiert werden muß, ist abhängig davon, ob die behandelte Publikation schon in dem betreffenden Register vorhanden ist oder nicht. Ist sie vorhanden, werden nur die ergänzenden Daten überführt; ist sie nicht vorhanden, so werden die vollständigen Datenposten mit den Datenschlüsseln überführt, die für das entsprechende Register gelten.

Der Arbeitsgang der Aufdatierungs-Routine ist im folgenden Flußdiagramm dargestellt. Die Routine wird dadurch gestartet, daß die Funktionstaste DDR gedrückt wird.

Datierung von Datenregistern und Herstellung von Buchkarten; Flußdiagramm.

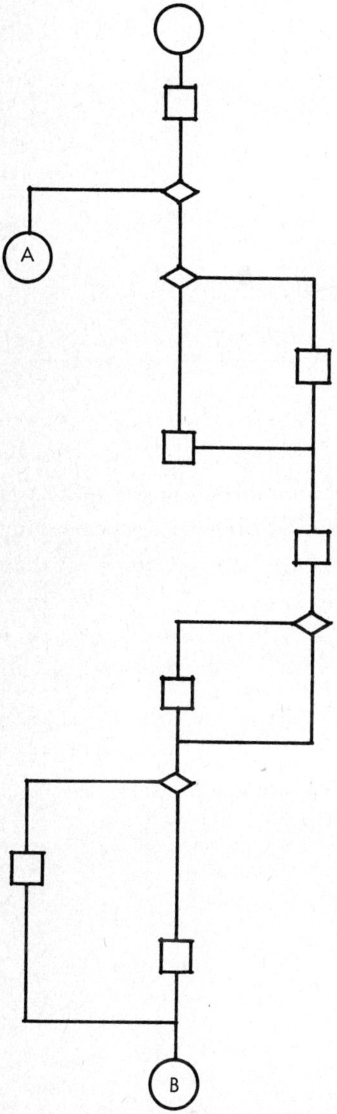

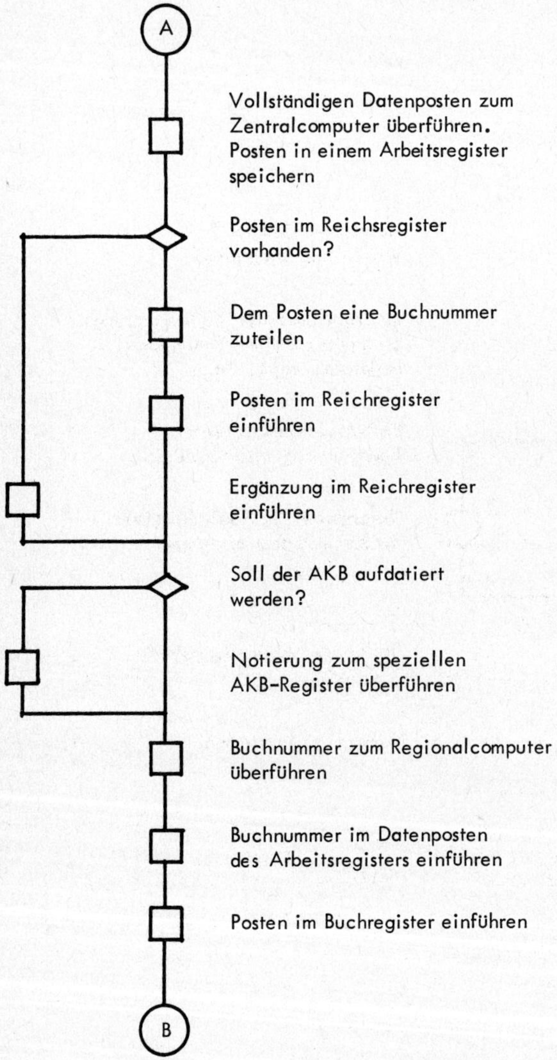
A
Vollständigen Datenposten zum Zentralcomputer überführen. Posten in einem Arbeitsregister speichern
Posten im Reichsregister vorhanden?
Dem Posten eine Buchnummer zuteilen
Posten im Reichregister einführen
Ergänzung im Reichregister einführen
Soll der AKB aufdatiert werden?
Notierung zum speziellen AKB-Register überführen
Buchnummer zum Regionalcomputer überführen
Buchnummer im Datenposten des Arbeitsregisters einführen
Posten im Buchregister einführen
B

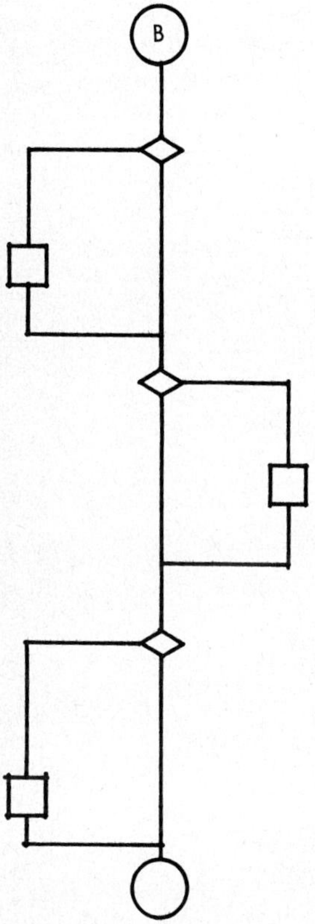

Handelt es sich um
eine Schlußlieferung?

Im Erwerbsregister die Markierung
einführen, daß der Datenposten
abgerufen werden kann

Enthält der Posten die
Beschreibung einer Zeitschrift?

Datenposten im Kontrollregister
für Zeitschriften einführen

Sollen Buchkarten hergestellt
werden?

Buchkarten herstellen

Schluß

Katalogisierung schwedischer Literatur

Die Katalogisierung schwedischer Literatur geschieht im Prinzip auf dieselbe Art wie die der ausländischen. Statt die Katalogisierungs-Routinen zu wiederholen, soll hier das System beschrieben werden.

Von den Verlagen werden an die Zentralredaktion Bücher in fertiger Ausführung oder als Korrektur-Exemplare eingeschickt.

Bei der Katalogisierung werden die deskriptiven und die realen Daten mit Hilfe eines Terminals registriert, das mit Bildschirm ausgestattet ist. Auf diesem werden die Informationen im selben Takt präsentiert, wie sie auf der Tastatur eingetippt werden. Diese Technik läßt u.a. zu, daß Informationen berichtigt werden können, solange sie auf dem Bildschirm stehen bleiben. Wenn die Katalogangaben kontrolliert und anerkannt sind, werden sie zu einem Hauptregister überführt, dem sogenannten SBN-Register, das einen Teil des Reichsregisters bildet. Die Posten, die in diesem Register gespeichert werden, enthalten die Informationen, die zur Herstellung der national-bibliographischen Produkte als Katalogdaten und anderer Katalogsprodukte für die Bibliotheken erforderlich sind. Im SBN-Register werden Datenposten für Bücher, für Zeitschriften und für vorangemeldete Ausgaben gespeichert. Damit im SBN-Register praktisch und ökonomisch mit anderen Suchdaten als der Buchnummer gesucht werden kann, werden spezielle Register erforderlich, die Posten enthalten mit

Personennamen	+ SBN
Titeln	+ SBN
Sachworten	+ SBN
Klassifikationen	+ SBN

Dieses Register ermöglicht es, nach Personennamen, Titeln, Sachworten, Klassifikationen oder nach allen denkbaren Kombinationen aus diesen Begriffen zu suchen. Das Register der Personennamen kann natürlich auch für die Kontrolle von Namensformen benützt werden. Es wird durch Hinweise von einer Namensform auf eine andere ergänzt.
Jeder Datenposten wird bei der Katalogisierung mit einem Code-Wort versehen, das angibt, für welche Produkte der Posten angewandt werden soll, z.B. für eine Wochenliste, für einen 5-Jahres-Katalog oder nur dafür, um eine Katalogkarte herzustellen.

Sollen die Datenposten für eine Wochenliste verwendet werden, so werden die SBN-Nummern des Postens in einem speziellen Register gespeichert, wo sämtliche Buchnummern für die aktuelle Wochenliste gesammelt werden. Die Datenposten, die nur für den 5-Jahres-Katalog vorgesehen sind, werden auf dieselbe Weise in einem speziellen 5-Jahres-Register gespeichert.

Wenn alles Material für eine Wochenliste gesammelt ist, wird das spezielle Wochenregister angewandt, um entsprechende Posten aus dem SBN-Register abrufen zu können.

Die Datenposten im SBN-Register enthalten auch Informationen darüber, welche Hinweise und welche Nebennachfragen hergestellt werden sollen. Das Datensystem erzeugt besondere Posten für diese Information. Danach werden alle Posten sortiert, die in alphabetischer Folge die Liste bilden sollen.
In der nächsten Bearbeitungsphase werden die Katalogreihen redigiert. Da die bibliographischen Informationen in der Nationalbibliographie ausschließlich in schwedischer Sprache abgefaßt sind, kann für diese Redigierung ein Silbentrennungsprogramm verwendet werden. Eine automatisch ausgeführte Silbentrennung kann jedoch niemals 100%ig richtig sein. Falls dies angestrebt wird, muß eine manuelle Kontrollphase eingeführt werden.

Die Datenposten werden danach für den Ausdruck,entweder über den Reihenschreiber oder über Photoausdruck, redigiert. Die Katalogposten aus der Arbeitsphase, in der nur die Reihen redigiert wurden, werden aufbewahrt und mit den darauffolgenden Wochenverzeichnissen zu Monatsverzeichnissen, zu Teil-Jahreskatalogen, Jahreskatalogen und schließlich zu 5-Jahres-Katalogen zusammengestellt.
Zu diesen Katalogen wird ein entsprechender Index hergestellt.

Dem SBN-Register können Informationen für die Produktion aller gewünschten Produkte entnommen werden. Dies können Speziallisten verschiedener Art sein, Kataloge in Buchform, Katalogkarten usw. Aus diesem Register werden außerdem für die Library of Congress Magnetbänder hergestellt, die die derzeitigen Kartensendungen ersetzen. Ebenso wird ein Magnetband hergestellt, das Informationen über die Bücher enthält, die für die öffentlichen Büchereien von Interesse sind. Die Bibliotheken können somit Katalogprodukte in einer maschinenlesbaren oder optisch lesbaren Form bei der Zentrale bestellen. Da diese über das ganze Reichsregister verfügt, können solche Produkte auch für ausländische Literatur hergestellt werden.

Katalogisierung schwedischer Literatur.

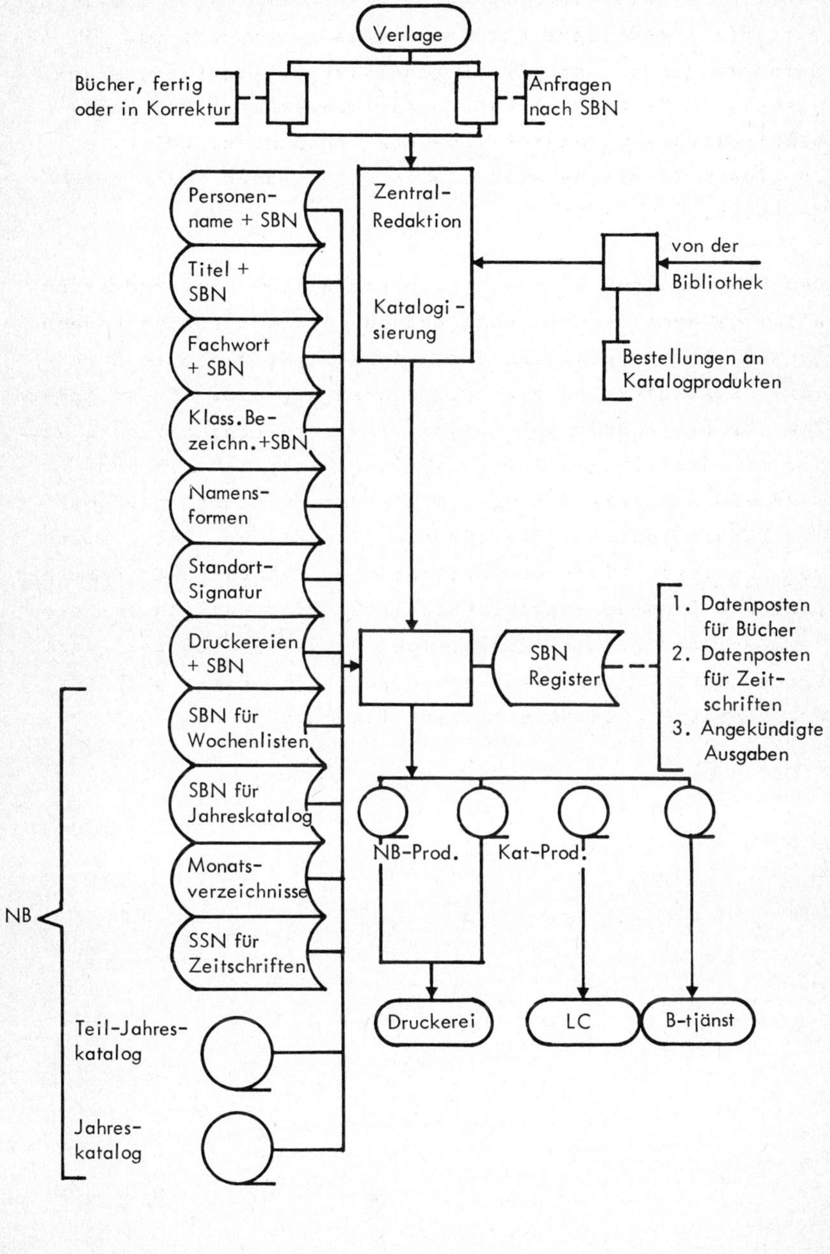

Literaturverzeichnis

Beckman, Mats: Studieresa till universitetsbiblioteken i Oslo och Edinburgh.
UV-Information, Stockholm,
(1970), Nr 57

Beckman, Mats: Universitetsbibliotek; funktionsstudier och dimensioner.
UV-Information, Stockholm,
(1971), Nr 80

Dewe, Michael: Library supply angencies in Europe.
London: The Library Association 1968. 205 S.

En framtidsbedömning med Delfi-Teknik. Information, dokumentation och media.
Stockholm: Allmänna Förlaget 1971. 86 S., Abb.

Förvärssystem. Biblioteksadministrativt informationssystem.
Stockholm: Statskontoret, Utredningsavdelning 3.
1970. 90 Bl., Abb.

Gumpert, Jan: Bibliotekstjänst, the Swedish Library Bureau.
Scandinavian Public Library Quarterly, Kopenhagen
(1968), Nr 1, S. 24 - 34

Heyworth, Britt-Marie: An outline of the Swedish library system.
Leeds: Leeds Polytechnic 1971. 49 S., Bibl.

Holmborn, B.; Tjernström, S.: Utforming av ett Delfiprojekt om information, dokumentation och media.
Arbetsrapport.
Stockholm: Statskontoret, Utredningsavdelning 3.
1970.

Information, dokumentation och media. En framtidsbedömning med Delfi-Teknik.
Resultat omgang 1 - 3.
Stockholm: Statskontoret, Utredningsavdelning 3.
1971.

Jansson, Berndt: Universitetsbibliotek; stomme och kompletterande byggnadsdelar.
UV-Information, Stockholm,
(1971), Nr 81

Jansson, Berndt: Universitetsbibliotek; Installations- belysnings- och ljudfrågor.
UV-Information, Stockholm,
(1971), Nr 82

Katalogiseringssystem. Biblioteksadministrativt informationssystem.
Stockholm: Statskontoret, Utredningsavdelning 3.
1970.

Lånesystem. Biblioteksadministrativt informationssystem.
Stockholm: Statskontoret, Utredningsavdelning 3.
1970. 37 S.

Lärosalar för högre utbildning.
Stockholm: Byggnadsstyrelsen 1969. 35 S., Abb.
= KBS-anvisning 12.

Metcalf, Keyes D.: Planning academic and research library buildings.
New York: Mc Craw-Hill 1965. XV, 431 S., Abb.
Grundr.

Ottervik, Gösta; Möhlenbrock, Sigurd: Bibliotek i Sverige: vägledning för besökare, låntagare, biblioteksaspiranter.
Uppsala: Almquist och Wiksell 1964. 209 S.

Periodicasystem. Biblioteksadministrativt informationssystem.
Stockholm: Statskontoret, Utredningsavdelning 3.
1970. 121 S.

Seminarierum, hörsalar och audivisuella hjälpmedel.
Stockholm: Byggnadsstyrelsen 1966. 88 S., Bibl., Abb., Tab., Gph.
= KBS-rapport 11.

Seth, Jan: Att bygga universitetsbibliotek.
Föredrag vid SAB:s Biblioteksmöte den 10.8.1970 i Jönköpings stadsbibliotek. (Vervielf. Manuskript)

Seth, Jan: Referat från grupparbete vid referensgruppsseminarium 13-14 oktober 1970.
UV-Information, Stockholm
(1970), Nr 61

Skola för alla.
K-Kontur, Stockholm
(1970), Nr 2/3

Tatsachen über Schweden. Hrsg.: Schwedisches Institut.
Stockholm: Schwedisches Institut 1971. 2 S.

TRU utvecklar läromedelssystem för LiH. Hrsg.: TRU.
kommitten för television och radio i utbildningen.
Stocksund: TRU. 1970. 10 S., Abb.

Utbyggnaden av universitet och högskolor. Lokalisering
och kostnader I.
Stockholm: Esselte AB 1965. 280 S., Tab., Pl., Gph.
= Statens Offentliga Utredningar 1965, 11.